Kollokationen und Wortschatzarbeit
im Englischunterricht

GIESSENER BEITRÄGE ZUR FREMDSPRACHENDIDAKTIK

Herausgegeben von Lothar Bredella, Herbert Christ,
Hans-Eberhard Piepho und Michael Wendt

Jens Bahns

Kollokationen und Wortschatzarbeit im Englischunterricht

gnv Gunter Narr Verlag Tübingen

Die Deutsche Bibliothek – CIP-Einheitsaufnahme

Bahns, Jens:
Kollokationen und Wortschatzarbeit im Englischunterricht /
Jens Bahns. – Tübingen : Narr, 1997
(Giessener Beiträge zur Fremdsprachendidaktik)
ISBN 3-8233-5287-3

Gedruckt auf säurefreiem und alterungsbeständigem Werkdruckpapier.

Druck: GAHMIG Druck GIESSEN, D-35396 Giessen-Wieseck
Printed in Germany

ISSN 0175-7776
ISBN 3-8233-5287-3

Inhalt

1 Die "Wortschatzwende"

Wer die fremdsprachendidaktische Diskussion der letzten zwei Jahrzehnte analysiert,[1] wird – sowohl national wie international – gewisse Trends und Schwerpunkte erkennen, die in diesem Zeitraum verstärkt in den Mittelpunkt des Interesses gerückt sind. Zu den Themenbereichen, die auch in Deutschland in dieser Diskussion eine zentrale Rolle gespielt haben, gehören u.a.

- der Fremdsprachenunterricht auf der Primarstufe (vgl. z.B. Bebermeier 1992; Gompf 1992; Hellwig 1995; Maier 1991; Sauer 1975)
- der Sachunterricht in der Fremdsprache ("bilingualer Unterricht") (vgl. z.B. Thürmann/Otten 1992; Vollmer 1992; Wode 1995)
- der fachsprachliche Fremdsprachenunterricht (vgl. z.B. Beier 1980; Gnutzmann 1988; Gnutzmann/Turner 1980; Weller 1988).

Stichwörter wie die eben genannten stehen für Entwicklungen, bei denen es darum geht, neue Formen des Fremdsprachenunterrichts *zusätzlich* zum traditionellen Fremdsprachenunterricht institutionell zu etablieren. Daneben gibt es aber auch Diskussionsstränge in der neueren Fremdsprachendidaktik, die stärker auf eine Neuorientierung des traditionellen Fremdsprachenunterrichts ausgerichtet sind. Hier wären in erster Linie die folgenden Stichwörter zu nennen:

- "alternative Methoden" des Fremdsprachenunterrichts (Baur 1990; Krashen/Terrell 1983; Richards/Rogers 1986; Stevick 1980)
- Zusammenhänge zwischen Zweitsprachenerwerb und Fremdsprachenunterricht (Butzkamm 1989; Cook 1991; Ellis 1991)
- Schüleraktivierung im Fremdsprachenunterricht (Bach/Timm 1989; Legutke 1988)
- Einsatz des Computers beim Fremdsprachenlernen (Jones/Fortescue 1987; Jung 1988; Kenning/Kenning 1983; Kleinschroth 1993; Rüschoff [2]1988).

Welche Folgen sich aus den neuen Möglichkeiten, die sich in den genannten Punkten spiegeln, langfristig für die herrschende Praxis des Fremdsprachenunterrichts in Deutschland ergeben werden, ist derzeit kaum absehbar.

Darüber hinaus läßt sich jedoch ein weiterer Trend in der aktuellen fremdsprachendidaktischen Diskussion beobachten, der bereits Auswirkungen auf die Praxis zeigt und mit Sicherheit weiter zeigen wird: National wie international ist zu erkennen, daß das Interesse an Fragen und Problemen des *Wortschatzes* und der *Wortschatzvermittlung* kontinuierlich größer geworden ist. Erkennbar ist dieser allgemeine fremdsprachendidaktische Trend zum Wortschatz hin

---

[1] Der ganze Bereich der Literaturdidaktik bleibt hier genauso ausgeblendet wie die Diskussion zur interkulturellen Erziehung bzw. zur Landeskunde.

(und von der Grammatik weg) an einer ganzen Reihe von Anzeichen; als solche Indikatoren einer "Wortschatzwende" (Hausmann 1987) können u.E. folgende Entwicklungen gelten:

- Das Angebot an Wörterbüchern, die speziell für den Fremdsprachenunterricht bzw. den Fremdsprachenlerner konzipiert sind, ist in den letzten zwanzig Jahren deutlich vielfältiger und besser geworden.
- Die Menge der Publikationen, die sich mit Fragen des Wortschatzes und des Wortschatzunterrichts befassen, ist in den letzten zwei Jahrzehnten deutlich angestiegen.
- Es gibt seit einiger Zeit eine Flut von verschiedensten Übungsmaterialien für den Wortschatzerwerb, wobei es sich teilweise um umfangreiches, mehrbändiges Material handelt.

Auf diese Indikatoren der Wortschatzwende in der Fremdsprachendidaktik werden wir in den Abschnitten 1.2.1 bis 1.2.3 näher eingehen. Zuvor soll kurz nach den möglichen Gründen gefragt werden, die zu dieser Entwicklung geführt haben (Abschnitt 1.1). Abschnitt 1.3 schließlich stellt *Kollokationen* in den Kontext des Wortschatzes.

1.1 Die Bedeutung von Wortschatzkenntnissen

Einer der Gründe für die Wortschatzwende in der Fremdsprachendidaktik könnte in einer vergleichbaren Entwicklung in einer ihrer wichtigsten Bezugswissenschaften gesehen werden, und zwar in der Sprachwissenschaft. In verschiedenen sprachwissenschaftlichen Teildisziplinen – insbesondere in solchen, die eine gewisse Relevanz für das Fremdsprachen-lernen besitzen – stehen derzeit Fragen und Probleme des Lexikons im Mittelpunkt des Interesses. Zu nennen wären hier in erster Linie Kognitive Linguistik und Psycholinguistik, die sich unter dem Stichwort *mentales Lexikon* mit Fragen des Wortschatzerwerbs, der Wortschatzspeicherung und der Zugriffs-mechanismen auf den gespeicherten Wortschatz auseinandersetzen (vgl. unten, Kapitel 6).

Ein weiterer Grund für den Trend in der Fremdsprachendidaktik, sich (wieder) verstärkt mit dem Wortschatz zu befassen, kann darin gesehen werden, daß man sich inzwischen wieder der Bedeutung bewußt ist, die Wortschatzkenntnisse für den Gebrauch einer Fremdsprache besitzen. Vergleicht man diese Bedeutung mit derjenigen, die Grammatikkenntnissen für die Beherrschung einer Fremdsprache und insbesondere für deren kommunikative Verwendung zukommt, wird die Priorität des Wortschatzes gegenüber der Grammatik erkennbar. Vor mehr als zwanzig Jahren hatte Wilkins (1972: 111) bereits die größere Wichtigkeit von Wortschatzkenntnissen gegenüber Grammatikkenntnissen herausgestellt: "Without grammar very little can be conveyed, without vocabulary *nothing* can be conveyed"[2]. Inwiefern diese Einsicht inzwischen Auswirkungen auf die Praxis des Fremdsprachenunterrichts hat, demonstriert Hausmann (1987) mit seiner Analyse der Art und Weise, wie in neueren Lehrwerken für den Französischunterricht der Wortschatz präsentiert und vermittelt wird. Als Ergebnis seiner Analyse konstatiert er (1987: 429): "Insgesamt merkt man in den neuesten Lehrbüchern an vielen Stellen, daß die Zeit des Übergewichts der Grammatik über den Wortschatz vorüber ist und daß nun wieder wie in alten Zeiten und wie es nicht anders sein kann, der Wortschatz für wichtiger erachtet wird als die Grammatik".

Argumente für die Priorität des Wortschatzes gegenüber der Grammatik lassen sich auch aus der Spracherwerbsforschung ableiten: Der L1-Erwerb beginnt mit dem Erwerb einzelner Wörter, nicht mit dem Erwerb grammatischer Strukturen. "Knowing words is the key to understanding and being understood. Children acquire words first, and next the grammar of the language. The bulk of learning a new language consists of learning new words; grammatical knowledge does not make for great proficiency in a language" (Vermeer 1992: 147). Erste Äußerungen im L1-Erwerb bestehen aus Einzelwörtern, später aus der Kombination zweier Wörter; satzähnliche Äußerungen, denen eine erkennbare grammatische Struktur zugrundeliegt, folgen im Erwerbsverlauf vergleichsweise spät. Früherworbene, oberflächlich komplexere Äußerungen (wie z.B. *I don't know*) haben in einem ersten Stadium der Verwendung für die Lerner Lexemcharakter, da sie in ihrer Zusammensetzung noch unanalysiert sind. (Letzteres gilt in ähnlicher Weise für L2-Lerner; vgl. Bahns/Burmeister/Vogel (1986)).

Die Bedeutung des Wortschatzes bzw. des Lexikons für das Fremdsprachenlernen wird inzwischen von einigen Fremdsprachendidaktikern als so entscheidend für den gesamten Fremdsprachenerwerbs- bzw. -lernprozeß angesehen, daß der Versuch gemacht wird, in umfassenden Neukonzeptionen des Fremdsprachenunterrichts das Lexikon zur Grundlage der gesamten didaktisch-methodischen Planung zu machen. Hier sei insbesondere auf die Ansätze von Willis (1990) und Lewis (1993) (vgl. unten, Kapitel 7) hingewiesen.

---

[2] Ähnlich auch schon Strohmeyer (1928: 132); vgl. unten, Abschnitt 2.1.1, Anm. 4.

1.2 Indikatoren der Wortschatzwende

1.2.1 Größere Wörterbuchvielfalt

Das derzeit vorhandene Angebot an Wörterbüchern für die Hand des Fremdsprachenlerners (L2-Wörterbücher) ist von einer bisher nie gekannten Vielfalt (vgl. Zöfgen 1994). Dies trifft sowohl auf einsprachige wie auf zweisprachige Wörterbücher zu. Hier sollen einige Entwicklungen des L2-Wörterbuchmarktes für Englisch als Fremdsprache kurz skizziert werden. Dabei stehen zunächst (a) einsprachige Wörterbücher für den L2-Lerner im Vordergund; anschließend (b) werden einige Tendenzen bezüglich zweisprachiger Wörterbücher aufgezeigt.

(a) Die Entwicklung im Bereich der einsprachigen Lernerwörterbücher des Englischen innerhalb der letzten zwei Jahrzehnte läßt sich in folgenden Punkten zusammenfassen:

- Das "klassische" große einsprachige Lernerwörterbuch des Englischen (*Oxford Advanced Learner's Dictionary* – ALD) hat dreifache Konkurrenz bekommen, und zwar durch *Longman Dictionary of Contemporary English* (DCE, erstmals 1978), durch *Collins COBUILD English Language Dictionary* (CCELD, erstmals 1987) sowie durch *Cambridge International Dictionary of English* (CIDE, erstmals 1995).[3]
- Neben die genannten einsprachigen Lernerwörterbücher für den *fortgeschrittenen* Lerner sind entsprechende einsprachige Wörterbücher für ein *mittleres* (z.B. *Oxford Student's Dictionary*,[4] *Longman Active Study Dictionary of English*) bzw. für ein *elementares* Lernerniveau (z.B. *Oxford Elementary Learner's Dictionary*, *Langenscheidt-Longman Elementary Dictionary of English*) getreten.
- Nicht nur das Angebot an solchen *allgemeinen* einsprachigen Lernerwörterbüchern hat sich vergrößert, sondern ebenso das Angebot an einsprachigen *Spezial*wörterbüchern für den Englischlerner. Zu nennen sind hier insbesondere neuere Wörterbücher zu den *phrasal verbs* bzw. zur Idiomatik (z.B. *Longman Dictionary of Phrasal Verbs*, *A Learner's Dictionary of English Idioms*, *Oxford Dictionary of Current Idiomatic English*[5]) sowie neuere syn-

---

[3] Vom ALD liegt inzwischen die 5. Ausgabe (1995) vor; ebenfalls 1995 erschienen die 3. Ausgabe des DCE sowie – unter einem leicht veränderten Titel – eine 2. Ausgabe des Collins-COBUILD-Wörterbuchs. Im Literaturverzeichnis sind lediglich die neuesten Ausgaben der drei Wörterbücher angeführt.

[4] Die neueste Ausgabe (1995) des einsprachigen Wörterbuchs für *intermediate learners* von *Oxford University Press* firmiert unter dem Titel *Oxford WORDPOWER Dictionary*.

[5] Der erste Band des *Oxford Dictionary of Current Idiomatic English* erschien 1993 in einer Neubearbeitung unter dem Titel *Oxford Dictionary of Phrasal Verbs*. Bei einer Neuausga-

tagmatische Wörterbücher (*Dictionary of English Words in Context* – DEWC, *Student's Dictionary of Collocations* – SDC[6]).

(b) Auch im Bereich der zweisprachigen Wörterbücher haben sich in den letzten zwei Jahrzehnten einige Tendenzen gezeigt, die erkennen lassen, daß dem Wortschatzerwerb und Wortschatzkenntnissen eine größere Bedeutung beigemessen wird. Hierbei ist u.a. an folgende neuere Entwicklungen zu denken:

- Die Vielfalt des Angebots auf dem Markt des klassischen zweisprachigen Wörterbuchs für die Sprachen Englisch und Deutsch hat sich vergrößert. Neben die Palette der bewährten zweisprachigen Wörterbücher des Langenscheidt-Verlages sowie der PONS-Wörterbücher (Klett-Verlag) sind z.B. die drei Wörterbücher der Duden-Oxford-Reihe getreten (*DUDEN-OXFORD-Kompaktwörterbuch Englisch, DUDEN-OXFORD-Standardwörterbuch Englisch, DUDEN-OXFORD-Großwörterbuch Englisch*).
- Neben dem klassischen Typus des zweisprachigen Wörterbuchs findet sich ein neuer Typus dieser Wörterbuchkategorie, der gleichzeitig Elemente eines einsprachigen Lernerwörterbuchs aufweist. Dieser Typus ist deutlich als L2-Wörterbuch konzipiert und enthält sowohl eine Bedeutungserklärung des (englischen) Stichwortes in der L2 als auch das L1-Äquivalent. Beispiele sind das *Schülerlexikon Englisch* sowie *Das Oxford Grundwörterbuch*. Während beim herkömmlichen zweisprachigen Wörterbuch beide Teile (Ausgangssprache ⇒ Zielsprache, Zielsprache ⇒ Ausgangssprache) vom Umfang her ungefähr gleich stark sind, liegt bei dem neuen Typus das Schwergewicht deutlich beim Teil Zielsprache (Englisch) ⇒ Ausgangssprache (Deutsch); der Teil Deutsch ⇒ Englisch ist im Prinzip kaum mehr als ein Register zum Auffinden der englischen Stichwörter im Hauptteil.
- Daß dem Wortschatzlernen besonders im schulischen Englischunterricht mehr Aufmerksamkeit gewidmet wird, zeigt sich auch daran, daß zwei "Lernwörterbücher nach Sachgruppen" erschienen sind (Pollmann-Laverentz/ Pollmann 1982; Berold 1987), die sich speziell an Schüler wenden und die damit das Angebot an thematisch gegliederten Grund- bzw. Grund- und Aufbauwortschätzen ergänzen.

---

be des zweiten Bandes unter dem Titel *Oxford Dictionary of English Idioms* (1993) handelt es sich um einen unveränderten Nachdruck.

[6] Unter diesem Titel wird seit 1989 das *BBI Combinatory Dictionary of English: A Guide to Word Combinations* (Benson/Benson/Ilson 1986a) in Deutschland vertrieben. Im folgenden werden wir den ursprünglichen Titel (in der geläufigen Abkürzung *BBI*) benutzen.

1.2.2 Menge der Publikationen zum Thema

Ein weiteres Indiz für das Gewicht einer bestimmten Thematik ist zweifellos in der Menge der entsprechenden wissenschaftlichen Publikationen zu sehen. Über eine in den letzten zwei Jahrzehnten ständig größer werdende Menge an Veröffentlichungen zum Thema L2-Wortschatz legen die beiden Teile der Bibliographie von Meara (1983, 1987) Zeugnis ab. Des weiteren sind mehrere Handbücher zum Wortschatzunterricht erschienen. Während für lange Zeit Englischlehrkräfte in Deutschland in Fragen der Wortschatzvermittlung sich an der Darstellung von Doyé (1971) orientierten, sind inzwischen zur ergänzenden bzw. alternativen Information über diesen Teilbereich des Englischunterrichts u.a. die Bände von Wallace (1982), French Allen (1983), Gairns/Redman (1986), Nation (1990)[7] und McCarthy (1990) hinzugekommen (vgl. auch unten Abschnitt 2.2.2). Außerdem sei darauf hingewiesen, daß eine Reihe von Zeitschriftenthemenheften in den letzten Jahren dem Themenbereich Wortschatz/Wörterbücher gewidmet gewesen sind, wie z.B. *Fremdsprachen Lehren und Lernen* 16 ("Wortschatz und Wortschatzlernen"), *anglistik & englischunterricht* Bd. 32 ("Wortschatzarbeit"), *Die Neueren Sprachen* 84 (6) ("Wörterbücher und Wortschatzerwerb"), *Der fremdsprachliche Unterricht* Heft 59 ("Wortschatz und Wörterbuch") und Heft 79 ("Wörter lernen. Wortschatz kontrollieren"). Daneben hat es – national wie international – verschiedene Konferenzen gegeben, auf denen diese Thematik die zentrale Rolle gespielt hat; über die Ergebnisse zweier solcher Tagungen in den letzten Jahren geben die Sammelbände von Arnaud/Béjoint (1992) und Börner/Vogel (1993) Auskunft.

1.2.3 Vielfältiges Übungsmaterial

Die Bedeutung, die Wortschatzkenntnissen beigemessen wird, läßt sich u.a. auch daran ablesen, in welchem Ausmaß einschlägige Verlage Übungsmaterialien für das Wortschatzlernen anbieten. In diesem Bereich sind u.E. in neuerer Zeit verstärkte Aktivitäten zu erkennen. Dies betrifft sowohl (a) anglo-amerikanische Verlage, die schwerpunktmäßig lehrwerkunabhängiges Wortschatzübungsmaterial anbieten, als auch (b) deutsche Schulbuchverlage, die ihren Lehrwerken neue Wortschatzkomponenten hinzugesellen.

(a) Selbstverständlich hat es immer schon – auch in Zeiten, als die Grammatik im Zentrum fremdsprachendidaktischer Aufmerksamkeit stand – Wortschatzübungsmaterial gegeben; derzeit ist jedoch das Angebot kaum mehr überschaubar. Die Materialien werden zudem zunehmend differenzierter. Wortschatz-

---

[7] Von der "Flut" der Publikationen zum Thema Wortschatzlernen vermittelt auch das äußerst umfangreiche Literaturverzeichnis bei Nation einen Eindruck.

übungsmaterialien bestehen inzwischen nicht mehr aus nur einem Band, sondern sind häufig mehrbändig (z.B. Flower/Berman 1989), wobei die Adressatendifferenzierung gelegentlich ausdrücklich genannt wird (z.B. die drei Bände von Thomas (1987, 1988, 1989): *Elementary Vocabulary, Intermediate Vocabulary, Advanced Vocabulary and Idiom*). In einigen Fällen beginnen Wortschatzübungsmaterialien sogar Lehrwerken zu ähneln, da sie sich aus mehreren Komponenten zusammensetzen: Die drei Bände von Redman/Ellis (1989, 1990, 1991) bestehen jeweils aus *Student's Book, Teacher's Book* und *Cassette*.[8]

(b) Die Tendenzen, die Hausmann (1987) in deutschen Lehrwerken für den Französischunterricht herausgearbeitet hat und die er als "Vokabularisierung des Lehrbuchs" bezeichnet, dürften sich bei näherer Analyse in ähnlicher Weise für entsprechende Englisch-Lehrwerke konstatieren lassen. Darüber hinaus lassen sich jedoch weitere Anzeichen für eine Wortschatzwende erkennen, die im Zusammenhang mit Komponenten von Lehrwerken für den Englischunterricht an allgemeinbildenden Schulen stehen:

- Während es schon seit längerer Zeit für praktisch alle gängigen Lehrwerke neben dem Lehrbuch ein *Workbook* mit ergänzenden Übungsmaterialien jeglicher Art gibt, sind in den letzten Jahren beispielsweise zu den Bänden A1-A6 und B1-B6 des Lehrwerks *English G. Neue Ausgabe* (Cornelsen) jeweils Übungshefte erschienen, die sich als spezifische *Wortschatz-Workbooks* charakterisieren lassen. Diese Arbeitshefte mit dem Titel *Wordmaster* (Vettel 1988 – 1994) enthalten eine Vielfalt von zusätzlichen Übungen zur Festigung des Wortschatzes (vgl. unten, Abschnitt 4.3.1.3).
- Eine völlig neue Art des Wortschatzlernens wird in einem Lehrwerkbestandteil von *Learning English – Red Line 2* (Klett) propagiert: Es handelt sich dabei um auditives Material unter dem Titel *Vokabellernen mit Musik*. Hier wird der jeweilige Wortschatz einer *Unit* in einer Weise aufbereitet (Rhythmisierung, Reime, Einbettung in Sätze), durch die beide Hälften des menschlichen Gehirns beim Vokabellernen aktiviert werden sollen (Stahl 1993: 1).
- Eine weitere neuentwickelte Lehrwerkkomponente, die speziell dem Bereich Wortschatz gewidmet ist, stellen die sog. *Vocab Sheets* dar, die Estor (1993) für das Lehrwerk *English G. Neue Ausgabe* entwickelt hat. Die *Vocab Sheets* sollen ein "kontextuelles Lernen, Behalten und Anwenden von Wortschatz" (Estor 1989: 387) ermöglichen (vgl. unten, Abschnitt 4.3.1.2).

---

[8] Vgl. auch das Lehrwerk *MEMO* (Häublein/Müller/Rusch/Scherling/Wertenschlag 1995) für den DaF-Unterricht mit Erwachsenen, das in einem Werbeblatt als *Wortschatzlehrwerk* charakterisiert wird; es besteht aus einem Lehr- und Übungsbuch, einem Lernwortschatz und einer Audiocassette.

1.3 Kollokationen als Teil des Wortschatzes

Wenn vom Wortschatz einer Sprache die Rede ist, so mag man zunächst an den Bestand von Einwortlexemen denken, d.h. an die Menge der Wörter im allgemeinsten Sinne. Ein Buch wie *Der englische Wortschatz* (Scheler 1977) beispielsweise handelt vom Wortschatz in diesem Sinne (d.h. als Menge der Einzelwörter); ebenso ist in erster Linie Wortschatz in diesem Sinne gemeint, wenn Doyé (1971, ^{5}1980) die Verfahrensweisen der systematischen Wortschatzvermittlung im Englischunterricht darstellt. Ein solches Verständnis von Wortschatz zeigt sich auch bei Bußmann (^{2}1990: 857), wo Wortschatz bestimmt wird als "Gesamtmenge aller Wörter einer Sprache zu einem bestimmten Zeitpunkt".

Der Wortschatz einer Sprache besteht jedoch nicht nur aus Einwortlexemen, auch wenn diese zweifellos den zentralen Bereich des Wortschatzes ausmachen. In gleicher Weise zum Wortschatz (im weiteren Sinne) zu rechnen sind darüber hinaus verschiedene Arten von syntagmatischen Einheiten: Gramley/Pätzold (1985: 360) nennen in diesem Zusammenhang z.B. *Kollokationen*, *Idiome*, *Gemeinplätze*, *Sprichwörter* und *sprichwörtliche Redensarten*. "Gemeinsam ist den genannten Einheiten, daß sie aus mehr als einem Wort gebildet sind". Die Autoren geben als weiteres Charakteristikum der syntagmatischen Einheiten des Wortschatzes an, daß sie vom einzelnen Sprecher nicht mehr jeweils neu produziert, sondern lediglich reproduziert werden; in diesem Sinne spricht Götz (1976a) von *wiederholten Fügungen*. Wortschatzarbeit im Englischunterricht muß sich demnach sowohl mit den Wörtern (Einwortlexemen) wie mit den syntagmatischen Einheiten bzw. wiederholten Fügungen befassen.

In der vorliegenden Studie wird jedoch Wortschatzarbeit im Sinne von Arbeit mit dem und am einzelnen Wort *nicht* berücksichtigt; im Vordergrund stehen die wiederholten Fügungen, die Teile des Wortschatzes, für die Hausmann (1993: 6) kürzlich als Oberbegriff den Terminus *Formulierung*[9] vorgeschlagen hat. Unter diesen Begriff rechnet Hausmann *Idiome* (im engeren Sinne[10]), *Kollokationen* und *Konstruktionen*. Wie aus dem Titel unserer Studie hervorgeht, wollen wir uns auf die Kollokationen konzentrieren. Was wir darunter verstehen wollen und in welcher Weise Kollokationen von anderen Arten syntagmatischer Einheiten, wiederholter Fügungen, Formulierungen etc. abzugrenzen sind, soll in Kapitel 3 geklärt werden.

---

[9] Diesen Terminus benutzt Hausmann "zur Bezeichnung der idiomatischen Grundeinheit der Sprache, also zur Bezeichnung der Einheit, die das Wort nicht ist" (1993: 6).

[10] An anderer Stelle unterscheidet er eine "weiche Form von Idiomatik" (Kollokationen und Konstruktionen) und eine "harte und stärker verfestigte Ausprägung von Idiomatik" (Idiome, feste Wendungen) (1993: 9).

2 Der Kollokationsbegriff in der fremdsprachendidaktischen Literatur

Während für eine sprachwissenschaftliche Erörterung des Kollokationsbegriffs meist die Ausführungen von Firth als Ausgangspunkt dienen, geht die fremdsprachendidaktische Diskussion des Kollokationsphänomens häufig von Hallidays Positionen aus, wie sie insbesondere in Halliday/McIntosh/Strevens (1964) dargelegt sind[1]. Nach Geiger (1979: 87) sind die Begriffe *Kollokation* und *lexikalisches Feld* seit dem Erscheinen des Buches von Halliday/McIntosh/Strevens zu zentralen Begriffen für die Wortschatzarbeit im Fremdsprachenunterricht geworden. In der Tat findet sich Ende der 60er/Anfang der 70er Jahre eine Reihe von Beiträgen, die sich um eine Rezeption des Britischen Kontextualismus und um eine Fruchtbarmachung seiner Grundgedanken für den Fremdsprachenunterricht in Deutschland bemühen (z.B. Carstensen 1969, 1970; Gutschow 1968; Hüllen 1971; Werlich 1969). Ob diese und spätere Beiträge allerdings tatsächlich dazu geführt haben, *Kollokation* zu einem – wie Geiger meint – zentralen Begriff für die Wortschatzarbeit im Fremdsprachenunterricht zu machen, darf bezweifelt werden. Geiger trifft ihre Feststellung 15 Jahre nach dem Erscheinen von Halliday/McIntosh/Strevens (1964); wäre diese Feststellung wirklich zutreffend, wären viele wortschatzdidaktische Beiträge der letzten 15 Jahre, die genau das Ziel verfolgen, das Geiger schon 1979 erreicht sieht, überflüssig – sie sind es aber nicht. Auch in den 80er und zu Beginn der 90er Jahre haben sich Fremdsprachendidaktiker immer wieder genötigt gesehen, auf die Bedeutung von Kollokationskenntnissen für die Beherrschung einer Fremdsprache hinzuweisen; stellvertretend für viele andere seien hier die Beiträge von Bahns (1989, 1993a-b), Bahns/Eldaw (1993), Bahns/Sibilis (1992), Breitkreuz (1989), Estor (1989), Hartenstein (1992), Hausmann (1984), Korosadowicz-Strużyńska (1980), Kugler (1980), Möhle (1985), Spörl (1990), Zimmermann (1981), Zöfgen (1989) genannt.

Welche Rolle der Kollokationsbegriff in der gegenwärtigen fremdsprachendidaktischen Diskussion tatsächlich spielt, soll in Abschnitt 2.2 geprüft werden. Dabei handelt es sich nicht um einen umfassenden Bericht zum "Stand der Dinge", sondern um die exemplarische Analyse repräsentativer Beiträge unterschiedlicher 'Reichweite' unter der genannten Fragestellung. Mit der 'Reichweite' ist hier die in der ausgewählten Literatur angesprochene Themenbreite ge-

[1] Für eine ausführliche Darstellung der Verständnisweisen des Kollokationsbegriffs bei Firth und Halliday vgl. Bahns (im Druck).

meint: Im Abschnitt 2.2.1 werden drei neuere *Gesamtdarstellungen* zum Englisch- bzw. Fremdsprachenunterricht daraufhin befragt, ob der Kollokationsbegriff überhaupt berücksichtigt ist und welche Rolle dem Konzept zugemessen wird. Bei den ausgewählten drei Beiträgen handelt es sich um eine neuere Methodik des Englischunterrichts (Heuer/Klippel 1987), um eine Darstellung des Fremdsprachenlernens und Fremdsprachenunterrichts aus spracherwerblich-psycholinguistischer Sicht (Butzkamm 1989) sowie um eine aktuelle Anleitung zur Unterrichtsplanung für Englisch (Mindt 1995). Die in Abschnitt 2.2.2 diskutierten Bücher beschränken sich in ihrer Reichweite auf die *Wortschatzarbeit*; daher ist zu erwarten, daß dort Kollokationen in stärkerem Maße berücksichtigt sind als in den Gesamtdarstellungen. Auch für diesen Abschnitt sind einige neuere Publikationen ausgewählt worden (Gairns/Redman 1986; McCarthy 1990; Nation 1990; Taylor 1990), die Auskunft über den Stand der internationalen Diskussion geben. Daneben ist es natürlich unerläßlich, in diesem Abschnitt Doyé (1971, [5]1980) zu berücksichtigen, wenn man ein Bild von der Wortschatzarbeit im Englischunterricht in Deutschland erhalten will. In Abschnitt 2.2.3 schließlich werden Beiträge mit noch geringerer Reichweite behandelt, und zwar die *Spezialstudien* von Carstensen (1970), Hausmann (1984) und Breitkreuz (1989), die sich – in durchaus unterschiedlicher Weise – ausschließlich dem Thema der vorliegenden Studie widmen. Dabei geht es bei Carstensen um die Voraussetzungen, die erfüllt sein müssen, um überhaupt "englische Wortschatzarbeit unter dem Gesichtspunkt der Kollokation"[2] möglich zu machen. Hausmann demonstriert am Beispiel einer Übersetzungskritik die praktische Bedeutung von Kollokationskenntnissen, liefert eine äußerst nützliche Typologie von Wortverbindungen (vgl. unten, Abschnitt 3.1.1) und macht einige Vorschläge zur Methodik der Kollokationsschulung. Breitkreuz schließlich stellt didaktisch-methodische Aspekte der Kollokationsproblematik in den Vordergrund und präsentiert Beispiele von Kollokationsübungen.

Das vorliegende Kapitel unterscheidet zwischen der "älteren" und der "neueren" fremdsprachendidaktischen Literatur (Abschnitt 2.1 bzw. 2.2). Während eine solche Unterscheidung im allgemeinen äußerst problematisch sein dürfte, gilt in unserem Falle ein ziemlich einfaches und eindeutiges Unterscheidungskriterium zwischen den beiden 'Epochen': Literatur, in der der Begriff *Kollokation* verwendet wird, gehört zur "neueren" Literatur. Doch die Befassung mit dem Kollokationsphänomen ist nicht an den fraglichen Begriff gebunden: Auch wenn Geiger (1979: 87) wohl in zutreffender Weise den ungefähren Zeitraum der Übernahme des Begriffs *Kollokation* in die deutsche fremdsprachendidaktische Literatur festgelegt hat (zwischen 1965 und 1970), so läßt sich

---

[2] So der Titel von Carstensen (1970).

daraus in keiner Weise ableiten, daß das mit diesem Begriff verbundene sprachliche Phänomen der syntagmatischen lexikalischen Beziehungen nicht schon vorher in das Blickfeld fremdsprachendidaktischer bzw. -methodischer Erörterungen geraten ist. Ein Blick in einige ältere deutsche Methodiken (bzw. Didaktiken) des neusprachlichen Unterrichts (bzw. Englischunterrichts) zeigt, daß der *Sache* auch vor Übernahme des *Begriffs* bereits – in unterschiedlichem Maße – Überlegungen gewidmet worden sind. Der Abschnitt 2.1, in dem die ältere fremdsprachendidaktische Literatur auf ihr 'Kollokationsbewußtsein' hin geprüft wird, hat zwei Unterabschnitte: Zunächst (2.1.1) wird eine Reihe von Gesamtdarstellungen zum neusprachlichen Unterricht bzw. Englischunterricht (Bohlen [5]1966; Hübner 1933; Münch 1953; Otto 1921; Schubel [5]1971; Schwedtke/Salewsky 1930; Strohmeyer 1928) daraufhin untersucht, ob und in welcher Weise syntagmatische Aspekte bei der Wortschatzarbeit Berücksichtigung finden. Danach (2.1.2) wird der in neueren Publikationen vielfach übersehene, aber außerordentlich bedeutsame Beitrag von Leonhardi[3] für die Wortschatzarbeit unter dem Gesichtspunkt der Kollokation gewürdigt. Der Begriff der *natürlichen Spracheinheit*, den Leonhardi (1964) verwendet, ist praktisch identisch mit dem Kollokationsverständnis bei Hausmann (1984) und Benson (1985a-b). Nach den einzelnen Abschnitten bzw. Unterabschnitten (d.h. nach 2.1, 2.2.1, 2.2.2 und 2.2.3) werden wir in wenigen Punkten jeweils das wesentliche Ergebnis unserer Literaturdurchsicht in einer ZWISCHENBILANZ festhalten.

2.1 Die ältere fremdsprachendidaktische Literatur

2.1.1 Gesamtdarstellungen

In diesem Abschnitt werden einige Methodiken/Didaktiken des neusprachlichen Unterrichts bzw. Englischunterrichts in Deutschland auf ihr "Kollokationsbewußtsein" befragt, wobei den hier betrachteten Abhandlungen gemeinsam ist, daß der Begriff *Kollokation* noch nicht verwendet wird. Fragen der Wortschatzarbeit werden in diesen Werken meist in den Kapiteln zu "Wortkunde und Wortlehre" (Münch 1953: 128) behandelt, wobei die Wichtigkeit von Wortschatzkenntnissen immer wieder herausgestellt wird: "Eine außerordentlich wichtige Seite der Spracherlernung ist eine gute und ausgedehnte Kenntnis des Wortschatzes und seine beständige und systematische Pflege" (Schwedtke/Salewsky 1930: 25). Bei Strohmeyer (1928: 132) wird die Bedeutung von Wortschatzkenntnissen mit der Bedeutung von grammatischen Kenntnissen vergli-

---

[3] Vgl. auch unten, Abschnitt 4.2.2, wo Leonhardis *The Learner's Dictionary of Style* (LDS) behandelt wird.

chen (vgl. oben, Kapitel 1), wobei den Wortschatzkenntnissen ein größeres Gewicht zugesprochen wird[4]. Daß es dabei nicht nur auf die Kenntnis des Einzelwortes ankommt, sondern daß für fließende Sprachproduktion vielmehr die Kenntnis von Wortverbindungen wichtig, ja unerläßlich ist, wird von Schubel (^{5}1971) ausgeführt, wobei er sich auf Leonhardi (1954b: 43) bezieht. Das "A und O des praktischen Sprachgebrauchs, die conditio sine qua non des idiomatischen Schreibens und fließenden Sprechens" besteht für Schubel (^{5}1971: 91) im "Besitz eines aktiven Sprachschatzes von feststehenden Wortassoziationen[5] und idiomatischen Wendungen".

Schwerpunkte der Wortkunde der älteren Methodiken liegen in den Bereichen

- Bedeutungsvermittlung/-erschließung (Semantisierung) (Otto 1921: 214-238; Hübner 1933: 104-110);
- Wortbildung (Münch 1953: 137-139; Bohlen ^{5}1966: 57-59);
- Etymologie (Hübner 1933: 112-114; Münch 1953: 134);
- Synonymik (Bohlen ^{5}1966: 61-66; Schubel ^{5}1971: 179-182).

Verbindungen bzw. Übergänge zur Kollokationsthematik ergeben sich insbesondere im Bereich der Synonymik. Synonymik innerhalb der Wortkunde soll betrieben werden, um "den fremdprachlichen Begriff zu erfassen, ihn gegenüber ähnlichen Ausdrücken abzugrenzen und dadurch in richtiger Weise in den eigenen Gebrauch zu nehmen" (Bohlen ^{5}1966: 61). Synonyme lassen sich nicht zuletzt eben auch auf der Basis ihrer unterschiedlichen Kollokationspartner differenzieren. Für Schubel (^{5}1971: 179) besteht das Kernstück der Wortschatzübungen in der Mittelstufe in Übungen zur Synonymik. Zur Illustration führt er eine Reihe von Synonympaaren bzw. -gruppen an, deren Bedeutungsunterschiede er u.a. durch die Einbindung in Beispielsätze bzw. -kontexte deutlich machen will. In einem der Beispiele geht es um die Adjektivgruppe *serious – grave – earnest – severe – strict*. Die Verwendung dieser Adjektive könnte anhand folgender Kontexte demonstriert werden (Schubel ^{5}1971: 180):

- *The British troops ... were considered a serious threat by the colonists*

---

4 "Sprachbeherrschung ist ohne sicheren und ausreichenden eigenen Besitz aus dem Wortschatz der fremden Sprache ganz unmöglich. Was nützen mir alle grammatischen Kenntnisse, und seien sie noch so gründlich, was nützt mir die sauberste und beste Aussprache des Französischen und des Englischen, wenn mein Wortschatz in den beiden fremden Sprachen so klein und so unsicher ist, daß ich sowohl in der Konversation wie bei der schriftlichen Darstellung alle Augenblicke stolpere oder nicht vom Fleck komme?" (Strohmeyer 1928: 132).

5 Der Kontext des "idiomatischen Schreibens und fließenden Sprechens" macht deutlich, daß mit Wortassoziationen hier nur die *collocational links* (Aitchison 1987: 74/75) gemeint sein können (vgl. auch unten, Kapitel 6)

- *In this grave situation ...*
- *In earnest discussions they tried to meet the threat*
- *Severe laws were passed ...*
- *These laws were strictly enforced.*

Hier wird deutlich, daß eine Differenzierung der fraglichen Adjektive u.a. durch ihre jeweiligen Kollokationspartner gegeben ist (*serious* + *threat*, *grave* + *situation*, *earnest* + *discussion*, *severe* + *law*, *strictly* + *enforced*).

Des weiteren spielen syntagmatische lexikalische Beziehungen in den älteren Methodiken dort eine Rolle, wo es um die *Überprüfung* von Wortschatzkenntnissen geht. Gegen das Abfragen von einzelnen Vokabeln plädiert schon Otto (1921: 255): "Das Abfragen der zum Lernen aufgegebenen Vokabeln geschieht nun in der nächsten Stunde so, daß der Lehrer nicht nach einzelnen aus dem Zusammenhang herausgerissenen Worten fragt, denn sonst haften die Schüler ganz oberflächlich an dem muttersprachlichen Wort; es wird vielmehr nach den *Zusammenhängen*, *phraseologischen Verbindungen*, *kurzen Sätzen* und dgl. gefragt" (meine Hervorhebung – J.B.). Noch stärker als bei Otto sind die Anklänge an das Lernen und Abfragen in Kollokationen bei Münch (1953: 145/6), wenn er vorschlägt: "Zu jedem Verb kann ein Adverb, zu jedem Substantiv ein Adjektiv verlangt werden, zu Transitiven ein Objekt, zu Intransitiven ein Subjekt, ...". Dies erinnert stark an ein Überprüfen von Kollokationskenntnissen. Ebenfalls bei Münch findet sich bereits unter den konkreten Vorschlägen für Übungsformen eine 'klassische' Kollokationsübung, die wir in dieser Form später immer wieder antreffen (vgl. Kapitel 5): "So kann man auch Reihen von Personen, Tieren und dazu ebensoviel Verben, die zweckmäßig untereinander, nicht nebeneinander zu schreiben sind, diktieren und als Aufgabe deren sinnvolle Zusammenstellung verlangen, z.B. *horses*, *cows*, *calves*, *pigs*, *sheep*, *cats*, *hens*, *dogs*, *ducks*, *frogs* usw., dazu *leap*, *creep*, *run*, *fly* – *bark*, *roar*, *cackle*, *growl* etc." (1953: 147).

2.1.2 Spezialstudie: Leonhardi (1964)

Als einer der "Pioniere" der fremdsprachenunterrichtlichen Wortschatzarbeit unter dem Gesichtspunkt der Kollokation kann zweifellos Arnold Leonhardi betrachtet werden. In einer Reihe von Beiträgen aus den 50er Jahren (Leonhardi 1953, 1954a-b, 1956) weist er eindringlich immer wieder darauf hin, daß "die Einheit beim Gebrauch der Sprache, ..., nicht das isolierte Wort, sondern nur die Wortverbindung sein" kann (1954b: 41). Gleichzeitig sieht er bereits die Notwendigkeit eines Wörterbuchs, das man heute als Kollokationswörterbuch bezeichnen würde: "Zum Schreiben und Sprechen braucht man ein writing-speaking dictionary. Es darf nicht Einzelwörter in beziehungslosen Vokabelgleichungen geben, sondern muß die feststehenden Wortverbindungen enthalten, die man beim Schreiben und Sprechen braucht, ..." (1954a: 18). Ein solches Produktionswörterbuch hat Leonhardi dann mit *The Learner's Dictionary of Style* (1955) vorgelegt (vgl. unten, Abschnitt 4.2.2). Die ausführlichste Darstellung der theoretischen Überlegungen Leonhardis zur Rolle von Wortverbindungen findet sich unter dem Stichwort *natürliche Spracheinheit* in Leonhardi (1964).

Ausgangspunkt dieses Beitrags ist die Erkenntnis der Sprachwissenschaft, "daß das isolierte Wort keine natürliche Spracheinheit darstellt" (17). Leonhardi versucht anschließend, den Begriff der natürlichen Spracheinheit, der sich auch in den Lehrplänen findet ("das Erlernen einer lebenden Sprache in sinnvollem Ganzen (ganzheitlich) und in natürlichen Spracheinheiten", 18), näher zu bestimmen. Er geht dabei von den vier Wortarten *Substantiv*, *Adjektiv*, *Verb*, *Adverb* aus, die die sprachlichen Korrelate von vier fundamentalen Kategorien darstellen, in denen die Welt bzw. die Wirklichkeit vom Menschen wahrgenommen wird. Diese vier Wahrnehmungskategorien sind nach Leonhardi a) Substanzen (Dinge und Lebewesen) – sprachliches Korrelat *Substantiv*; b) Eigenschaften der Substanzen – sprachliches Korrelat *Adjektiv*; c) Vorgänge oder Zustände, an denen die Substanzen beteiligt sind – sprachliches Korrelat *Verb*; d) Umstände in Raum und Zeit, unter denen die Vorgänge/Zustände ablaufen bzw. stattfinden – sprachliches Korrelat *Adverb*.

Da es der menschlichen Wahrnehmung nicht gelingt, z.B. Substanzen und ihre Eigenschaften jeweils unabhängig voneinander wahrzunehmen und es ebensowenig möglich ist, Vorgänge/Zustände ohne an ihnen beteiligte Substanzen wahrzunehmen, ergeben sich für Leonhardi aus den vier Wortarten vier fundamentale natürliche Spracheinheiten, und zwar *Substantiv + Verb*, *Adjektiv + Substantiv*, *Verb + Substantiv*, *Verb + Adverb* (20)[6].

Nach seiner sprachphilosophisch-wahrnehmungsphysiologischen Herleitung der vier natürlichen Spracheinheiten kommt Leonhardi zu den Implikationen für den Fremdsprachenunterricht. Die zentrale Schlußfolgerung und Forderung, die er in diesem Zusammenhang aufstellt, lautet: "Diese vier natürlichen Spracheinheiten müssen im Sprachunterricht an die Stelle der Vokabeln treten" (20). Zur Stützung seiner Forderung nach einer stärkeren Berücksichtigung der natürlichen Spracheinheiten im Wortschatzunterricht führt Leonhardi die folgenden beiden Argumente an (20/21):

1. Theoretisch kann das Einzelwort einer bestimmten Sprache unzählige Kombinationen mit anderen Wörtern eingehen (entsprechend den grammatischen und semantischen Regeln); von diesen zur Verfügung stehenden Kombinati-

---

6 Vgl. die Typologie der lexikalischen Kollokationen bei Benson (unten, Abschnitt 3.1.2).

onsmöglichkeiten macht jede Sprache allerdings nur einen beschränkten Gebrauch. Nicht alle theoretisch möglichen Wortkombinationen werden auch tatsächlich realisiert.

2. Die menschliche Sprache ist in weiten Bereichen metaphorisch; sie ist eine "Bildersprache" (21)[7]. Zwar gibt es in allen Sprachen eine Unmenge bildlicher Ausdrücke; sie sind jedoch in nicht geringem Maße von Sprache zu Sprache unterschiedlich. Sprachen können zwar parallele Bilder aufweisen, aber bildliche Ausdrücke sind häufig sprachspezifisch.

Da die einzelnen Sprachen hinsichtlich der von ihnen tatsächlich genutzten Kombinationsmöglichkeiten von Wörtern untereinander abweichen und da der Parallelismus der Bilder in den einzelnen Sprachen relativ eng begrenzt ist, liegt nach Leonhardi für Fremdsprachenlerner das Hauptproblem in der Versuchung, "Kombinationen der Muttersprache in die fremde Sprache zu übernehmen" (21/22). Der Lerner, der isolierte Wörter statt natürlicher Spracheinheiten lernt, läuft eben Gefahr – sofern er Deutsch als Muttersprache hat – *I made a walk* statt *I took a walk* zu sagen (nach dem Vorbild von dt. *einen Spaziergang machen*). Am Beispiel des dt. Adjektivs *bitter* verdeutlicht Leonhardi noch einmal das Problem, vor dem der Fremdsprachenlerner steht: Im Deutschen läßt sich *bitter* mit den Substantiven *Medizin, Pille, Galle, Kälte, Vorwürfe, Tränen, Ernst, Reue, Wahrheiten, Hohn, Schmerz* kombinieren. Der Lerner kann jedoch nicht davon ausgehen, daß die gleichen Kombinationsmöglichkeiten für engl. *bitter* bzw. frz. *amer/amère* bestehen.

ZWISCHENBILANZ (2.1)

- Auch vor Übernahme des Begriffs *collocation* aus der sprachwissenschaftlichen Schule des Britischen Kontextualismus war sich die deutsche Fremdsprachendidaktik/-methodik der Bedeutung syntagmatischer Beziehungen bei der Wortschatzarbeit bewußt.
- Kollokationale Aspekte finden sich in den älteren Methodiken/Didaktiken insbesondere im Zusammenhang mit der Arbeit an der Synonymik (Schubel) sowie bei der Lernerfolgskontrolle (Otto, Münch).
- Der Begriff der *natürlichen Spracheinheit* (Leonhardi) zeigt eine starke Affinität zum Kollokationsbegriff.
- Leonhardi unterscheidet bei seinen natürlichen Spracheinheiten bereits vier Strukturtypen von lexikalischen Zweierverbindungen (N + V, Adj + N, V + N, V + Adv).

---

[7] Vgl. Lakoff/Johnson (1980).

- Als Hauptproblem beim Erlernen der natürlichen Spracheinheiten identifiziert Leonhardi L1-Interferenz.

2.2 Die neuere fremdsprachendidaktische Literatur

2.2.1 Gesamtdarstellungen zum Englisch- bzw. Fremdsprachenunterricht

2.2.1.1 In der Englischmethodik von Heuer/Klippel (1987) erscheint der Begriff *Kollokation* im Sachregister nicht. In ihrem Kapitel 3, in dem es um die drei Inhalte des Englischunterrichts (Sprache, Literatur, Land) geht, sind jedoch im Abschnitt über den Wortschatz (3.3) Kollokationen und Kollokationsfelder berücksichtigt. Im Zusammenhang mit der Frage, wie man Vokabeln erklärt, geben die Autoren eine stichwortartige Übersicht über verbale und visuelle Verfahrenstechniken zur Bedeutungserklärung (50). Unter den Möglichkeiten, Bedeutungen verbal zu vermitteln, finden sich neben Stichwörtern wie *Definition*, *Paraphrase*, *Synonyme und Antonyme*, *Wortfamilien*, *Erklärung durch Beschreibung*, *Angeben weiterer Kontexte*, *Übersetzen in die Muttersprache* auch die beiden Stichwörter *Sachfelder* und *Kollokationen*.

In ihrer Übersicht über mögliche Übungsformen für das Üben und Wiederholen neuer Wörter nennen Heuer/Klippel *Lückentexte*, *Auswahlaufgaben*, *Cloze Text* (sic!), *Rätsel*, *Kettenübung*, *Reimübung*, *Sammelübung*, *Beschreibung*, *Ordnen* (51). Diese etwas heterogene Auflistung von Übungsformen wird durch Beispiele illustriert; mit "Beispiel" sind allerdings keine konkreten Übungsbeispiele gemeint, sondern wiederum Kategorien von Übungsformen (auf einer niedrigeren Ebene). Für die Übungstätigkeit *Ordnen* sind die Stichwörter *Sachgebiete*, *Bezugsfelder*, *Wortfelder*, *Wortfamilien* sowie *Definitionen und Begriffe zuordnen* angegeben. Erstaunlicherweise taucht hier statt des eigentlich zu erwartenden *Kollokationsfelds* Leisingers Begriff des *Bezugsfelds*[8] auf, der als veraltet gelten muß (Leisinger 1949). Der Terminus *Kollokationsfeld*, der sich gegen den älteren Begriff durchgesetzt hat, findet sich dann allerdings in den *Handlungsempfehlungen* zur Wortschatzarbeit: Heuer/Klippel empfehlen zur regelmäßigen Wiederholung, Umwälzung und Erweiterung des Zentralwortschatzes die Erarbeitung einer Vokabelkartei oder eines Vokabelringbuchs, "mit deren Hilfe Wortfamilien, Sach- oder Kollokationsfelder zusammengestellt werden können" (53). Beispiele für die Bedeutungsvermittlung durch Kollokationen oder dafür, was unter einem Kollokationsfeld zu verstehen sei, finden sich bei Heuer/Klippel nicht.

---

[8] Vgl. unten, Abschnitt 3.2.2.

2.2.1.2 Ein Blick in das Sachregister von Butzkamm (1989), der in dieser Monographie eine Sprachlehrmethodik vorlegt, die auf der Psycholinguistik als *der* Grundlagenforschung für den Fremdsprachenunterricht basiert (1989: XIII), erbringt unter dem Stichwort *Kollokationen* den Verweis auf Abschnitte des Kapitels XIV ("Wörter bedeuten die Welt"). Hier wird zunächst die Praxis der Wortschatzdosierung in den ersten Jahren des schulischen Fremdsprachenunterrichts kritisiert und herausgestellt, daß ein möglichst großer Wortschatz gleich zu Beginn des Fremdsprachenlernens überaus wichtig sei, da nur so das Neugier- und das Kommunikationsmotiv befriedigt werden könnten (1989: 263). Butzkamm demonstriert, wie durch Nutzung von Sprachverwandtschaften, Fremdwörtern und Internationalismen die notwendige, systematische Erweiterung des Wortschatzes erleichtert werden kann. Er hält ausgeprägtes Auswendiglernen insbesondere im Bereich des Wortschatzes für sinnvoll und plädiert daher für "regelmäßige[s], intensive[s] Einprägen bereits angeübter Wörter und Wendungen in häuslicher Nacharbeit" (1989: 273). Schließlich skizziert er – unter Bezug auf Schmidt (1954) und Hohmann (1986) – einige Techniken, die dem Lernen von Wendungen und Konstruktionen (Hohmann) bzw. Wortgruppen und Formulierungen (Schmidt) dienen. Dabei geht es darum, daß die Lerner, ausgehend von den deutschen Äquivalenten, selbständig aus den fremdsprachlichen Originaltexten die fraglichen Wendungen, Formulierungen etc. heraussuchen und herausschreiben, um sie sich dann in dieser Form einzuprägen. Diese Techniken zeigen eine große Affinität zum kollokationsentdeckenden Lesen (vgl. Abschnitt 4.3.2) sowie zur Technik des *chunking* bei Lewis (1993) (vgl. Kapitel 7). Schließlich konstatiert Butzkamm – unter Bezug auf Hausmann (1984) – knapp und lakonisch: "Immer noch zu kurz kommt das Kollokationslernen" (1989: 276). Butzkamm betont die Wichtigkeit der Arbeit am Text für das Kollokationslernen und verweist im übrigen auf die "differenzierte Methodik der Kollokationsarbeit für das Französische" (1989: 276) bei Hausmann (1984), die auf andere Fremdsprachen übertragbar sei.

2.2.1.3 Eine weitere neuere Gesamtschau des Englischunterrichts findet sich in der Anleitung zur Unterrichtsplanung für Englisch in der Sekundarstufe I von Mindt (1995). Wer sich hier über den Stellenwert des Kollokationskonzeptes für die Wortschatzarbeit informieren will, findet im Sachregister die Begriffe *Kollokation* und *Kollokationsfeld* und wird auf den Abschnitt *Wortschatzarbeit* (6.1) innerhalb des Kapitels 6 ("Schwerpunkte des Englischunterrichts") verwiesen. Dort werden Kollokationen im Zusammenhang mit der Beschreibung von Komponenten und Eigenschaften von Wörtern erwähnt:

> "Charakteristische Verbindungen von Wörtern werden als Kollokationen bezeichnet. So tritt beispielsweise das Substantiv *bed* häufig mit Formen des Verbs *lie* (*lies*, *lay*, *lying*)

auf. Auf der Grundlage von Kollokationen lassen sich Wortschatzelemente zu Gruppen zusammenstellen. In solchen größeren Einheiten zeigen die Wörter ihr semantisches und ihr grammatisches Verhalten." (Mindt 1995: 147).

Kollokationsfelder werden – meist im Zusammenhang mit Bedeutungsfeldern – im Abschnitt über die didaktische Analyse (bezüglich der Wortschatzarbeit) mehrfach erwähnt. Für das Gruppieren des Wortschatzes zu Übungszwecken nennt Mindt (1995: 158) semantische, grammatisch-morphologische, formale sowie zwischensprachliche Gesichtspunkte; bei den semantischen Gesichtspunkten finden sich *Bedeutungsfelder*, *Kollokationsfelder*, *Ober- und Unterbegriffe* sowie *Antonyme/Synonyme*. Hier gibt Mindt als Beispiel eines Bedeutungsfeldes *house*, *door*, *window*, *roof* etc. sowie als Beispiel für ein Kollokationsfeld *bed*: *go to bed / get out of bed / ...* .

Erstaunlicherweise benutzt Mindt den Kollokationsbegriff nicht im Zusammenhang seiner Nennung wichtiger Übungsformen. Als solche wichtigen Übungsformen nennt er *Sammeln von Wortschatz, Ordnen von Wortschatz, Verwenden ausgewählten Wortschatzes in Sätzen*, sowie *Kombinieren von Wortschatz*. Unter diesem letzten Stichwort wäre unbedingt der Terminus *Kollokation* zu erwarten gewesen, insbesondere da hier als Beispiel einer entsprechenden Übung eine typische Kollokationsübung[9] angeführt wird (1) (Mindt 1995: 158).

(1) Which of the following things can you carry/wear?

spectacles – boots – a new T-shirt – blue trousers – my suitcase – the old lady's shopping-bags – ...

ZWISCHENBILANZ (2.2.1)

- *Kollokation* und *Kollokationsfeld* sind offenbar allgemein bekannte Begriffe in der gegenwärtigen deutschen Fremdsprachendidaktik, wobei *Kollokationsfeld* der gängigere Begriff zu sein scheint.
- Das Kollokationsfeld erhält sein Gewicht bei der Ordnung bzw. Gruppierung von Wortschatz zu Übungszwecken (Mindt, Heuer/Klippel).
- Kollokationen können im Rahmen der Bedeutungsvermittlung eingesetzt werden (Heuer/Klippel).
- Der Anteil des Kollokationslernens an der Wortschatzarbeit wird als zu gering eingeschätzt (Butzkamm).

---

9 Vgl. unten, Kapitel 5.

- Für das Kollokationslernen ist die Arbeit mit Texten von großer Bedeutung (Butzkamm).

2.2.2 Handbücher zur Wortschatzarbeit

2.2.2.1 Wortschatzarbeit im Englischunterricht hat sich in der Bundesrepublik Deutschland in den 70er und 80er Jahren weitgehend an der Darstellung von Doyé (^{5}1980) orientiert. Wenn man sich fragt, welche Rolle dem Kollokationsphänomen bei der Wortschatzvermittlung im Englischunterricht wohl zugekommen ist, kommt man daher – in Ermangelung entsprechender empirischer Studien – einer Antwort wohl am nächsten, wenn man sich anschaut, in welchen Zusammenhängen bei Doyé von Kollokationen die Rede ist.

Doyé behandelt seine Gesamtthematik in fünf Kapiteln: Kapitel I enthält kurze Bemerkungen zu den Zielen des Englischunterrichts (Schulung der vier Fertigkeiten), in Kapitel II wird die Unterscheidung zwischen passivem und aktivem Wortschatz erläutert und diskutiert, und Kapitel III stellt Ansätze vor, in denen versucht worden ist, einen Grundwortschatz für den schulischen Englischunterricht zu erstellen sowie die Auswahl des Wortschatzes zu begründen. Das weitaus umfangreichste und zentrale Kapitel des Buches ist das Kapitel IV, das den drei Phasen der Wortschatzvermittlung gewidmet ist (vgl. unten). Das abschließende V. Kapitel befaßt sich mit Fragen der Leistungsfeststellung und gibt Hinweise auf mögliche Aufgabenformen zur Prüfung der Lernergebnisse.

Während es in Kapitel I-III um eher didaktische Fragestellungen und Entscheidungen geht, steht im Kapitel IV die Methodik der Wortschatzvermittlung im Vordergrund. Doyé orientiert seine Darstellung der methodischen Vorgehensweisen bei der Wortschatzvermittlung an den drei Phasen *Darbietung bzw. Aufnahme*, *Übung*, *Integrierung*. "In der Phase der Darbietung lernt der Schüler das Wort kennen; ... In der zweiten Phase wird das Wort intensiv geübt. ... Die Integrierungsphase dient der Eingliederung der aufgenommenen und geübten Wörter in den Sprachbestand des Schülers" (^{5}1980: 33).

Die *Darbietungsphase* dient dazu, die Lerner mit der Aussprache, der Schreibung und vor allem der Bedeutung des neuen Wortes bekanntzumachen. Breiten Raum nehmen bei Doyé die verschiedenen Verfahren der Bedeutungserklärung ein. Hauptsinn und Zweck der *Übungsphase* bei der Wortschatzarbeit ist die Festigung der Kenntnisse, die die Lerner in der Darbietungsphase ansatzweise erworben haben. Hier stellt Doyé eine Vielfalt von Übungen vor, die zum einen der Aussprache und zum anderen der Orthographie dienen. Das Üben der Bedeutung der neuen Wörter geschieht nach Doyé in der Hauptsache durch zwei Formen des Vokabellernens, nämlich das Lernen von fremdsprachlich-deutschen Gleichungen und das Lernen von Erklärungen in der Fremdsprache

([5]1980: 71). Doyé diskutiert die Vor- und Nachteile dieser beiden Formen des Vokabellernens. Methodische Wege, die Bedeutung der Wörter präziser zu erfassen und die neuen Wörter in Beziehung zu setzen zu bereits erworbenen Wörtern, erläutert Doyé im Kontext der *Integrierungsphase*. Dabei geht es vor allen Dingen um die Anwendung verschiedener Feldkonzeptionen, wie sie in der Sprachwissenschaft erarbeitet worden sind. Hier stellt er die methodisch-didaktischen Möglichkeiten dar, die sich aus der Arbeit mit semantischen Feldern und Kollokationsfeldern ergeben. Er illustriert das Kollokationsphänomen anhand der Kombinationsmöglichkeiten der Farbadjektive *fair* und *yellow* und definiert dann *Kollokationsfeld* wie folgt: "Ein Kollokationsfeld besteht (folglich) aus all den Wörtern, die nach den Konventionen einer Sprache bevorzugt mit einem gegebenen (Ausgangs-)Wort zusammen auftreten" (88). Er konstatiert die praktische Bedeutung von Kollokationsbeschränkungen, indem er einige Beispiele für Kollokationsfehler gibt (**short building*, **a herd of wolves*, **make the room*). Zur Behebung derartiger Fehler empfiehlt Doyé die Zusammenstellung von Kollokationen, die eine größere Anzahl von Tieren einer bestimmten Gattung bezeichnen (*a herd of goats*, *a flock of sheep*, *a gaggle of geese*, *a troop of boars*, *a pack of wolves*, *a pride of lions*, etc.), sowie die Gegenüberstellung der Kollokationen von *make* und *do* wie in (2) (Doyé [5]1980: 90). Am Beispiel der Kollokation *do + 120 miles an hour* demonstriert er, daß einzelne Kollokationen in verschiedenen Arten von Kollokationsfeldern vertreten sein können. Einerseits findet sich diese Kombination im Kollokationsfeld, das *do* als Ausgangswort hat (vgl. (2)); zum anderen taucht die gleiche Wendung im Kollokationsfeld zum Ausgangswort *car* auf (vgl. (3); Doyé [5]1980: 91). Abschließend diskutiert Doyé noch Vor- und Nachteile verschiedener Arbeitsmittel (Schnellhefter, Ringbuch, Vokabelkartei), die für die Arbeit mit semantischen Feldern bzw. Kollokationsfeldern eingesetzt werden können.

(2)	*to make*	*a road*	*to do*	*the garden*
		a coat		*the room*
		a dress		*the washing up*
		a fire		*some work*
		music		*the homework*
		a bed		*chemistry*
		a mark		*sums*
		a speech		*a test*
		a telephone call		*one's shoes*
		a mistake		*one's hair*
		a mess		*one's military service*
		a fuss		*one's duty*
		a row		*justice*
		a noise		*honour*

a choice	*business*
peace (war)	*wonders*
money	*a somersault*
a fortune	*120 miles an hour*
love	*a kindness*
a friend	*a favour*
fun of somebody	*one's best*
a fool of somebody	*good*
faces	*right*
the best of something	*wrong*

(3) *Field of collocation: CAR*
a car goes / drives / speeds / races / rattles along (up, down) the road
a car does 120 miles an hour
a car starts / accelerates /slows down / stops / overtakes / breaks down

people *drive / park / clean / polish / repair / a car*
buy / sell / hire / rent a car
people *ride in a car*
go (come) by car / travel by car
take a car (instead of walking)

a(n) new / brandnew / modern / old-fashioned / old / second-hand car
a(n) open / fast / sports / family car
a driver / woman-driver / chauffeur / motorist drives a car
a passenger rides in a car

2.2.2.2 Gairns/Redman (1986) machen bei ihrer Erläuterung des Kollokationsbegriffs darauf aufmerksam, daß es unterschiedliche Gründe für das gemeinsame Auftreten von Wörtern geben kann. Das Verb *pass* und das Substantiv *salt* beispielsweise würden deswegen miteinander kollokieren, "because the combination reflects a common real world state of affairs" (1986: 37). Darüber hinaus gebe es aber eine große Zahl von Kollokationen, bei denen als Begründung für die jeweilige Wahl der Kollokationspartner auf sprachliche Konventionen referiert werden müsse. Hierfür führen sie folgende Beispiele an, die ihnen gleichzeitig als Illustration der häufigsten Strukturtypen von Kollokationen dienen:

- The *lion roared* (nicht *bellowed*); The *earth revolves* around the sun (nicht *circulates*). Dies sind Beispiele für den Strukturtyp *subject noun + verb*.
- She *bites* her *nails* (nicht *eats*); Strukturtyp: *verb + object noun*.

- A *loud noise* (nicht *big*[10]); *heavy traffic* (nicht *strong*[11]); Strukturtyp: *adjective + noun.*
- *badly dressed, fully insured*[12]; Strukturtyp: *adverb + past participle used adjectivally.*

Aus dem Umstand, daß die jeweilige Wahl der Kollokationspartner im Einzelfall auch eine Frage der sprachlichen Konvention ist, leiten Gairns/Redman ihre Feststellung ab, daß "there are no 'rules' of collocation" (1986: 37). Hieraus ergibt sich nach Beobachtung der Autoren, daß Kollokationslernen häufig auf einer *ad hoc* Basis stattfindet. Aufgrund der nicht existierenden Kollokationsregeln sei es schwierig, lexikalische Einheiten auf der Basis ihrer Kollokationseigenschaften zu gruppieren; daher empfehlen Gairns/Redman, Kollokationsprobleme immer dann zu thematisieren, wenn sie im aktuellen Unterricht auftauchen. Den Ort von Kollokationsübungen wie (4) (1986: 39) sehen sie in Phasen der Wortschatzrevision. Um beispielsweise den Gebrauch von Adjektiven wie *light, weak, strong, heavy, mild* in Verbindung mit bestimmten Lebens- bzw. Genußmitteln zu festigen und Fehler wie etwa **light coffee* (statt *weak/mild coffee*) zu verhindern, scheint ihnen eine Übung wie (4) geeignet.

(4) Look at the circles below. Do you know which adjectives you can use with the nouns in the boxes? Cross out the ones which you think are not correct:

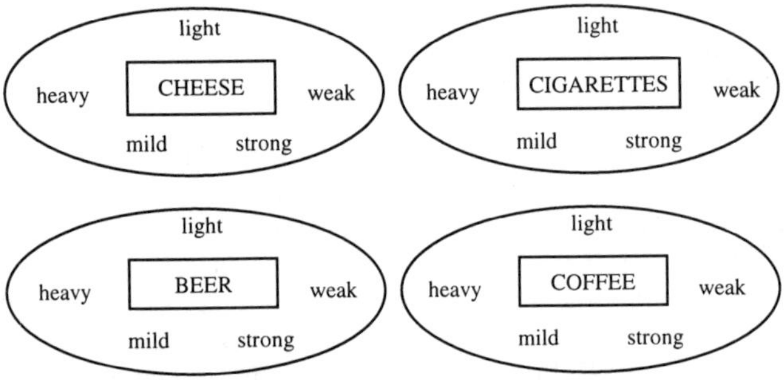

Durch Übungen wie (4) wollen Gairns/Redman darüber hinaus die Lerner für das Kollokationsproblem sensibilisieren, so daß bei ihnen ein Bewußtsein dafür

[10] Die Kombination *big + noise* wäre auch möglich; diese Kollokation hätte aber eine völlig andere Bedeutung (*a big noise = ein großes Tier*).

[11] Die Kombination *strong + traffic* findet sich als Beispiel einer unüblichen Kollokation *nicht* bei Gairns/Redman.

[12] Hier geben Gairns/Redman keine Beispiele für unübliche Kollokationen.

entsteht, daß die Kombinationsmöglichkeiten von lexikalischen Einheiten nicht beliebig sind. Größere Lernprobleme sehen die Autoren insbesondere dort, wo die Kollokationskonventionen in der L1 und der L2 voneinander abweichen und dies zu Interferenzen führen kann (1986: 40). Beispiele für lernersprachliche Kollokationsfehler, die möglicherweise auf L1-Einflüsse zurückgeführt werden könnten, finden sich bei Gairns/Redman in ihrer *Reader Activity 10* (1986: 8); vgl. (5).

(5) In the groups below, cross out the 'wrong' answer in each case. What type of error is being made, and how can it be accounted for?

1	He made	an arrangement. the bed. a photo.
2	He got off	the plane. the taxi. his bike.
3	He lost	his wallet so he went to the police. the bus so he was late. his way so he got very upset.
4	He did	nothing all afternoon. his homework. an investment.
5	A fire The lesson A war	broke out.

Neben L1-Interferenz als Ursache für nicht-zielgerechte/falsche Kollokationen wie **make + photo*, **get off + taxi*, **lose + bus*, **do + investment* sowie **lesson + break out* deuten Gairns/Redman (1986: 187) an, daß auch ein oberflächliches Verständnis der Bedeutung eines Lexems zu einem Kollokationsfehler führen kann: Wenn z.B. ein Lerner *break out* als 'anfangen' verstanden hat, ist eine Kombination mit *lesson* durchaus erklärlich.

2.2.2.3 Ausgangspunkt der Eröterungen zum Lehren und Lernen von Wortschatz ist bei Taylor (1990) die Frage, was es denn heißt, ein Wort zu kennen. In Anlehnung an Richards (1976) unterscheidet sie die folgenden Ebenen, auf denen Kenntnisse über ein Wort angesiedelt sein können:

- "knowledge of the *frequency* of the word in the language"

- "knowledge of the *register* of the word"
- "knowledge of *collocation*, both semantic and syntactic"
- "knowledge of *morphology*"
- "knowledge of *semantics"*
- "knowledge of *polysemy*"
- "knowledge of the equivalent of the word in the *mother tongue*" (Taylor 1990: 1-3).

Diese Aspekte bilden die Gliederungsgesichtspunkte der Diskussion in ihrem Kapitel 2, das sich mit Möglichkeiten der Einführung neuer lexikalischer Einheiten befaßt, sowie ihrem Kapitel 4, in dem eine Vielzahl von Übungen zur Konsolidierung der Wortschatzkenntnisse vorgestellt wird.

Taylor versteht unter *collocation* (a) "the syntactic behaviour associated with the word" sowie (b) "the network of associations between that word and other words in the language" (1990: 2)[13]. Sie illustriert diese theoretische Erläuterung des Kollokationsbegriffs mit folgenden Beispielen (1990: 2):

a) Das Verb *overtake* sei normalerweise ein transitives Verb, das meist im Aktiv gebraucht werde und auf das Artikel + Nomen oder Pronomen folge; es erscheine meist im Kontext Verkehr(swesen), und zwar in der Nähe von Wörtern wie *lane*, *car*, *speed.*

b) Die Entstehung eines Netzwerkes von Assoziationen zwischen Wörtern könne durch den Hinweis auf Ober-/Unterbegriffe gefördert werden (*fruit* als Oberbegriff zu *raspberry*, *strawberry*, *gooseberry*, *apple*, *blackcurrant*).

Die weitgehende Gleichsetzung[14] von *Assoziation* und *Kollokation*, wie sie in (b) zum Ausdruck kommt, zeigt sich bei Taylor erneut in späteren Kapiteln: Wenn sie beispielsweise von der Möglichkeit spricht, *collocation* bei der Wortschatzeinführung zu nutzen, verwendet sie als Illustrationsbeispiel wieder die Hyponymie-Relation (vgl. die Einführung von *mammal* in Verbindung mit *cow*, *camel*, *cat*, *goat*, *sheep*; 1990: 23-24). Auch unter ihren Beispielen für Kollokationsübungen findet sich eine Aufgabe, in der Hyperonyme zu suchen sind, und aus einer gegebenen Gruppe von Hyponymen der *odd one out* gefunden werden soll (Beispiel: gegeben *jeans*, *sweatshirt*, *trousers*, *blouse*, *shoes*, *coat*, *dancing*; odd one out: *dancing*; Hyperonym: *clothes*).

Daß Taylor offenbar keinerlei Unterschied zwischen Assoziation und Kollokation sieht, wird ebenso deutlich am Beispiel ihres 'word-network' zu *friend*, das sich unter der Überschrift *collocation* findet und folgende Wortschatzele-

---

[13] Daß Taylor mit einem extrem weiten Kollokationsbegriff arbeitet, wird außerdem deutlich, wenn sie sogar Idiome einbezieht (s.u.).

[14] Mit Aitchison (1987: 74/75) verstehen wir *collocation* als *einen* assoziativen Verbindungstyp (neben *co-ordination*, *superordination*, *synonymy*; vgl. unten, Kapitel 6).

mente[15] enthält: *girlfriend, boyfriend, friendship, befriend, make friends with, make friends, friendless* sowie *friendly, friendliness, unfriendly, unfriendliness* und *a friend in need* (*is a friend indeed*). Darüber hinaus bezieht Taylor schließlich auch noch *Idioms* in ihren Kollokationsbegriff ein; immer noch unter dem Stichwort *collocation* präsentiert sie eine Beispielaufgabe, in der Teile von drei gegebenen Sätzen durch idiomatische Ausdrücke zu ersetzen sind[16].

2.2.2.4 Auch bei Nation (1990) ist eine der Leitfragen der Diskussion die Frage danach, welche Kenntnisse im einzelnen der Lerner von einem Wort haben muß, damit gesagt werden kann, er kenne das Wort (vgl. oben, Taylor). Nation nennt hier acht Aspekte (*spoken form, written form, grammatical patterns, collocations, frequency, appropriateness, concept* und *associations*; 1990: 31) und konkretisiert sie jeweils mit zwei Fragen, wobei sich die eine auf rezeptive Kenntnisse, die andere auf produktive Kenntnisse bezieht. Die entsprechenden Fragen für den Aspekt *collocation* sind:

- "What words or types of words can be expected before or after the word?"
- "What words or types of words must we use with this word?" (1990: 31).

Zur Illustration des Kollokationsbegriffs nennt Nation die Beispielwörter *sunny* und *too*; *sunny* kollokiere mit *day* und *disposition*, *too* mit *much* und *late*.

Mit einem dritten Beispiel deutet er an, daß im Zusammenhang mit Kollokationen Probleme für den Lerner vor allem darin bestehen können, daß der Kollokationsradius eines bestimmten Wortes von Sprache zu Sprache unterschiedlich sein kann. Er listet einige Substantive auf, die im Englischen mit dem Verb *save* kollokieren (*save + money / time / souls / people* or *animals / energy / face*). "This list is likely to be quite different from the list of items that collocate with the mother-tongue equivalent" (1990: 100). Zur Illustration eines bestimmten Typs von Kollokationsübung gibt Nation ein Beispiel, das er von Brown (1974) übernommen hat: Gegeben sind einerseits sieben Adjektive und andererseits sechzehn Substantive[17]. Die Aufgabe besteht darin, für jedes der

---

[15] Dieses *word-network* enthält viele Elemente, die zur Wortfamilie (vgl. unten, Abschnitt 3.2.1) von *friend* zu rechnen wären (*friendship, befriend, friendless, friendly, friendliness, unfriendly, unfriendliness*); außerdem zwei Komposita (*girlfriend, boyfriend*) und ein Sprichwortfragment (*a friend in need*). Die einzige Kollokation ist *make friends (with)*.

[16] Your assessment of the situation is *completely wrong and nowhere near the truth* (ersetze durch *wide off the mark*); He claimed special social privileges on the grounds that he was *of noble descent* (*blue-blooded*); We are wasting the committee's time by *arguing too much over unimportant details* (*splitting hairs*).

[17] In diesem Beispiel handelt es sich um die Adjektive *intense, narrow, sealed, political, limited, related, various* sowie um die Substantive *feelings, a road, a bridge, a letter, an envelope, a situation, a number, an idea, reasons, heat, geography, money, by marriage, ways,*

Adjektive zwei bis drei mögliche Kollokationspartner aus der Substantivliste zu finden. Des weiteren führt Nation die Technik des *Kollokationsgitters (collocational grid)* an (nach Channell 1981), das ebenfalls aus zwei Wortlisten besteht (eine senkrecht, eine waagerecht), wobei die Quadrate zu kennzeichnen sind, die akzeptable Kollokationen ergeben (vgl. unten, Abschnitt 4.2.3.1). Schließlich schlägt Nation noch einige Techniken vor, die ihm zum Üben von Kollokationen geeignet scheinen (1990: 101):

- Die Lehrkraft nennt ein Wort, für das die Lerner in Gruppenarbeit jeweils eine Liste mit Kollokationen erstellen, in denen dieses Wort auftritt. Anschließend wird an der Tafel eine gemeinsame große Liste erstellt.
- Die Lerner bekommen eine Textpassage, in der einige Kollokationen getilgt sind. Die Kollokationsbestandteile werden in ungeordneten Listen vorgegeben und müssen an den passenden Stellen in den Text eingesetzt werden.
- Die Lerner müssen mit vorgegebenen Kollokationen Sätze bilden.
- Die Lerner erhalten den Auftrag, mit Hilfe eines Wörterbuches Kollokationen zu einem vorgegebenen Wort zu suchen. Zuvor könnten die Lerner aufgefordert werden, Vermutungen zu äußern, in welchen Kollokationen das Wort vorkommen könnte.

2.2.2.5 McCarthy (1990) äußert sich sehr dezidiert über die Bedeutung des Kollokationskonzepts, und zwar in zweifacher Hinsicht:

- Im sprachwissenschaftlichen Kontext sieht er Kollokation als grundlegendes Organisationsprinzip des Wortschatzes einer Sprache – "The relationship of *collocation* is fundamental in the study of vocabulary; ... It is an important organizing principle in the vocabulary of any language" (1990: 12).
- Im fremdsprachenunterrichtlichen Kontext sollte die Beschäftigung mit Kollokationen einen zentralen Platz einnehmen – "Languages are full of strong collocational pairs and, therefore, collocation deserves to be a central aspect of vocabulary study" (1990: 12).

Zur Erläuterung des Kollokationsbegriffs weist er auf die unterschiedlichen Möglichkeiten hin, die englischen Farbadjektive *beige* und *blond* mit Substantiven zu verknüpfen. Während die Kombinationen *beige + car* und *blond + hair* möglich seien, müßten Verbindungen wie **blond + car* und **beige + hair* als unzulässig gelten: "'Beige' collocates with 'car' but not with 'hair'; 'blond' collocates with 'hair' but not with 'car'" (1990: 12). McCarthy vergleicht die Kollokationsbeziehung zwischen zwei Wörtern mit einem Heiratsvertrag und konstatiert, daß diese Art der Beziehung zwischen Wörtern unterschiedlich stark sein

---

a tube, knowledge; mögliche Kollokationen mit *limited* wären beispielsweise *a limited number, limited money, limited knowledge.*

könne: Die Beziehung zwischen *blond* und *hair* sei weitaus stärker als etwa diejenige zwischen *brown* und *hair* – *blond* sei in seiner Kombinierbarkeit praktisch auf *hair* beschränkt, während *brown* mit einer großen Zahl von Substantiven kombinierbar ist.

Daß eine Entscheidung darüber, ob eine bestimmte Kollokation akzeptabel (bzw. korrekt) oder nicht akzeptabel (bzw. falsch) ist, nicht immer eindeutig möglich ist, demonstriert McCarthy am Beispiel der Adjektive *large, great, big, major* und deren Kombinierbarkeit mit den Substantiven *problem, amount, shame, man*. In einem Kollokationsgitter (vgl. (6); 1990: 12) kennzeichnet er normale, akzeptable, unmarkierte Kollokationen durch "✓" (z.B. *big + problem, large + amount, great + shame*), akzeptable, aber ungewöhnliche und daher markierte Kollokationen durch "?" (z.B. *large + problem, major + amount*), und unakzeptable (stark markierte) Kollokationen durch "x" (z.B. *large + shame, major + man*)[18].

(6)

	problem	amount	shame	man
large	?	✓	✗	✓
great	✓	✓	✓	✓
big	✓	✓	✗	✓
major	✓	?	✗	✗

✓ = collocates ? = questionable ✗ = does not collocate

Probleme im Bereich der Kollokationen für den Fremdsprachenlerner sieht McCarthy (1990: 13) vor allem dort, "where collocability is language-specific and does not seem solely determined by universal semantic constraints". Viele denkbare Wortkombinationen sind einfach dadurch ausgeschlossen, daß die durch sie bezeichneten Dinge in der außersprachlichen Wirklichkeit nicht existieren: In diesem Sinne verstößt z.B. *green blood* gegen universelle semantische Kriterien, und kein Lerner würde auf die Idee kommen, eine solche Kombination zu produzieren. Doch auch wenn semantische Restriktionen beachtet werden, ist dies noch keine Garantie für die Akzeptabilität von individuellen

[18] Auf individuelle Unterschiede bei *native speakers* in der Bewertung der Akzeptabilität bestimmter Kombinationen machen Gairns/Redman aufmerksam, wenn sie bei der Präsentation eines Beispiels für ein Kollokationsgitter aus Rudzka/Channell/Putseys/Ostyn (1981a) (*beautiful, lovely, pretty, charming, attractive, good-looking, handsome* und deren Substantivpartner) anmerken, daß die im Gitter *nicht* als mögliche Kollokationen gekennzeichneten Verbindungen von *beautiful + proposal, pretty + furniture* und *lovely + bird* nach ihrem Sprachgefühl durchaus möglich seien (1986: 37).

Wortkombinationen. Beispiele für ungewöhnliche oder unakzeptable Kollokationen in Lernersprachvarietäten wären etwa **high difference*, **form fame*, **rescue sb's life*[19].

Des weiteren spricht McCarthy (1990: 14-15) im Kontext seiner Diskussion des Kollokationskonzepts folgende Punkte an:

- Die Tatsache, daß es sich bei den Kollokationen eines bestimmten Wortes um jene Wortverbindungen handelt, die das Wort typischerweise eingeht, wird in der Literatur genutzt; moderne Dichtung operiert nicht selten gerade mit den *untypischen*, ungewöhnlichen Wortkombinationen, die für den Leser nur vor dem Hintergrund seines Wissens um die typischen Kollokationen als ungewöhnlich zu erkennen sind[20].
- Zwei Wörter, zwischen denen eine Kollokationsbeziehung besteht, müssen in Äußerungen bzw. Texten nicht zwangsläufig unmittelbar nebeneinander auftreten. McCarthy demonstriert dies an dem Ausschnitt aus einem Zeitungstext in (7) (1990: 14). Kollokationsbeziehungen bestehen in diesem Text zwischen *reject* + *appeal* sowie zwischen *approve* + *application* und *application* + *succeed.*

(7) The study of planning *appeals* for similar centres in the past, most of which were *rejected*, suggests that the future is more hopeful for developers ... Now that the Secretary of State for the Environment has said that *applications* should be *approved* unless there are good reasons against them, many more should *succeed*.
(*Independent*, 10 October 1986)

- Kollokationsbeziehungen können syntaktisch unterschiedlich realisiert sein. So spiegeln die Satzpaare in (8) (1990: 14) jeweils die oben genannten Kollokationen *reject* + *appeal*, *application* + *succeed* sowie *approve* + *application* wieder.
- Kollokationsinformationen könnten und sollten in Wörterbüchern gegeben werden; unter einem Stichwort wie *application* wären z.B. Verbpartner wie *submit*, *approve*, *reject*, *succeed* aufzulisten. Als ein Wörterbuch, in dem derartige Informationen zu finden seien, weist McCarthy auf das *BBI Combinatory Dictionary of English* (Benson/Benson/Ilson 1986a) hin.

---

[19] McCarthy präsentiert diese und weitere Beispiele im Satzkontext im Rahmen seiner TASK 9 (1990: 13).

[20] Vgl. Hausmann (1984), der solche ungewöhnlichen Wortkombinationen als *Konter-Kreationen* bezeichnet.

(8) They rejected my appeal.
The rejection of his appeal was a great shock.

My application succeeded.
She made a successful application.

Getting our application approved took ages.
You have to submit your application for approval.

ZWISCHENBILANZ (2.2.2)

a) *national*

- Wortschatzarbeit unter dem Gesichtspunkt der Kollokation findet bei Doyé in der Integrierungsphase statt.
- Als methodischen Weg zur Vermeidung bzw. Behebung von Kollokationsfehlern schlägt Doyé die Zusammenstellung von *Kollokationsfeldern* vor.
- Bei Doyé finden sich zwei Arten von Kollokationsfeldern, nämlich a) die Auflistung von strukturgleichen Zweierkombinationen, in denen ein Bestandteil konstant gehalten wird (Beispiel: Kombination *do* + NP) und b) die Zusammenstellung von Wendungen unterschiedlicher Struktur, die sämtlich das Ausgangswort enthalten (Beispiel: Ausgangswort *car*).

b) *international*

- Der Kollokationsbegriff wird in allen vier Handbüchern zur Wortschatzarbeit im Unterricht *English as a Foreign Language* behandelt.
- Wissen um die Kollokationspartner sowie die Kollokationsbeschränkungen eines zu lernenden Lexems wird als wichtiger Bestandteil der *Kenntnis* dieses Lexems betrachtet (Taylor, Nation).
- Bei Kollokationen handelt es sich um sprachliche Ausdrücke aus *zwei* Bestandteilen (vgl. Beispiele bei Gairns/Redman, Nation, McCarthy).
- Der Umfang der sprachlichen Phänomene, die unter dem Stichwort *Kollokation* abgehandelt werden, variiert erheblich (vgl. insbesondere das Kollokationsverständnis bei Taylor).
- Entscheidungen/Urteile über die Üblichkeit bzw. Unüblichkeit einer Kollokation können im Einzelfall von Sprecher zu Sprecher variieren (Gairns/Redman, McCarthy).
- Es lassen sich bestimmte Strukturtypen von Kollokationen unterscheiden (Gairns/Redman).
- Im Kontext längerer sprachlicher Äußerungen müssen die beiden Bestandteile einer Kollokation nicht unmittelbar nebeneinander stehen (McCarthy).

- Fremdsprachenlerner machen Kollokationsfehler. Die Ursache für einen großen Teil dieser Fehler liegt vermutlich in unterschiedlichen Kollokationskonventionen in der jeweiligen L1 des Lerners und der zu lernenden L2 (Gairns/Redman, Nation, McCarthy).
- Die Fehlergefahren im Bereich der Kollokationen müssen den Fremdsprachenlernern bewußt gemacht werden (Gairns/Redman).
- Zur Schulung der Kollokationskompetenz von Fremdsprachenlernern sind spezielle Übungen erforderlich (Gairns/Redman, Taylor, Nation).
- Eine spezifische Technik zur Bewußtmachung bzw. Übung von Kollokationskonventionen in der Fremdsprache ist das *Kollokationsgitter* (Gairns/Redman, Nation, McCarthy).

2.2.3 Spezialstudien

2.2.3.1 Nach Hüllen (1971: 171) ist der Begriff *Kollokation* vor allem von Carstensen (1969, 1970) in die fremdsprachendidaktische Diskussion in Deutschland eingeführt worden. In den genannten Beiträgen geht es darum, das "linguistische Niemandsland" (1969: 16) zu erkennen und – wenn möglich – zu beseitigen, das für Carstensen zwischen Grammatik und Wörterbuch besteht. Hier – zwischen Grammatik (mit ihren syntaktischen Informationen) und Wörterbuch (mit seinen semantischen Informationen) – lokalisiert Carstensen die Informationen, die die Sprachwissenschaft bezüglich der Kollokationsmöglichkeiten von Lexemen bereitstellen müßte. Für die existierenden Nachschlagewerke stellt Carstensen fest, daß in Grammatiken ebenso manche semantischen Informationen zu finden sind wie Wörterbücher gelegentlich syntaktische Informationen liefern. Da solche 'Zusatzinformationen' allerdings nicht mit der erforderlichen Systematik gegeben werden, stellt Carstensen (1969: 10) die Frage, "ob nicht semantische und syntaktische (...) Informationen im Idealfalle in einem *einzigen* Werk vereinigt werden können, um insbesondere dem, der eine Sprache erlernt, ... *alle* sprachlichen Informationen zuzuleiten". Zu den semantisch-syntaktischen Informationen, die ein solches ideales Wörterbuch geben müßte, rechnet er beispielsweise Angaben darüber,

- mit welchen Substantiven sich die englischen Adjektive *large*, *big*, *great*, *enormous*, *huge* kombinieren lassen (1969);
- welche Nominalphrasen als Subjekt und welche Adjektive als Prädikatsnomen die englischen Kopulaverben *become*, *come*, *fall*, *get*, *go*, *grow*, *run*, *turn*, *wax*, *wear* haben können (1969);
- welche Substantive sich mit *wide* / *broad* verbinden (1970).

Carstensen prüft eine Reihe von Wörterbüchern in dieser Hinsicht und kommt zu dem Ergebnis, daß keines von ihnen vollständige und systematische Informationen der fraglichen Art liefert. Als Voraussetzung für die Kompilation eines umfassenden und systematischen Kollokationswörterbuchs sieht er "eine erheblich genauere Untersuchung der Kollokationsmöglichkeiten von Wörtern, als das bisher geschehen ist" (1969: 14). Carstensen (1970) führt eine solche Untersuchung zu den Substantiven durch, die mit *broad* und *wide* kollokieren; als Methode wählt er eine Kombination von Wörterbuchanalyse und Informantenbefragung. Das unbefriedigende Ergebnis dieser Analyse läßt ihn jedoch die Möglichkeit der Realisierung eines umfassenden Kollokationswörterbuchs eher skeptisch beurteilen (1970: 194).

Neben dem Desiderat eines umfassenden und systematischen Kollokationswörterbuchs thematisiert Carstensen die Bedeutung von Kollokationen und Kollokationsfehlern im Fremdsprachenunterricht:

> "Nun ist dies aber nicht ein Problem, das nur für die wissenschaftliche Untersuchung einer lebenden Sprache von Bedeutung ist, sondern es hat auch für den Sprachunterricht wichtige Konsequenzen, die sich in jeder Klassenarbeit zeigen: ebenso häufig wie Fehler in der syntaktischen Konstruktion, treten Verstöße gegen das Prinzip der *collocation* auf, d.h. gegen die semantisch richtige Zuordnung zweier oder mehrerer Lexeme" (1969: 13).

Hinsichtlich der Fehlerschwere sieht er Kollokationsfehler auf einer annähernd gleichen Ebene wie falsche syntaktische Konstruktionen. Eine wichtige Voraussetzung für die systematische Behandlung von Kollokationen im Englischunterricht liegt für Carstensen in der Sammlung und Auswertung von Kollokationsfehlern. Schließlich wirft er die Frage auf, wie unterrichtsmethodisch mit den Adjektiv+Substantiv-Kombinationen umzugehen sei, die seine Analyse der Kollokationsmöglichkeiten von *broad* und *wide* erbracht hat. Für fremdsprachenunterrichtliche Zwecke scheint ihm eine Reduzierung der Liste der mit *wide* kollokierenden Substantive auf *eyes*, *views*, *world*, *road*, *river*, *margin*, *interval*, *difference*, *trousers*, *door*, *range*, *sea*, *mouth* sinnvoll; die entsprechende Substantivliste für *broad* wäre *daylight*, *outline*, *hint*, *facts*, *shoulders*, *views*, *road*, *side* (1970: 200). Ohne selbst konkrete methodische Vorschläge für die Arbeit mit diesen beiden Listen der mit *broad* und *wide* kollokierenden Substantive zu machen, stellt Carstensen allerdings fest, daß "ein Erlernen der beiden *ranges* [...] sicher methodisch sinnlos" (1970: 200) wäre. Obwohl er praktische Probleme bei der Ermittlung der Kollokationsradien einzelner ausgewählter Lexeme sowie bei der praktischen Behandlung von Kollokationen im Unterricht sieht, ist er insgesamt der Auffassung, daß das Kollokationskonzept für die Wortschatzarbeit von großem Nutzen sein kann.

2.2.3.2 Die fundamentale Bedeutung von Hausmann (1984) für die Thematik der vorliegenden Studie deutet sich bereits im Titel des Aufsatzes an, wenn *Wortschatzlernen* mit *Kollokationslernen* gleichgesetzt wird. Die in diesem

Beitrag behandelten sprachwissenschaftlich-terminologischen Aspekte des Kollokationsproblems (Typologie von Wortverbindungen; Unterscheidung der Kategorien *Konter-Kreation*, *Kollokation*, *Ko-Kreation*; Unterscheidung *Kollokationsbasis – Kollokator*[21]) werden unten, Abschnitt 3.1.1 dargestellt. Daher können wir uns an dieser Stelle auf die Teile des Beitrages konzentrieren, die der Methodik der Kollokationsarbeit im Fremdsprachenunterricht gewidmet sind. Gegen Ende seines Aufsatzes skizziert Hausmann, wie systematische Wortschatzarbeit im Bereich der Kollokationen aussehen kann. Dabei lassen sich sechs methodische Wege erkennen:

a) Lernen vom Kollokator aus
b) Lernen von der Basis aus
c) zweisprachige Kollokationsarbeit
d) Bewußtmachung von Redewendungen
e) Kollokationsarbeit am Text
f) Kollokationsarbeit mit dem zweisprachigen Wörterbuch

a) Systematische Kollokationsarbeit vom Kollokator aus hat das Ziel, die Kombinationsmöglichkeiten eines Kollokators möglichst vollständig zu erfassen. Ausgangspunkt könnten hier Adjektive (als Kollokator in Adj + N-Verbindungen), Verben (Kollokator in V + N-Verbindungen) oder Substantive (Kollokator in N_1 + N_2-Verbindungen) sein; Hausmann wählt als Beispiel das Substantiv *bouffée* (Windstoß, Hauch, Anfall/Anwandlung) und listet insgesamt 32 Substantive auf, mit denen *bouffée* N_1 + N_2-Verbindungen eingehen kann (vgl. (9); 1984: 404).

(9)	une bouffée	d'air frais	d'ambition
		de vapeur	d'amertume
		de vent	d'amour-propre
			d'aversion
		d'égout	de bonheur
		de parfum	de colère
		de cris	de dévotion
		de voix	d'émotion
		de fièvre	d'enthousiasme

[21] Zum besseren Verständnis der folgenden Darstellung ist es allerdings erforderlich, schon hier die Begriffe *Basis* und *Kollokator* kurz zu erläutern: In Kollokationen, die ein Substantiv enthalten (*keep a diary*, *a heavy smoker*, *dogs bark*), ist das Substantiv jeweils die Basis, das Verb bzw. das Adjektiv der Kollokator. In N_1+N_2-Kollokationen (*a grain of rice*) ist N_2 die Basis, N_1 der Kollokator. In Adv+Adj- bzw. V+Adv-Kollokationen (*sound asleep*, *guess correctly*) ist jeweils Adj bzw. V Basis, während Adv in beiden Fällen Kollokator ist.

de gaîté
de générosité
de haine
de honte
d'humeur
d'ironie
d'ivresse
d'optimisme
d'orgueil
de patriotisme
de remords
de souvenirs
de sympathie
de vanité
de verve

Von dieser Art der systematischen Kollokationsarbeit erhofft sich Hausmann Nutzen sowohl für die rezeptive wie für die produktive Kompetenz.

b) Genausogut kann systematische Kollokationsarbeit eine Kollokationsbasis zum Ausgangspunkt nehmen. Hierbei geht es ebenfalls im Prinzip darum, die Kollokationen zusammenzustellen, in denen das gewählte Ausgangswort gewöhnlich auftritt. Auf diese Weise werden bereits bekannte Wörter verwendungsfähig gemacht. Zur Demonstration wählt Hausmann hier das "banale Alltagswort" *tête*, für das in einem ersten Stadium die vier Verbkollokatoren *lever*, *baisser*, *pencher* und *tourner* gelernt werden sollten. Für den fortgeschrittenen Lerner hält er die Zusammenstellung eines umfangreichen Kollokationsfeldes[22] wie in (10) (1984: 404) für denkbar.

c) Hausmann empfiehlt, bei der systematischen Kollokationsarbeit zweisprachig vorzugehen. Durch die Gegenüberstellung der fremdsprachlichen Kollokation und ihrer deutschen Entsprechung soll der Schüler begreifen, daß die Bedeutung und vor allen Dingen das betreffende muttersprachliche Äquivalent vieler Kollokatoren erst im Zusammenhang mit und in Abhängigkeit von der entsprechenden Basis angebbar sind. Hausmann operiert hier mit dem Begriff der Äquivalenzfähigkeit: Kollokationsbasen seien ohne weiteres äquivalenzfähig (*tête = Kopf*, *doute = Zweifel*, *cœur = Herz*). Kollokatoren dagegen sind – isoliert betrachtet – nicht äquivalenzfähig; sie werden dies erst in der Kombination mit einer bestimmten Kollokationsbasis. Hausmann demonstriert dies am Adjektiv *endurci*, dessen Wiedergabe im Deutschen vom Substantiv abhängt, mit dem es kombiniert wird (vgl. (11); 1984: 405).

[22] Vgl. unten, Abschnitt 3.2.

(10) baisser, incliner, pencher
lever, redresser, relever
rejeter, renverser,
tourner, détourner
retirer, rentrer
} la tête

branler, dodeliner
hocher, secouer
faire oui, faire non de, acquiescer de
} la tête

se cogner, se taper la tête contre, donner de la tête contre
se fendre la tête
se gratter la tête
prendre, tenir la tête entre les mains
avoir la tête qui bourdonne, qui tourne

(11) cœur endurci = hartes Herz
criminel endurci = hartgesottener Verbrecher
célibataire endurci = eingefleischter Junggeselle

(d) Im Rahmen der Kollokationsarbeit von der Basis aus (vgl. oben Beispiel *tête*) ist es sinnvoll, auch idiomatische Redewendungen einzubeziehen. Hier ist es das Ziel, den Schülern zunächst an muttersprachlichen Beispielen ein Bewußtsein von idiomatischen Redeweisen zu geben und sie erkennen zu lassen, daß in den deutschen Redewendungen *jdm. den Kopf waschen*, *jdm. den Kopf verdrehen*, *sich den Kopf zerbrechen*, *den Kopf in den Sand stecken* zwar das Wort *Kopf* vorkommt, aber eben gar nicht über den Kopf gesprochen wird. Ist dies grundsätzlich am Beispiel der Muttersprache erkannt, wird es den Schülern nicht schwerfallen, dasselbe Phänomen in der Fremdsprache zu erkennen. Zusätzlich zu den Kollokationen mit *tête* (vgl. oben b)) könnten daher französische Redewendungen zusammengestellt werden, in denen das Wort *tête* verwendet wird. So kann verhindert werden, daß Schüler versuchen, deutsche Redewendungen in naiver Weise auf der Basis von 1:1-Wortgleichungen in die Fremdsprache zu übertragen.

(e) Große Bedeutung mißt Hausmann der Kollokationsarbeit am Text bei, ohne allerdings hier methodische Hinweise zu geben. Diese Art der Kollokationsarbeit besteht darin, die fremdsprachlichen Texte, mit denen man täglich umgeht, unter kollokationalen Gesichtspunkten zu betrachten und den Schülern die in den Texten vorkommenden Kollokationen bewußt zu machen sowie entsprechende deutsche Äquivalente zu geben bzw. durch die Schüler suchen zu lassen.

(f) Kollokationsarbeit mit dem zweisprachigen Wörterbuch dient vor allen Dingen dazu, den Schüler erkennen zu lassen, "daß die Wörterbücher zwar alle

Wörter übersetzen, aber keineswegs alle Kollokationen" (406). Wenn zweisprachige Wörterbücher in dem naiven Glauben genutzt werden, daß alle angegebenen L2-Äquivalente für ein gesuchtes L1-Wort gleichermaßen verwendbar sind, so resultiert daraus eine nicht geringe Anzahl von Kollokationsfehlern. Ein Beispiel für die Gefahr, die in zweisprachigen Wörterbüchern in dieser Hinsicht steckt, gibt Hausmann zuvor in seinen didaktischen Überlegungen (399-403): Ein Eintrag *besänftigen = apaiser, adoucir, amadouer* sei nicht akzeptabel, da er den Eindruck erwecke, alle drei Verben seien in der gleichen Weise verwendbar; *seinen Zorn besänftigen* könne jedoch nicht mit *amadouer sa colère* übersetzt werden, da dieses Verb nur Personen als Objekt haben könne. Darüber informiert eine schlichte Aufzählung der Verben ohne Zusätze wie *qn.* oder *qc.* jedoch nicht. Hier wäre es die Aufgabe der Lehrkraft, dem Schüler mit Hilfe der Kollokationen die unvermeidlichen Grenzen zweisprachiger Wörterbücher aufzuzeigen und so Fehlbenutzungen zu vermeiden (406).

2.2.3.3 Der Beitrag von Breitkreuz (1989) zum "kollokationalen Lernen im Englischunterricht"[23], der sich schwerpunktmäßig mit methodisch-didaktischen Fragen befaßt, beginnt mit einer Begriffsbestimmung von *Kollokation* und *Kollokationsfeld*. Mit Bezug auf Mackey (1965), Werlich (1969) und Doyé (1971) bestimmt Breitkreuz Kollokationen "als typische oder bevorzugte Verbindungsneigungen von Einzelwörtern einer (Fremd-)Sprache" (1989: 55), wobei er zunächst keinerlei Beispiele anführt. Dies geschieht erst im Kontext seiner Illustration dessen, was er unter *Kollokationsfeld* versteht. Während aus seinen theoretischen Erläuterungen nicht recht deutlich wird, was denn ein Kollokationsfeld sei[24], sind die von ihm angeführten Beispiele weitaus einsichtiger. Als "drei typische lexikalische Kollokationsfelder" führt er Verbingungen von *take* + N/NP sowie von V + *notice* bzw. V + *trouble* an (1989: 56) (vgl. (12)), wobei er darauf hinweist, daß alle drei Kollokationsfelder unvollständig sind.

---

[23] Vgl. Titel des Aufsatzes.

[24] Breitkreuz (1989: 56) stellt zunächst dem *Kollokationsfeld* die *Wortfamilie* und das *Wortfeld* gegenüber und sagt vom Kollokationsfeld, es decke "die typische sprachliche Umgebung unter Einhaltung der üblichen Gebrauchskonventionen" ab. Dann bringt er den zur Diskussion stehenden Begriff mit der Begriffsbestimmung von *collocation* bei Benson/Benson/Ilson (1986a) in Verbindung: "Nach dem *BBI Combinatory Dictionary of English* ... basieren Kollokationsfelder (bei Breitkreuz irrtümlich 'Kollokationsfehler', J.B.) auf festen Wortkombinationen (*fixed word combinations*) oder häufig auftretenden Wortkombinationen (*recurrent word combinations*)" (1989: 56). Damit ist dann jedoch nicht viel mehr gesagt als "Kollokationsfelder basieren auf Kollokationen" – was allerdings unbestreitbar ist.

(12)	*take* care of	*take* prisoner	
	take an exam(ination)	*take* a paper	
	take an interest in	*take* a photo(graph)	*Ausgangskollo-*
	take legal advice	*take* pity on	*kationsfeld*
	take (no) *notice* of	*take* the *trouble*	

bring to s.o.'s	*notice*	ask for	*trouble*	
escape s.o.'s	*notice*	be a	*trouble*	*Angegliedertes*
give	*notice*	be in	*trouble*	*Kollokations-*
hand in one's	*notice*	cause	*trouble*	*feld*
put up a	*notice*	get into	*trouble*	

Als eine weitere Art von Kollokationsfeld interpretiert Breitkreuz offenbar die Zusammenstellung von Kollokationsmöglichkeiten von (z.B.) einer Gruppe von (sinnverwandten) Adjektiven (wie *beautiful*, *lovely*, *pretty*, *charming* etc.) und einer Anzahl von mit diesen verbindbaren oder eben nicht verbindbaren Substantiven (wie *woman*, *man*, *child*, *dog*, *bird*, *flower* etc.), d.h. die Anlage eines *collocational grid* (Kollokationsgitter)[25]. Während Breitkreuz die Anlage von Kollokationsgittern im Englischunterricht empfiehlt, hält er die Komponentenanalyse[26] für zu aufwendig und zu schwierig.

Neben *Kollokation* und *Kollokationsfeld* findet sich bei Breitkreuz (1989: 58) der Begriff *Kollokationskette* (*collocational string*). Hierunter versteht er "Mehrfach-Kollokationen" wie *have*, *put*, *place trust in* oder *a drastic*, *great*, *marked*, *momentous*, *radical*, *striking change*, d.h. die Zusammenstellung einer Basis (hier *trust* bzw. *change*) mit "mehreren synonymen oder teilweise synonymen" Kollokatoren. Einige Seiten später (1989: 61) führt er zwei weitere Beispiele für *collocational strings* an, und zwar (nach Benson/Benson/Ilson 1986a) *an army advances*, *attacks*, *fights*, *pulls back*, *retreats*, *withdraws* sowie *a baby babbles*, *bawls*, *coos*, *crawls*, *creeps*, *drools*, *teethes*, *throws up*, *whimpers*. Daß es sich bei den zu den Basen *army* bzw. *baby* jeweils aufgelisteten Kollokatoren nicht mehr nur um synonyme oder teilweise synonyme Elemente handelt, ist deutlich; damit schwindet allerdings der Unterschied zwischen *Kollokationsfeld* (der ersten Art, s.o.) und *Kollokationskette*.

---

[25] Breitkreuz spricht hier von der "Anlage von lexikalischen Kollokationsfeldern nach der *Schlüsselwort-Methode*" (1989: 56). Abgesehen davon, daß es bei dieser Bezeichnung zu Verwechslungen mit der *key-word method* (vgl. Atkinson 1975) als Mnemotechnik beim Wortschatzlernen kommen kann, ist u.E. nicht ganz nachvollziehbar, welches Element in einem Kollokationsgitter als *Schlüsselwort* bezeichnet werden könnte.

[26] Bei Channell (1981) sowie Rudzka/Channell/Putseys/Ostyn (1981a, 1985) stehen *collocational grids* und *componentional grids* (als Darstellungsform der Ergebnisse einer Komponentenanalyse) in engem Zusammenhang (vgl. unten, Abschnitt 4.2.3.1).

Im weiteren Verlauf seiner Ausführungen macht Breitkreuz einige Anmerkungen zur Methodik des kollokationalen Lernens im Englischunterricht, die er mit der Feststellung einleitet, daß die entsprechenden Hinweise in der Literatur "uneinheitlich und wenig entwickelt" seien (1989: 59). Als ein Beispiel für kollokationales Lernen führt er die Beschäftigung mit *group collocations* (z.B. *a covey of partridges*, *a congregation of churchgoers*) und *collective collocations* (*a clump of trees*, *a mine of information*) an; hierzu macht er außerdem Vorschläge für Übungsformen. Auf die vorgeschlagenen Übungs*formen* gehen wir in Abschnitt 5.1.3 ausführlich ein; zu den Übungs*inhalten* seien hier leichte Zweifel bezüglich ihrer Relevanz für den schulischen Englischunterricht angemeldet[27]. Die Bemerkungen zur Methodik des Kollokationslernens sind jedoch wichtig genug, hier wiedergegeben zu werden:

- Breitkreuz fordert – zusätzlich zu Friederich/Canavan (1979) und Benson/Benson/Ilson (1986a) – weitere Kollokationswörterbücher, die insbesondere der Englischlehrkraft grundlegende Informationen für die kollokationale Wortschatzarbeit liefern müßten, und zwar speziell im Hinblick auf "Falsch-Kollokationen" (1989: 60).
- Breitkreuz kritisiert, daß das kollokationale Lernen im Englischunterricht in den 70er und 80er Jahren auf die *Integrierungsphase* der Wortschatzvermittlung beschränkt gewesen sei, und sieht als Grund hierfür "Doyés vielbeachtete Ausführungen zum kollokationalen Lernen in Form von Kollokationsfeldern" (1989: 61) (vgl. oben, Abschnitt 2.2.2.1). Da sich kollokationales Lernen in allen drei Phasen der Wortschatzvermittlung vollziehe, fordert er die Einbeziehung kollokationaler Aspekte auch in die *Darbietungsphase* sowie in die *Übungsphase*.

ZWISCHENBILANZ (2.2.3)

- Eine wichtige Voraussetzung für eine effektive Kollokationsschulung ist das Vorhandensein von Kollokationswörterbüchern (Carstensen, Breitkreuz).

---

27 Leider spezifiziert Breitkreuz nicht, für welchen Adressatenkreis seine Beispielübungen vorgesehen sind. Insgesamt scheinen die dort vorkommenden Kollokationen allerdings von durchaus unterschiedlichem Nutzen für den Lerner zu sein: Während Kollokationen wie *panel of experts*, *block of flats*, *act of violence* sicherlich 'lernenswert' sind, vermögen wir die Nützlichkeit für den schulischen Englischunterricht von Kollokationen wie *covey of partridges*, *cluster of stars*, *clump of trees* nicht zu erkennen. Darüber hinaus relativiert Breitkreuz selbst die Relevanz des von ihm gewählten Sprachmaterials, wenn er feststellt: "Auch der *native speaker* hat bei vielen *group terms* und *collective nouns* (in mehrgliedriger Form) Schwierigkeiten" (1989: 63).

- Lehrkräfte des Englischen benötigen (neben Informationen über korrekte Kollokationen) Informationen über "Falsch-Kollokationen" (Breitkreuz; vgl. Carstensens Forderung nach einer systematischen Sammlung von Kollokationsfehlern).
- Wortschatzarbeit unter dem Gesichtspunkt der Kollokation sollte nicht auf die Integrierungsphase beschränkt sein (Breitkreuz).
- Kollokationsarbeit sollte (auch) zweisprachig bzw. kontrastiv erfolgen (Hausmann).
- Die vorhandenen Hinweise zu den methodischen Möglichkeiten der Kollokationsschulung bedürfen der Systematisierung und Weiterentwicklung (Breitkreuz).

3 Begriffsklärung: *Kollokation* und *Kollokationsfeld*

Aus den im Verlauf unserer Literaturschau im Kapitel 2 zitierten Beispielen dürfte – *grosso modo* – deutlich geworden sein, welches sprachliche Phänomen mit dem Begriff *Kollokation* gemeint ist. Eine ausführliche Darstellung und eine kritische Diskussion unterschiedlicher Verständnisweisen dieses Begriffs müssen im Rahmen der vorliegenden Studie nicht erneut geleistet werden (vgl. dazu Bahns, im Druck). Für unsere weiteren Überlegungen ist es aber notwendig darzustellen, wie in den Beiträgen von Hausmann und Benson der Kollokationsbegriff interpretiert wird, da hier der Ausgangspunkt für das Kollokationsverständnis zu sehen ist, das dieser Studie zugrundeliegt (Abschnitt 3.1)[1]. Daneben ist es – insbesondere im Kontext einer fremdsprachendidaktischen Beschäftigung mit Kollokationen – erforderlich, den Begriff *Kollokationsfeld* zu klären (Abschnitt 3.2).

3.1 *Kollokation*

3.1.1 Kollokation bei Hausmann

Hausmanns primäres Interesse gilt der lexikographischen Behandlung von Kollokationen in verschiedenen Wörterbuchtypen (Hausmann 1979, 1985, 1988, 1991); daneben hat er sich aber auch mit der fremdsprachendidaktischen Problematik von Kollokationen befaßt (Hausmann 1984, 1989a-b) und im Rahmen einer Typologie von Wortverbindungen Grundlegendes zum Verständnis des Kollokationsbegriffs beigetragen. In seiner Typologie scheidet Hausmann (1984) in einem ersten Schritt die *fixierten* Wortverbindungen von den *nicht fixierten*. Zu den fixierten Wortverbindungen zählt er zum einen Redewendungen (*to have an axe to grind with s.o.*) sowie Wortbildungen bzw. Wortzusammensetzungen (*writing desk*). Beide Typen von fixierten Wortverbindungen sind nach Hausmann als jeweils *ein* sprachliches Zeichen aufzufassen, während es sich bei den nicht fixierten Wortverbindungen tatsächlich um die Kombination zweier sprachlicher Zeichen handelt. Hier unterscheidet er – in Abhängigkeit von der Kombinierbarkeit der Wörter – drei Typen, die er *Ko-Kreationen*, *Kollokationen* und *Konter-Kreationen* nennt.

[1] Die Darstellung in den Abschnitten 3.1.1 und 3.1.2 erfolgt in enger Anlehnung an die entsprechenden Abschnitte in Bahns (im Druck).

Als *Ko-Kreationen* bezeichnet Hausmann Verbindungen von Wörtern, deren Kombinationsfähgikeit praktisch unbegrenzt ist; bei ihrer Verbindung sind lediglich gewisse semantische Mindestregeln (1984: 398) zu beachten. Ein Beispiel für diesen Typus wäre *red dress*. Die Menge der mit *dress* kombinierbaren Adjektive ist relativ groß; ebenso die Menge der mit *red* kombinierbaren Substantive, wobei allerdings zu beachten ist, daß die Kombinationsfähigkeit von Farbadjektiven da an ihre Grenzen stößt, wo Substantive das semantische Merkmal [– KONKRET] aufweisen (vgl. die vielzitierten Chomskyschen *green ideas*). Ko-Kreationen werden „entsprechend den Regeln des Sprachsystems" kreativ zusammengestellt (1984: 398). *Kollokationen* bestimmt Hausmann als Verbindungen von Wörtern mit begrenzter Kombinierbarkeit. Solche Verbindungen basieren auf „differenzierten semantischen Regeln und einer gewissen zusätzlichen Üblichkeit" (1984: 398); sie werden vom Sprecher jedoch – anders als Ko-Kreationen – nicht kreativ zusammengesetzt, sondern als *Kombinationen* aus dem Gedächtnis abgerufen. Insofern können sie als „Halbfertigprodukte der Sprache" (1984: 398) betrachtet werden. Bei einer *Konter-Kreation* handelt es sich um die Verbindung zwischen einem begrenzt kombinierbaren Wort und einem Wort, mit dem es normalerweise nicht gemeinsam aufzutreten pflegt. Bei der Kombination solcher Wörter wird gegen allgemeine semantische Regeln verstoßen, wobei es sich um einen bewußten und oft einmaligen Verstoß handelt, durch den bestimmte stilistisch-literarische Effekte erreicht werden (vgl. z. B. die *schwarze Milch* in Paul Celans *Todesfuge*). Konter-Kreationen besitzen insofern eine noch stärkere 'kreative' Komponente als Ko-Kreationen. Eine sehr treffende zusammenfassende Charakterisierung der drei Typen gibt Hausmann (1984: 399) mit Blick auf die unterschiedliche Üblichkeit der Verbindungen: „Unter dem Gesichtspunkt der Üblichkeit sind die Kollokationen Kombinationen von auffallender Üblichkeit, die Ko-Kreationen solche von unauffälliger Üblichkeit und die Konter-Kreationen solche von auffälliger Unüblichkeit."

In Hausmanns Kollokationstheorie spielt weiterhin die Unterscheidung zwischen *Basis* und *Kollokator* eine bedeutende Rolle, da sich hieraus erhebliche Konsequenzen sowohl für die lexikographische Behandlung von Kollokationen wie für die Methodik des Kollokationslernens ergeben. Eine Kollokation ist nach Hausmann (1979: 191) „une combinaison orientée" insofern, als sie aus einer (semantisch autonomen) *Basis* und einem *Kollokator* besteht, für dessen vollständige Bedeutungsdefinition häufig auf die Basis (bzw. die möglichen Basen) zurückgegriffen werden muß. Als Demonstrationsbeispiel wählt Hausmann an verschiedenen Stellen die Kollokation *célibataire endurci* (1979: 191) bzw. *eingefleischter Junggeselle* (1985: 121); die Basis *Junggeselle* läßt sich völlig unabhängig vom Kollokator *eingefleischt* definieren, während in Wörterbuchartikeln zu *eingefleischt* der Hinweis auf die Verbindung mit *Junggeselle* nicht fehlen wird.

In diesem Beispiel einer aus Adjektiv und Substantiv bestehenden Kollokation ist das Substantiv die Basis und das Adjektiv der Kollokator. Diese Unterscheidung ist in gleicher Weise möglich bei Kollokationen, die aus einem Substantiv und einem Verb bestehen, sei es, daß das Substantiv als Subjekt fungiert (*le scandale éclate, Zorn verraucht, blood circulates*) oder daß das Substantiv Akkusativ- bzw. Präpositionalobjekt zum fraglichen Verb ist (*composer une numéro, Haß schüren, submit an application*). In beiden Strukturtypen ist wiederum das Substantiv als Basis zu betrachten, da es der unabhängigere Teil ist und da es unabhängig vom Kollokator definiert werden kann. Die Basis-Kollokator-Unterscheidung läßt sich jedoch nicht nur an Strukturtypen durchführen, die ein Substantiv enthalten, sondern auch bei Kollokationen des Typs Adverb+Adjektiv (*grièvement blessé, peinlich genau, badly dressed*) sowie Adverb+Verb (*désirer ardemment, verbissen kämpfen, resent bitterly*). Hier ist jeweils Adjektiv bzw. Verb als Basis anzusehen, während das Adverb in beiden Fällen der Kollokator ist.

Ein weiteres Kriterium für die Identifizierung des Bestandteils einer Kollokation, der als Basis zu betrachten ist, ergibt sich, wenn man die Kollokationsproblematik aus der Sicht eines Textproduzenten betrachtet, der als L2-Lerner einen fremdsprachlichen Text produzieren will. Hier läßt sich beobachten, daß Wortschatzprobleme vor allem dort auftreten, wo es um die fremdsprachliche Wiedergabe von Kollokatoren geht. Bezüglich der „Rolle der Wortarten beim Formulieren“ stellt Hausmann (1989b: 6/7) fest, daß zwar auch Adjektiv und Verb Ausgangspunkt der Satzproduktion sein können, daß aber der „wichtigste Ausgangspunkt schriftlichen Formulierens“ das Substantiv ist, da in ihm das ausgedrückt wird, worüber gesprochen bzw. geschrieben werden soll. Dem Fremdsprachenlerner, der einen fremdsprachlichen Text formulieren will, ist das fremdsprachliche Äquivalent des „themaführenden Substantivs“ zumeist bekannt. Soll etwa auf Englisch über einen *Unfall* berichtet werden, so wird der Schreiber das Substantiv *accident* zweifellos schon kennen; problematisch sind vielmehr die spezifischen lexikalischen Kombinationen (Kollokationen), in denen das Substantiv verwendet wird, und damit eben die Kollokatoren: *a serious accident, an accident occurs, meet with an accident.*

3.1.2 Kollokation bei Benson

Die Auseinandersetzung mit dem Kollokationsbegriff steht bei Benson in engem Zusammenhang mit der Kompilierung des *BBI Combinatory Dictionary of English* (BBI). Grundlegende Aspekte der Kollokationstheorie Bensons sind dargestellt in einigen Aufsätzen aus dem Jahre 1985 (Benson 1985a, 1985b) sowie im Vorwort und in der Einleitung zum BBI (Benson/Benson/Ilson 1986a) und in Benson/Benson/Ilson (1986b).

Wichtig für Bensons Position ist die Unterscheidung zwischen *lexikalischen Kollokationen* und *grammatischen Kollokationen*, die direkt im Anschluß an die im Vorwort zum BBI gegebene Begriffsbestimmung gemacht wird: "In English, as in other languages, there are many fixed, identifiable, non-idiomatic phrases and constructions. Such groups of words are called *recurrent combinations*, *fixed combinations*, or *collocations*. Collocations fall into two major groups: *grammatical collocations* and *lexical collocations*" (Benson/Benson/Ilson 1986a: ix). Nach Benson sind grammatische Kollokationen solche Wortverbindungen, die aus einem dominierenden Teil (Verb, Substantiv, Adjektiv) und einem beigeordneten Teil (z. B. Präposition, Partikel, *that-clause*) bestehen. Beispiele für grammatische Kollokationen wären etwa *account for*, *advantage over*, *adjacent to*; *by accident*, *an oath that ...*, *to be afraid that ...* .

Lexikalische Kollokationen enthalten nach Benson kein untergeordnetes Element, sondern bestehen aus gleichberechtigten lexikalischen Gliedern (Benson 1985b: 62). Eine nähere Bestimmung läßt sich in Abgrenzung zu anderen Kategorien lexikalischer Kombinationen geben. *Kollokationen* sieht Benson zwischen *freien Kombinationen* einerseits und *Idiomen* andererseits angesiedelt. Er nennt das Beispiel *commit murder* und beschreibt Kollokationen als "loosely fixed combinations" (1985a: 4). Eines ihrer wesentlichen Charakteristika besteht darin, daß sich – anders als bei Idiomen – die Gesamtbedeutung einer solchen Kombination aus der Bedeutung der einzelnen Teile ergibt. Von freien Kombinationen lassen sich Kollokationen in zweifacher Weise unterscheiden. Zum einen – und dies ist für Benson der wichtigere Faktor – werden Kollokationen häufiger verwendet als freie Kombinationen; damit verbunden ist die Eigenschaft, im Sprachbewußtsein des *native speaker* als Kombination präsent zu sein. So dürfte *commit murder* eine häufigere Kombination sein als etwa *examine a murder*; und fragte man *native speakers* nach Verben, die mit dem Substantiv *murder* kombinierbar sind, wäre *commit* vermutlich das Verb, das als eines der ersten und als das häufigste genannt würde. Zum anderen sind die Möglichkeiten, das mittels einer bestimmten (V+N)-Kollokation (wie z. B. *commit murder*) ausgedrückte semantische Konzept ('Mord begehen') durch andere V+N-Verbindungen auszudrücken, vergleichsweise begrenzt; das einzige Verb, das in der gleichen Bedeutung mit *murder* kombinierbar wäre, ist *perpetrate*. Bei freien Kombinationen (wie z. B. *condemn a murder*) liegen die Verhältnisse anders; hier existiert eine größere Zahl von synonymen oder bedeutungsähnlichen Ausdrücken: *denounce a murder*, *decry a murder*, *deprecate a murder*.

Eine Typologie lexikalischer Kollokationen findet sich in der Einleitung zum BBI. Hier unterscheiden Benson/Benson/Ilson (1986a) sieben Haupttypen, die sie mit den Kürzeln L1 bis L7 bezeichnen. Das Hauptunterscheidungskriterium dieser Typologie ist die Struktur der Verbindung; lediglich L1 und L2, die die gleiche Struktur aufweisen, werden aufgrund semantischer Kriterien unterschieden.

L1: Dieser Typ besteht aus einem Verb und einem Substantiv. Bei der Mehrzahl der in diese Kategorie eingeordneten Kollokationen handelt es sich um CA-Kollokationen, d.h. daß das Verb die Bedeutungskomponenten 'creation' und/oder 'activation' enthält. Als Beispiele für entsprechende Kollokationen werden u. a. genannt: *make an impression, set a record, inflict a wound* (Verb enthält die Bedeutungskomponente 'creation'); *fly a kite, launch a missile, wind a watch* (Verb enthält Bedeutungskomponente 'activation'); *impose an embargo, pose a question, issue a warning* (Verb enthält Bedeutungskomponenten 'creation' und 'activation'); *do the laundry, confirm a suspicion, resist temptation* (Verb enthält weder Bedeutungskomponente 'creation' noch 'activation'; dennoch werden V+N-Verbindungen wie diese zum Typ *L1* gezählt).

L2: Dieser Typ besteht ebenfalls aus Verb plus Substantiv; im Gegensatz zu *L1* handelt es sich jedoch hier um EN-Kollokationen, d. h. das Verb enthält die Bedeutungskomponenten 'eradication' und/oder 'nullification'. Bei der Auflistung typischer Beispiele wird allerdings nicht in vergleichbarer Weise wie bei *L1* differenziert. Als Beispiele dieses Typs werden u. a. genannt: *lift a blockade, dispel fear, squander a fortune, revoke a license, withdraw an offer, ease tension, quench one's thirst, denounce a treaty.*

L3: Dieser Typ besteht aus einem Adjektiv und einem Substantiv. Beispiele, die hier genannt werden, sind u. a. *reckless abandon, a crushing defeat, a sweeping generalization*; weitere Beispiele geben Benson/Benson/Ilson (1986b: 253): *close attention, pure chance, serious charges, grave concern, mutual consent.* Einige dieser Kollokationen können den Charakter von Clichés angenommen haben. Ebenfalls zum Typ *L3* werden solche Kollokationen gerechnet, die aus einem attributiv verwendeten Substantiv in Verbindung mit einem Substantiv bestehen, wie z. B. *house arrest, land reform, aptitude test.*[2]

L4: Dieser Typ besteht aus einem Substantiv und einem Verb, wobei das Verb die Tätigkeit bezeichnet, die für die vom Substantiv bezeichnete Person oder Sache charakteristisch ist. Beispiele dieses Typs wären *bees sting, blizzards rage, blood circulates, bombs explode.*

---

2 Hier wird der Übergang zwischen Kollokation und Kompositum deutlich.

L5: Dieser Typ besteht aus Substantiv plus Substantiv, verbunden durch *of*. Die entsprechenden Kollokationen bezeichnen z. B. die größere Einheit oder Gruppe (erstes Substantiv), zu dem ein einzelnes Mitglied (zweites Substantiv) gehört (*a swarm of bees*, *a pack of dogs*, *a bouquet of flowers*), oder sie bezeichnen eine spezifische, konkrete Einheit (erstes Substantiv) einer größeren, abstrakteren Entität (zweites Substantiv) (*a piece of advice*, *an article of clothing*, *an act of violence*).

L6: Dieser Typ besteht aus Adverb und Adjektiv. Beispiele wären *deeply absorbed*, *hopelessly addicted*, *sound asleep*.

L7: Dieser Typ besteht aus Verb und Adverb; entsprechende Beispiele sind *affect deeply*, *appreciate sincerely*, *argue heatedly*.

3.1.3 Das Kollokationsverständnis von Benson und Hausmann in fremdsprachendidaktischer Sicht

Zu Beginn von Kapitel 3 sind die Auffassungen Hausmanns und Bensons als Ausgangspunkt für unser Verständnis des Kollokationsbegriffs identifiziert worden. Bei der Anwendung sprachwissenschaftlicher Erkenntnisse auf Belange des Fremdsprachenunterrichts ist jedoch stets zu fragen, ob Kategorisierungen, die aus der Sicht der Sprachwissenschaft erforderlich und nützlich sind, in der gleichen Weise für die Fremdsprachendidaktik relevant sind. Die Prüfung soll im vorliegenden Abschnitt für die im folgenden noch einmal kurz zusammengestellten vier Hauptpunkte der Kollokationstheorien Hausmanns und Bensons vorgenommen werden.

(1) Benson/Benson/Ilson unterteilen den Gesamtbereich der Kollokationen in *grammatical collocations* (*account for, advantage over, by accident, to be afraid that ...*) und in *lexical collocations* (*keep a diary, heavy smoker, a swarm of bees*). Hausmann (1989a) verwendet für die gleiche Unterscheidung die Termini *Konstruktion* (= *grammatical collocation*) und *Kollokation* (= *lexical collocation*). In der vorliegenden Studie konzentrieren wir uns auf *lexical collocations* (im Sinne Benson/Benson/Ilsons) bzw. *Kollokationen* (im Sinne Hausmanns); wenn also im folgenden von *Kollokationen* die Rede ist, sind damit stets lexikalische Kollokationen gemeint.

(2) Sowohl Benson/Benson/Ilson als auch Hausmann sehen die Notwendigkeit, Kollokationen von anderen Arten von Lexemverbindungen abzugrenzen. Benson/Benson/Ilson stellen Kollokationen einerseits *freien Kombinationen* und andererseits *Idiomen* gegenüber. Hausmann scheidet zunächst die *fixierten* Wortverbindungen (Wortbildungen und Redewendungen/Idiome) von den *nicht-fixierten* Wortverbindungen, bei denen *Kollokationen* gegen *Ko-*

Kreationen einerseits und *Konter-Kreationen* andererseits abgegrenzt werden.

(3) Benson/Benson/Ilson unterscheiden sechs Strukturtypen von Kollokationen, nämlich

- V + N (*wind a watch, withdraw an offer*)
- Adj + N (*close attention, crushing defeat*)
- N + V (*bees sting, blood circulates*)
- $N_1 + N_2$ (*a pack of dogs, an act of violence*)
- Adv + Adj (*deeply absorbed, hopelessly addicted*)
- V + Adv (*affect deeply, appreciate sincerely*).

(4) Hausmann unterscheidet zwischen (Kollokations-)*Basis* und *Kollokator*. In Kollokationen, die ein Substantiv enthalten (V + N, Adj + N, N + V), ist das Substantiv jeweils die Basis, das Verb bzw. das Adjektiv der Kollokator. In $N_1 + N_2$-Kollokationen ist N_2 die Basis, N_1 der Kollokator. In Adv + Adj- bzw. V + Adv-Kollokationen ist jeweils Adj bzw. V Basis, während Adv in beiden Fällen Kollokator ist[3].

Die genannten Unterscheidungen werden bei Benson/Benson/Ilson bzw. Hausmann aus sprachwissenschaftlicher Perspektive getroffen; sie dienen vorwiegend Zwecken der lexikographischen Erfassung von Kollokationen. Die fremdsprachendidaktische Relevanzprüfung ist bei den oben unter (1), (3) und (4) genannten Unterscheidungen vergleichsweise einfach:

- Die Unterscheidung zwischen *grammatical collocations* und *lexical collocations* kann problemlos übernommen werden; sie betrifft eine Differenzierung, die in der Fremdsprachendidaktik bereits Tradition hat. So beruht auf dieser Unterscheidung beispielsweise die Trennung des Sprachmaterials, das jeweils in die beiden Lernwörterbücher von Leonhardi (*The Learner's Dictionary of Style* und *The Learner's Dictionary of English Grammar*) aufgenommen worden ist. Auf der Basis dieser Unterscheidung läßt sich auch präzisieren, wo immer noch Defizite im fremdsprachlichen Kollokationslernen liegen: Zu kurz kommt nämlich vor allem das Lernen von *lexikalischen Kollokationen*, während den *grammatischen Kollokationen* traditionellerweise die gebührende Aufmerksamkeit gewidmet wird.
- Die Unterscheidung verschiedener Strukturtypen ist für die Behandlung von Kollokationen aus fremdsprachendidaktischer Sicht ebenfalls nützlich. Eine vergleichbare Unterscheidung findet sich bereits bei Leonhardi (1964) (vgl. oben, Abschnitt 2.1.2). Mit dieser Strukturtypologie von Kollokationen wird

[3] Auf Problem- bzw. Sonderfälle wie *cry one's eyes out* (Basis nicht *eyes*, sondern *cry*), die Zöfgen (1994: 164) in Auseinandersetzung mit Pätzold (1987: 154) diskutiert, gehen wir hier nicht ein. Außerdem hat diese Wendung eher Idiom- als Kollokationscharakter (vgl. *BBI*, wo sie s.v. *cry* im Abschnitt *misc.* (= Idiome) verzeichnet ist).

auch im weiteren Verlauf dieser Studie gearbeitet. Sie wird beispielsweise eine Rolle spielen bei der Diskussion von verschiedenen Übungsformen für die Kollokationsschulung, da die große Mehrzahl der vorliegenden Vorschläge für Kollokationsübungen sich auf jeweils einen Strukturtyp beschränkt.

- Auch die Unterscheidung *Basis* vs. *Kollokator* kann aus der Sprachwissenschaft in die Fremdsprachendidaktik übernommen werden. Sie wird sich beispielsweise als nützlich erweisen, wenn die "Richtung" der Kollokationsschulung (von der Basis aus oder vom Kollokator aus) zur Diskussion steht.

Die Unterscheidung der drei Kategorien *freie Kombination/Ko-Kreation – Kollokation – Idiom/Redewendung* verlangt jedoch eine etwas differenziertere Betrachtung[4].

Idiom vs. *Nicht-Idiom* (*Kollokation* und *freie Kombination*)

Im Gegensatz zu *Kollokation* ist *Idiom* ein Begriff, über dessen Definition in der Sprachwissenschaft weitgehend Einigkeit erzielt worden ist. In Übereinstimmung mit der allgemeinen Auffassung bestimmen Herbst/Stoll/Westermayr (1991: 162) *Idiom* als "Lexem, das aus mehreren Wörtern besteht und dessen Gesamtbedeutung sich nicht aus den Bedeutungen seiner einzelnen Bestandteile erschließen läßt". Als Beispiele nennen sie u.a. *blow off steam*, *red herring*, *spill the beans*, *split hairs*. Auch wenn die Autoren darauf hinweisen, daß der Übergang zwischen idiomatischen und nicht-idiomatischen Wendungen fließend ist, so lassen sich Idiome dennoch in den allermeisten Fällen relativ leicht von Kollokationen oder freien Verbindungen unterscheiden: Die Gesamtbedeutung von Idiomen ist nicht aus den Bedeutungen der Bestandteile erschließbar, während sich die Gesamtbedeutung von Kollokationen und freien Kombinationen in regelmäßiger Weise aus den Bedeutungen der Bestandteile ergibt. Diese Unterscheidung spielt traditionell in der Fremdsprachendidaktik eine bedeutende Rolle. Davon zeugt das umfangreiche Schrifttum zur Idiomatik im Fremdsprachenunterricht ebenso wie die große Menge von Übungsmaterialien zu diesem Bereich für den Fremdsprachenlerner[5]. Auch in der vorliegenden Studie soll die fragliche Unterscheidung beachtet werden, und zwar insofern, als im folgenden *keine* Überlegungen didaktisch-methodischer Art zum Lehren und Lernen von Idiomen in die Diskussion einbezogen werden. In Abschnitt 4.1.1.1 werden wir allerdings noch begründen, wieso wir der Schulung von Kollokationskenntnissen größere Bedeutung beimessen als der Arbeit mit Idiomen.

[4] Im folgenden werden nur noch die Begriffe *freie Kombination* und *Idiom* verwendet.

[5] Daß mit Begriffen wie *Idiomatik* und *idiomatisches Englisch* mehr gemeint ist als die Beherrschung von Idiomen, wird in Abschnitt 4.1.1.1 erläutert.

Kollokation vs. *freie Kombination*
Ganz anders liegen die Verhältnisse bei der Unterscheidung zwischen *Kollokation* und *freier Kombination*. In viel stärkerem Maße als bei der Unterscheidung *Idiom* vs. *Nicht-Idiom* haben wir es bei dieser Kategorisierung mit fließenden Grenzen zu tun. Dies zeigt sich u.a. auch schon daran, daß in vielen Versuchen, den Kollokationsbegriff zu bestimmen, vergleichsweise vage Adjektive wie 'häufig', 'wahrscheinlich', 'typisch', 'charakteristisch', 'üblich', 'erwartbar' auftreten. Eine Entscheidung darüber, ob eine vorliegende (nicht-idiomatische) Wortverbindung schon als Kollokation oder lediglich als freie Kombination zu kategorisieren ist, ist in vielen Fällen äußerst schwierig[6].

Die fragliche Unterscheidung ist besonders für die Lexikographie wichtig, da allgemeine (Lerner-)Wörterbücher im Demonstrationsteil auch (verstärkt) Kollokationen verzeichnen sollten, und in Kollokationswörterbüchern die Aufnahme von freien Kombinationen möglichst vermieden werden sollte. Daß Kollokationswörterbücher dennoch vielfach freie Kombinationen verzeichnen, zeigt z.B. ein Blick in das Kollokationswörterbuch *Selected English Collocations* (SEC). In diesem Wörterbuch findet sich beispielsweise s.v. *manner* eine Liste mit nicht weniger als 101 Adjektivkollokatoren (vgl. (14)). Es fällt schwer nachzuvollziehen, daß es sich bei allen diesen Adj + *manner*-Kombinationen um 'häufige', 'typische' und 'erwartbare' Wortkombinationen handeln soll. Trotz dieser praktischen Schwierigkeiten jedoch kann die *Sprachwissenschaft* dort, wo sie sich mit dem Kollokationsphänomen beschäftigt, auf die Unterscheidung *Kollokation* vs. *freie Kombination* nicht verzichten.

(14) *adj.* abrupt, aggressive, (dis)agreeable, animated, arrogant, assertive, attractive, austere, autocratic, authoritative, avuncular, awkward, bluff, blunt, bossy, brisk, brusque, bullying, business-like, casual, caustic, charming, cheerful, civilized, coarse, cocksure, cold, cordial, crisp, curt, diffident, direct, domineering, dour, downright, down-to-earth, earnest, easygoing, ebullient, firm, flamboyant, forbidding, forceful, forthcoming, frank, friendly, frigid, frivolous, furtive, gentle, glacial, gracious, grand, grandiose, haughty, hearty, hostile, inconsistent, indecisive, indecorous, ingratiating, irksome, kindly, lofty, loud, magisterial, majestic, obsequious, offensive, off-hand, off-putting, overweening, peremptory, persuasive, (un)pleasant, polite, pompous, ponderous, prim, provocative, quiet, retiring, rude, sarcastic, self-confident, sharp, shy, sociable, stiff, taciturn, timid, unconstrained, uncouth, unfortunate, vague, vivacious, vulgar, warm, welcoming, winning ~

---

[6] Vgl. auch die Diskussion zur Abgrenzung der beiden Kategorien bei Zöfgen (1994: 160/61 und 1985: 51ff).

Betrachtet man dieses spezielle Abgrenzungsproblem dagegen aus *fremdsprachendidaktischer* Sicht, verliert es in erheblichem Maße an Bedeutung. Für die fremdsprachliche Wortschatzarbeit ist es vergleichsweise unwichtig, ob Wortkombinationen wie *enjoy a party*, *wear gloves*, *waste food*; *a deep feeling*, *a strange noise*, *a vague idea*; *observe carefully*, *reply quickly*, *seize tightly*[7] Kollokationen oder freie Kombinationen sind – entscheidend ist vielmehr, daß überhaupt die Isolierung des Einzelwortes sowie die Einwortgleichung (*enjoy = genießen*, *wear = tragen*, *waste = verschwenden*, *feeling = Gefühl*, *noise = Geräusch*, *idea = Idee*, *carefully = vorsichtig*, *quickly = schnell*, *tightly = fest*) überwunden werden und daß Wörter mit (einem oder auch mehreren) Partnern zusammen gelernt werden. Wie wenig fruchtbar für die Fremdsprachendidaktik der Versuch einer strikten Trennung von Kollokationen und freien Kombinationen wäre, zeigt auch ein Blick in die Übungsmaterialien, die für das Training von (nicht-idiomatischen) Wortkombinationen vorliegen. Eine Zuordnungsübung wie (15) (Flower/Berman 1989, Bd. 1, S. 74), bei der als Lösung die Wortkombinationen *crowded bus*, *dark cloud*, *deep river*, *fair hair*, *fatal accident*, *flat tyre*, *great difficulty*, *mild climate*, *single bed*, *tasty food* zu finden sind, hat ihren Sinn und ihren Nutzen für die Wortschatzkenntnisse, unabhängig davon, ob die gefundenen Wortverbindungen in sprachwissenschaftlicher Sicht als *Kollokationen* (wie vermutlich *fair hair*, *fatal accident*) oder als *freie Kombination* (wie vermutlich *deep river*, *great difficulty*) zu klassifizieren wären.

(15) Match the adjective on the left with a noun on the right. Use each word once only.

1. crowded	a. accident
2. dark	b. bed
3. deep	c. bus
4. fair	d. climate
5. fatal	e. cloud
6. flat	f. difficulty
7. great	g. food
8. mild	h. hair
9. single	i. river
10. tasty	j. tyre

Auf der Basis dieser Überlegungen werden wir in der weiteren Diskussion den Begriff *Kollokation* in einem erweiterten Sinne benutzen, und zwar für *sämtliche* nicht-idiomatischen lexikalischen Zweierverbindungen. Ein solcher Kollokationsbegriff macht es allerdings umso dringlicher, Überlegungen zur Auswahl

[7] Beispiele aus *The Learner's Dictionary of Style*.

derjenigen Kollokationen anzustellen, die im Englischunterricht besonderer Aufmerksamkeit bedürfen (vgl. unten, Abschnitt 4.2.4).

3.2 *Kollokationsfeld*

Im Zusammenhang mit der Wortschatzarbeit finden sich in der fremdsprachendidaktischen Literatur immer wieder Begriffe wie *Wortfeld*, *Wortfamilie*, *Bezugsfeld*, *Kollokationsfeld*, *Sachfeld* sowie – insbesondere in älteren Beiträgen – *Sprachfeld*, *Formfeld*, *Gefügefeld*, *Ausdrucksfeld*. Leider gibt es in dieser Liste nur wenige Begriffe (z.B. *Wortfeld*, *Wortfamilie*, *Sachfeld*), über deren Verständnis in der Literatur weitgehend Konsens herrscht. Andere Begriffe (z.B. *Formfeld*, *Ausdrucksfeld*) sind von einzelnen Fremdsprachendidaktikern geprägt worden, ohne sich anschließend in der Fachdiskussion durchzusetzen. Wiederum andere (*Bezugsfeld*, *Sprachfeld*, *Kollokationsfeld*) sind lediglich unterschiedliche Termini für weitgehend gleiche Inhalte.

Eine umfassende Diskussion sämtlicher Feldbegriffe der Fremdsprachendidaktik kann und soll hier nicht geleistet werden. Wir wollen lediglich zunächst (Abschnitt 3.2.1) einige Systematisierungen der verschiedenen Feldbegriffe referieren, um uns anschließend auf das *Kollokationsfeld* zu konzentrieren. Bevor sich dieser Begriff – in der Folge der Übernahme des Kollokationsbegriffs – in der deutschen fremdsprachendidaktischen Diskussion durchsetzte, wurden vergleichbare Felder als *Bezugsfelder* (Leisinger 1949) sowie als *Sprachfelder* (Müller 1965a) bezeichnet. Abschnitt 3.2.2 ist den eng zusammengehörigen Begriffen *Bezugsbündel* und *Bezugsfeld* gewidmet, die Leisinger (1949) geprägt hat; von diesen beiden Termini hat *Bezugsfeld* eine gewisse Verbreitung und Akzeptanz gefunden[8], aber auch dieser Begriff ist – wie wir unten sehen werden – unterschiedlich interpretiert worden. In Abschnitt 3.2.3 soll dann kurz gezeigt werden, daß die Gleichsetzung von Müllers Begriff des *Sprachfeldes* (1965a) mit *Kollokationsfeld* berechtigt ist. Abschnitt 3.2.4 schließlich faßt noch einmal die Beispiele für Kollokationsfelder zusammen, die im Zuge der Sichtung der Literatur (Kapitel 2, insbesondere Abschnitt 2.2.3) erwähnt worden sind; zusätzlich wird hier einbezogen, was Werlich (1969, 1970) unter Kollokationsfeld versteht. Aus dieser Diskussion ergibt sich das Verständnis von Kollokationsfeld, das den Erörterungen in den folgenden Kapiteln zugrundeliegt.

---

8 Er taucht z.B. noch bei Heuer/Klippel (1987) auf; vgl. oben, Abschnitt 2.2.1.1.

3.2.1 Arten sprachlicher Felder im Kontext der fremdsprachlichen Wortschatzarbeit

Eine zusammenfassende Übersicht der wichtigsten Feldbegriffe, die in der Fremdsprachendidaktik unterschieden werden, findet sich z.B. bei Doyé (^{5}1980: 82-91) und Nissen (1974: 148-151); beide beziehen sich u.a. auf zwei Beiträge von Müller (1965a-b), wobei sich Nissen zusätzlich an Doyé anlehnt. Müller unterscheidet vier Arten von *sprachlichen Feldern* bzw. *Sprachfeldern*[9]:

- semantisches Feld / Wortfeld
- lexikalisches Feld / Sprachfeld bzw. Satzfeld
- morphologisches Feld / Formfeld
- syntaktisches Feld / Gefügefeld.

Doyé (^{5}1980: 82, Anm. 46) übernimmt diese Einteilung, bringt jedoch den Terminus *Kollokationsfeld* ins Spiel, indem er ihn mit dem *Sprachfeld* bei Müller (1965a) identifiziert: "Die Sprachwissenschaft unterscheidet vier Arten von sprachlichen Feldern:

- die semantischen oder Wortfelder,
- die lexikalischen oder Kollokationsfelder,
- die morphologischen oder Formfelder und
- die syntaktischen oder Gefügefelder".

Noch weiter entfernt von Müllers ursprünglicher Terminologie ist Nissen (1974), der von Doyé *Kollokationsfeld* (für *Sprachfeld*) übernimmt und selbst *Wortfamilie* als Alternativterminus für *morphologisches Feld / Formfeld* einführt. Seine Kategorisierung der sprachlichen Felder hat folgendes Aussehen:

- Wortfeld (auch semantisches Feld, Bedeutungsfeld, *semantic field*)
- Kollokationsfeld (auch Gebrauchsfeld, *field of collocation*)
- Wortfamilie (auch morphologisches Feld oder Formfeld)
- grammatisches Feld (auch syntaktisches Feld oder Gefügefeld).

Für die Wortschatzarbeit im Fremdsprachenunterricht sind *morphologische Felder / Formfelder* und *syntaktische Felder / Gefügefelder* von sekundärem Interesse, da es sich um *grammatische* Felder[10] handelt. Deshalb werden wir

---

[9] Müllers Terminologie von (1965b) weicht in zwei Punkten von Müller (1965a) ab: 1. Zunächst war der Oberbegriff *sprachliches Feld*; dann schlägt er zur Vermeidung von Mißverständnissen *Sprachfeld* vor. 2. Für den in Müller (1965a) als Alternative zu *lexikalisches Feld* verwendeten Terminus *Sprachfeld* schlägt Müller (1965b) den Terminus *Satzfeld* vor (510, Anm. 6a). Müller ist sich der Problematik des Terminus *Sprachfeld* durchaus bewußt; vgl. (1965a: 222, Anm. 41). Zur Kritik an Müllers Terminologie vgl. auch Doyé (^{5}1980: 89, Anm. 57).

[10] Zu den *grammatischen Feldern* vgl. Müller (1965b); auch Doyé beschränkt seine Erörterungen auf *Wortfelder* und *Kollokationsfelder* (vgl. ^{5}1980: 82, Anm. 46).

diese beiden Feldarten nicht weiter berücksichtigen. *Wortfeld* und *Wortfamilie* allerdings sind Begriffe, die sich durchgesetzt haben und in Abhandlungen zur Wortschatzarbeit immer wieder auftauchen. Insbesondere *Wortfeld* wird häufig im Zusammenhang mit und in Abgrenzung von *Kollokationsfeld* (bzw. *Bezugsfeld, Sprachfeld*) verwendet. Daher ist es sinnvoll, hier beide Begriffe (*Wortfeld, Wortfamilie*) kurz zu klären und zu illustrieren.

Der von Nissen (irrtümlich[11]) mit Müllers *morphologischem Feld / Formfeld* identifizierte Terminus *Wortfamilie* bezeichnet die Zusammenstellung solcher Wörter, die auf den gleichen Wortstamm zurückgehen und in diesem Sinne miteinander verwandt sind. Beispiele von Wortfamilien wären:

- *care, careful, careless, carefully, carefulness, carelessness, carefree, careworn* (Nissen 1974);
- *friend, friendly, unfriendly, friendliness, unfriendliness, befriend, friendship, friendless* (vgl. oben, Abschnitt 2.2.2.3).

In einem *Wortfeld* sind bedeutungsverwandte Wörter zusammengestellt, "die zusammen einen bestimmten Sinnbezirk decken, ihn untereinander aufteilen und sich in ihrem jeweiligen Bedeutungsbereich gegenseitig begrenzen" (Doyé ^{5}1980: 82). Die Glieder eines Wortfeldes gehören alle zur gleichen Wortart, wie die folgenden Beispiele zeigen:

- *Tisch, Stuhl, Bank, Bett, Schemel, Fußbank, Sessel* (Müller 1965a: 220);
- *breeze, wind, storm, gale, tempest, hurricane* (Doyé ^{5}1980: 88);
- *slender, slim, thin, meagre, lean, gaunt, skinny, scraggy, emaciated* (Werlich 1969: 32);
- *walk, stroll, saunter, march, stride, run, race* (Doyé ^{5}1980: 87).

3.2.2 *Bezugsbündel* und *Bezugsfeld* (Leisinger)

Daß das Verständnis des Begriffes *Bezugsfeld* in der deutschen Fremdsprachendidaktik nicht einheitlich ist und daher einer Klärung bedarf, zeigen die abweichenden Erläuterungen zu diesem Terminus bei Raith (1967: 89) einerseits und Gutschow (1978: 65) andererseits. Bei beiden wird *Bezugsfeld* in engem Zusammenhang mit und in gewissem Gegensatz zu *Wortfeld* erläutert. Raith (1967: 87/88) sieht das einzelne Wort immer eingebettet in Bezüge verschiedener Art wie *Wortfamilie*, *Wortfeld*, *Bezugsfeld*; den letzten Begriff erläu-

---

[11] Wenn Nissen *morphologisches Feld / Formfeld* mit *Wortfamilie* identifiziert, so liegt hier ein Mißverständnis Nissens von Müller (1965b) vor. Das in der Fremdsprachendidaktik schon lange bekannte und gängige Konzept der *Wortfamilie* ist etwas völlig anderes als das, was Müller mit *morphologisches Feld / Formfeld* meint. Vgl. auch Müllers Anspruch, den Begriff des morphologischen (Form-)Feldes erstmals der Öffentlichkeit unterbreitet zu haben (1965b: 516, Anm. 14).

tert er als "die Verbindungen oder Beziehungen, die ein bestimmtes Wort mit anderen Wörtern eingeht" (1967: 89). Während ein Wortfeld von einem Sinnbezirk ausgeht, den es gliedert bzw. aufteilt, geht ein Bezugsfeld von einem einzelnen Wort aus, "um das sich alles gruppiert, was mit diesem zu sinnvollen Aussagen verbunden werden kann" (1967: 89). Als Beispiel gibt Raith das Bezugsfeld mit dem Ausgangswort *tea* und zählt als zu diesem Bezugsfeld gehörig die folgenden Elemente auf[12]:

- Zusammensetzungen wie *high tea, tea-cup, tea-kettle, tea-things, tea-room, a pound of tea, a cup of tea*;
- Verbindungen mit Adjektiven wie *strong tea, weak tea, hot tea, cold tea*;
- Ergänzungen wie *bread and butter, buns, scones*;
- Fügungen wie *to have tea, to make tea, to pour out the tea, to let the tea draw for three minutes.*

Gutschow (1978: 65) versteht unter einem Bezugsfeld dagegen offensichtlich etwas völlig anderes: "Ein Bezugsfeld enthält alle zu einem umfassenderen Thema gehörenden Wörter". Für ihn könnte sich die Zusammenstellung eines Bezugsfeldes z.B. im Anschluß an die Betrachtung und Besprechung eines Bildes ergeben, das eine Verkehrsszene darstellt. Zu einem solchen Bezugsfeld 'Verkehr' würden dann z.B. die folgenden Wörter gehören: *street*, *cross-roads*, *zebra-crossing*, *traffic*, *rush*, *walk*, *drive*, *across* usw. Den Zusammenhang zwischen Bezugsfeld und Wortfeld sieht Gutschow in der Weise, daß sich aus einem Bezugsfeld Wortfelder ausgliedern lassen. Wortfeld versteht Gutschow durchaus im üblichen Sinne als eine Reihe von Wörtern gleicher Wortart, "die im Kern ihrer Bedeutung übereinstimmen (...), im einzelnen eher Varianten bezeichnen (...)" (1978: 65). In diesem Sinne enthält das als Beispiel genannte Bezugsfeld z.B. Elemente des Wortfeldes "Fortbewegung zu Fuß", die sich hinsichtlich der Komponente Geschwindigkeit unterscheiden (also *rush*, *walk*, *stroll*, etc.).

Was Gutschow hier *Bezugsfeld* nennt, wird üblicherweise als *Sachfeld* bezeichnet. Wenn wir uns jetzt Leisinger zuwenden, wird dies ebenso deutlich werden wie die Tatsache, daß die Begriffsbestimmung von Raith viel näher an dem Verständnis von *Bezugsfeld* ist, wie es bei Leisinger zu finden ist. Relevant für unseren Diskussionszusammenhang sind seine beiden Hauptwerke, die 1949 bzw. 1966 erschienen sind. In seiner früheren Arbeit spricht Leisinger (1949) hauptsächlich von *Bezugsbündeln*, während der Begriff *Bezugsfeld* nur gelegentlich und fast beiläufig erwähnt wird, ohne daß – wie es für die Begriffe *Wortfeld*, *Ausdrucksfeld*, *syntaktisches Feld* geschieht – eine Begriffsbestim-

---

[12] Als Quelle für dieses Beispielmaterial nennt Raith (1967: 89/90) Reums *A Dictionary of English Style*.

mung gegeben wird. Die drei Feldarten *Wortfeld*, *Ausdrucksfeld*, *syntaktisches Feld* erläutert Leisinger (1949) innerhalb des Abschnittes über die sprachwissenschaftlichen Grundlagen des Fremdsprachenunterrichts. Während der Wortfeldbegriff hier dem traditionellen Verständnis folgt, ist der Begriff des *Ausdrucksfeldes* offenbar ein von Leisinger selbst geprägter (1949: 37). Unter einem *Ausdrucksfeld* versteht er die Zusammenstellung aller möglichen sprachlichen Ausdrücke für einen bestimmten Sprechakt. Als Beispiele nennt er die verschiedenen Möglichkeiten, jemanden zum Kommen bzw. zum Hereinkommen aufzufordern sowie die verschiedenen Möglichkeiten, jemanden um Feuer zu bitten. In *syntaktischen Feldern* sind die verschiedenen syntaktischen Mittel zusammengestellt, die eine Sprache zur "Lösung einer bestimmten Ausdrucksnotwendigkeit" (1949: 38) zur Verfügung stellt. Als Beispiel nennt Leisinger hier die syntaktischen Mittel, die im Deutschen zum Ausdruck eines Befehls zur Verfügung stehen.

In seinen Erläuterungen zur Praxis der Arbeit mit verschiedenen sprachlichen Feldarten (1949: 136-148) spricht Leisinger von *Wortfeldbündeln* und *Bezugsbündeln*; unter *Wortfeldbündel* versteht er "eine Gruppe von Wörtern, die in demselben Wortfeld beheimatet sind, einen Gliederungsgesichtspunkt befriedigen und daher unter einem Gattungsbegriff zusammengefaßt werden können: Haustiere (Pferd, Rind, Schaf, Ziege ...), Familie (Vater, Mutter, Schwester, Bruder ...), Früchte (Äpfel, Birnen, Nüsse ...)" (136). Als *Bezugsbündel* bezeichnet er diejenigen Wörter, die sich "vorzugsweise mit den Gliedern eines bestimmten Wortfeldes verbinden" (136). Am Beispiel *hot drinks* (17) wird deutlich, was gemeint ist: Glieder des Wortfeldes *hot drinks* sind beispielsweise *coffee*, *milk*, *chocolate*, *tea*. Zu jedem dieser Glieder läßt sich ein "Bündel" von sprachlichen Ausdrücken zusammenstellen, die jeweils mit den fraglichen Gliedern des Wortfeldes zu komplexeren Ausdrücken verbunden werden können. Für sein Beispiel der Frühstücksgetränke führt Leisinger (1949: 137) fünf Bezugsbündel an (vgl. (16)).

(16)
1. Gebinde: Tasse, Täßchen, Kanne, Kännchen, Glas.
2. Verben: zubereiten (machen, kochen), zu sich nehmen (trinken), einkaufen, senden, verzollen, bestellen, anbieten, eingießen.
3. Eigenschaftsbezeichnungen: heiß, kalt, lau, Eis...; stark, schwach; süß, gezuckert; schwarz.
4. Attribute: mit (ohne) Milch, Sahne, Zucker.
5. Urteile: vorzüglich, ausgezeichnet, zu stark (schwach), nicht stark (süß) genug.

Werden die Glieder der Bezugsbündel mit den Gliedern des Wortfeldes (*coffee*, *milk*, *chocolate*, *tea*) zu komplexeren sprachlichen Ausdrücken verbunden, ergeben sich vier *Bezugsfelder* (vgl. (17); 1949: 137).

(17) **Hot drinks**

coffee: *black coffee, hot coffee, strong coffee, sugared coffee, iced coffee, coffee with milk, coffee with cream, coffee with sugar, coffee without milk, coffee without sugar.*
a cup of coffee, a pot of coffee, the coffee-pot, the coffee-machine, the coffee-mill, the coffee-set, the coffee-things.
milk: *hot milk, warm milk, fresh milk, iced milk, new milk, whole milk, skim milk, milk and water.*
a glass of new milk, a jug of hot milk, the milk-jug.
chocolate *(cocoa): hot chocolate, hot cocoa, iced chocolate, iced cocoa.*
a cup of chocolate, a jug of cocoa.
tea: *black tea, weak tea, strong tea; tea with sugar, tea with milk, tea with cream, tea with lemon; tea without milk, tea without cream, tea without sugar, tea without lemon.*

Somit ist der Unterschied zwischen Bezugsbündel und Bezugsfeld deutlich – Bezugsbündel bestehen aus den Wörtern, die sich mit einem Ausgangswort vorzugsweise verbinden, während die tatsächlichen Verbindungen das Bezugsfeld konstituieren: "Ein Bezugsfeld selbst umfaßt alle Verbindungen, die ein Wort mit anderen eingehen kann" (1966: 277). An anderer Stelle stellt Leisinger selbst die Verbindung von *Bezugsfeld* zu *collocation* her und streicht deutlich den Wert der Bezugsfelder für die Fremdsprachenkompetenz heraus: "Will man eine fremde Sprache im Sinne der Kommunikation bewältigen, so sind die Bezugsfelder die umfassendsten und wichtigsten zu entwickelnden Einheiten. Ihre Bedeutung liegt gerade in dem, was sie von den Wortfeldern ... unterscheidet: In ihrem Bezug zur realisierten Sprache, ihrer Verbindungsneigung, der *collocation*" (1966: 75).

Mit Bezug auf (17) hebt Leisinger hervor, daß hier ein "hauptwörtliches Wortfeld" gewählt worden sei, "dessen Bezüge naturgemäß in der Hauptsache Adjektive und Verben sind" (1949: 139). Ist der Ausgangspunkt ein Substantiv, wird vor allem nach Adjektiven und Verben gesucht, mit denen sich das fragliche Substantiv vorzugsweise verbinde; so erhalte man adjektivische und verbale Bezugsbündel (vgl. 2., 3. und 5. in (16)). Ebenso sinnvoll sei es, gelegentlich ein Adjektiv oder ein Verb zum Ausgangspunkt der Bezugsbündelarbeit zu machen und etwa die Substantive zusammenzustellen, die sich vorzugsweise mit Verben wie z.B. *pay*, *give*, *offer* verbinden, oder nach Substantiven zu fragen, die z.B. auf das Adjektiv *black* folgen können (140). Außerdem weist er auf die

Wichtigkeit der Zusammenstellung von V+Adv-Verbindungen hin und schlägt vor, entsprechende "kleine Bezugsfelder" zusammenzustellen (*to answer*: *correctly*, *immediately*; *to eat*: *greedily*, *hungrily*, *quickly*, *slowly*; *to explain*: *briefly*, *clearly*, *concisely*, *vaguely*; *to run*: *hurriedly*, *quickly*, *rapidly*, *slowly*; *to speak*: *clearly*, *distinctly*, *earnestly*, *loudly*, *plainly*, *slowly*; 1949: 140).[13]

3.2.3 *Sprachfeld* (Müller)

In Abschnitt 3.2.1 hatten wir gesehen, daß Doyé in seiner Aufstellung der Feldarten Müllers *Sprachfeld* durch *Kollokationsfeld* ersetzt. Daß diese Gleichsetzung berechtigt ist, wird erkennbar, wenn wir uns vor Augen führen, was Müller (1965a: 222) unter *Sprachfeld* verstanden wissen will:

> "Ein jedes Wort steht nicht nur in einem strengen semantischen Begriffszusammenhang, der seine Bedeutung (seinen Inhalt) festlegt, es steht ebenso auch in einem nach Gebrauch schwankenden lexikalischen Zusammenhang, der seine Verwendung anzeigt. Achten wir statt auf die Bedeutung nur auf die Verwendung eines Wortes und bemühen wir uns, in freier Phantasie beliebig viele Varianten zu bilden, so stellen wir mit Erstaunen fest, daß es deren gar nicht beliebig viele gibt, sondern daß jedes Wort nur in ganz bestimmten Verbindungen vorkommt, in seinem Sprachfeld, das genauestens seine Verwendung aufzeigt, ein Zusammenhang, dem die sogenannten Satz- oder Stilwörterbücher[14] schon seit langem ihre Aufmerksamkeit gewidmet haben, ohne sich jedoch des Feldcharakters bewußt zu werden".

Ein Sprachfeld geht von einem bestimmten Wort aus, das den Kern dieses Feldes bildet; in Müllers Beispiel (1965a: 223/4) ist es das Wort *Tisch*, für das sich ein Sprachfeld wie (18) erstellen läßt. Ein Vergleich mit Doyés Beispiel des Kollokationsfeldes für *car* (vgl. oben Abschnitt 2.2.2.1) zeigt die enge Verwandtschaft der beiden Begriffe.

---

[13] Vgl. die in 3.1.3 genannten Strukturtypen von (lexikalischen) Kollokationen.

[14] Müller verweist hier u.a. auf Reums *A Dictionary of English Style*.

(18)	Der dieser	Tisch	ist		rund, hoch, alt, groß, schön, eckig, niedrig, neu, klein, häßlich usw.
	welcher ein mein dein usw.		steht	in an bei neben vor hinter	dem Zimmer, der Stube usw. Fenster, Tür
		Etwas	liegt	auf unter	dem Tisch
		Jemand	sitzt	an bei neben vor hinter	dem Tisch
		Jemand	legt setzt stellt	etwas	auf den Tisch
		Jemand	stellt rückt schiebt trägt bringt hebt	den Tisch	hierher, dorthin usw. den Tisch

3.2.4 *Kollokationsfeld* in der vorliegenden Studie

Wie wir in Abschnitt 2.2 gesehen haben, gibt es offenbar unterschiedliche Vorstellungen davon, was ein *Kollokationsfeld* sei. Schon bei Doyé wird nicht nur die Zusammenstellung der typischen Verwendungskontexte von *car* als Kollokationsfeld bezeichnet (DOYÉ 1)[15], sondern ebenso – zumindest indirekt[16] – die Auflistung der mit *do* bzw. *make* kollokierenden N/NPs (DOYÉ 2). Darüber hinaus wird von Nissen (1974) auch Doyés Zusammenstellung der Tiergruppen-Bezeichnungen (*pack of wolves*, etc.) als Beispiel[17] für ein Kollokationsfeld (DOYÉ 3) genannt. Auch bei Breitkreuz waren durchaus unterschiedliche Zu-

[15] In diesem Abschnitt benutzen wir die Kürzel DOYÉ 1-3 und BREITKREUZ 1-2 zur Kennzeichnung der bei ihnen zu findenden Beispiele für Kollokationsfelder.

[16] "Das Verb *make* gehört nämlich zu der Gruppe von Wörtern, die genau wegen ihrer komplizierten Verwendungsweise, anders gesagt: wegen ihres schwer übersehbaren Kollokationsfeldes, einen hohen Preis haben" (Doyé ^{5}1980: 90/91).

[17] Doyé (^{5}1980: 89) selbst spricht in diesem Kontext lediglich von "Zusammenstellung", nicht von Kollokationsfeld.

sammenstellungen von Kollokationen als Kollokationsfelder bezeichnet worden: Zum einen die Auflistung der Verbindungen von *take* + N/NP sowie von V + *notice* und V + *trouble* (BREITKREUZ 1), zum anderen Zusammenstellungen von Kollokationen, wie sie in einem Kollokationsgitter zu finden sind (BREITKREUZ 2). Für einen weiteren Typus von Kollokations-Zusammenstellungen (wie *a drastic*, *great*, *marked* (etc.) *change*) hatte Breitkreuz die Bezeichnung *Kollokationskette* verwendet.

Damit haben wir – mindestens – drei unterschiedliche Arten von Zusammenstellungen von Kollokationen, die als *Kollokationsfeld* bezeichnet worden sind:

- Zusammenstellungen von Kollokationen *identischer* Struktur (z.B. Adj + N oder V + N oder N + V), wobei *ein* Bestandteil (Basis oder Kollokator) *konstant* gehalten wird (DOYÉ 2 und BREITKREUZ 1).
- Zusammenstellungen von Kollokationen *identischer* Struktur, wobei *beide* Bestandteile der Kollokation *variieren*; dabei ist die Variation zumindest eines Bestandteiles auf bedeutungsähnliche Elemente beschränkt[18] (DOYÉ 3 und BREITKREUZ 2).
- Zusammenstellungen von Kollokationen *unterschiedlicher* Struktur, wobei *ein* Bestandteil der Kollokationen *konstant* gehalten wird (DOYÉ 1).

Eine Diskussion des Begriffs *Kollokationsfeld* im Kontext der deutschen Fremdsprachendidaktik wäre jedoch unvollständig ohne die Berücksichtigung der Beiträge von Werlich (1969, 1970, [9]1980, 1986), in denen Kollokationsfelder, Wortfelder und Wortfamilien eine wichtige Rolle spielen. Seine Auffassung der Begriffe *Wortfeld* und *Wortfamilie* entspricht im wesentlichen dem oben dargestellten Verständnis, während er *Kollokationsfeld* in einem erheblich weiteren Sinne verwendet:

> "Der Begriff *Kollokationsfeld* wird gebraucht für die bevorzugte sprachliche Umgebung (Kontext) eines Wortes. Das Kollokationsfeld wird gebildet von den verschiedenen Wortfeldern von Verben, Adjektiven, Substantiven und Präpositionen, die konventionell mit einem Allgemeinbegriff (*to walk / step / stride* ... mit *gait*) oder einem einzelnen Wort (*practical / theoretical / special ... knowledge*) zusammengehen" (Werlich 1970: 12).

[18] Klassische Kollokationsgitter (vgl. unten, Abschnitt 4.2.3.1) gehen von einer Gruppe bedeutungsähnlicher Wörter der gleichen Wortart (meist Adjektiv oder Verb) aus, die auf ihre Kombinierbarkeit mit anderen Wörtern (meist Substantiven) befragt werden. Letztere Gruppe von Wörtern gehört zwar auch immer zur gleichen Wortart, die Elemente müssen jedoch nicht bedeutungsähnlich sein.

Worin die beträchtliche Erweiterung der Auffassung von Kollokationsfeld bei Werlich besteht, wird noch deutlicher, wenn man das Beispiel für das "Schlüsselwort" *memory* in (19) betrachtet (Werlich 1970: 31/32)[19].

(19) **memory**

word field: (...)
word family: (...)
use (*field of collocation*):
to have a good / photographic / bad memory (for names ...)
to speak / quote from (or by) memory
to reconstruct s.th. from memory
to commit s.th. (a text) to memory / learn s.th. by heart / to learn s.th. by rote
to retain an idea of s.th. / to keep s.th. in mind / to store information
to forget s.th.
to know / remember / recall / be reminded of s.th.
an idea recurs to / comes back to one's mind
to recollect s.th.
to have a(n) good / active / trained / retentive / powerful / excellent memory
to have a poor / bad / short / feeble / unreliable memory
to have dim memories of s.th.

Ein Vergleich mit Müllers (Sprachfeld-)Beispiel *Tisch* und Doyés (Kollokationsfeld-)Beispiel *car* zeigt den entscheidenden Unterschied: Bei Werlich enthält das Kollokationsfeld auch Ausdrücke[20], in denen das "Schlüsselwort" *memory* nicht vorkommt (vgl. *to learn s.th. by rote*, *to retain an idea of s.th.*, *to store information*, *an idea recurs to one's mind*, etc.); Doyés und Müllers Felder dagegen enthalten ausschließlich Ausdrücke, die auch tatsächlich die Wörter *car* bzw. *Tisch* enthalten. Außerdem finden sich in Werlichs Kollokationsfeld "Nicht-Kollokationen", d.h. "einfache" Wörter (vgl. die Verben *forget*, *know*, *recollect*, etc.).

Wenn im folgenden der Terminus *Kollokationsfeld* verwendet wird, so soll er im Sinne von DOYÉ 1 (vgl. oben) verstanden werden. Bevor wir einige Präzisie-

[19] Die Teile *word field* und *word family* s.v. *memory* brauchen wir hier nicht zu berücksichtigen. Außerdem sind in (19) aus Gründen der besseren Übersichtlichkeit die deutschen Übersetzungen weggelassen. – Vermutlich hat die von Breitkreuz (1989: 56) sog. *Schlüsselwortmethode* bei der Erstellung von Kollokationsfeldern ihre Quelle bei Werlich, bei dem in diesem Kontext von *Schlüsselwörtern* und *Schlüsselbegriffen* die Rede ist.

[20] *Ausdruck* wird hier verwendet als Oberbegriff für alle Einheiten, die in den gegebenen Beispielen für Kollokationsfeld, Sprachfeld, Bezugsfeld enthalten sind; darunter fallen demnach Einzellexeme, Kollokationen, Teilsätze, Sätze u.a.

rungen dieses Verständnisses geben, seien weitere Beispiele[21] von Kollokationsfeldern im hier gemeinten Sinne angeführt. Bei den folgenden Beispielen handelt es sich um die Artikel *crime*, *dog* und *enjoy* aus Leonhardis *The Learner's Dictionary of Style* (LDS)[22], die lediglich in ihrer äußeren Form leicht verändert worden sind.

(20) *crime*
commit, partake in, confess, expiate, discover, detect, be guilty of, be accused of a crime
a horrible, monstrous, abominable, detestable, atrocious, odious crime
the crime occurred in broad daylight
happened in the dead of night
filled people with horror
alarmed the town
frightened everyone
raised general indignation
weighed upon his mind

(21) *dog*
keep, feed, stroke, beat, whack, pat, muzzle a dog
a faithful, half-starved, well-fed, lazy, stray, mad dog
the dog wags its tail
barks
pricks its ears
sniffs
bares its teeth
gives voice
bristles up its back
lolls out its tongue
coils himself up to sleep

(22) *enjoy*
enjoy a party, a trip, a success, a joke, a ride, a dance, a play, oneself
enjoy s.th. perfectly, thoroughly, immensely, enormously

In unserem Verständnis des Begriffs weist ein *Kollokationsfeld* die folgenden Charakteristika auf:

---

[21] Vgl. auch das Beispiel *tête* bei Hausmann (oben, Abschnitt 2.2.3.2).
[22] Vgl. unten, Abschnitt 4.2.2.1.

- Ein Kollokationsfeld gibt Aufschluß über die typischen Verwendungsweisen eines Wortes; dieses Wort wird als *Ausgangswort* (nicht als *Schlüsselwort*) des Kollokationsfeldes bezeichnet.
- Alle in ein Kollokationsfeld aufgenommenen Ausdrücke enthalten als einen ihrer Bestandteile das Ausgangswort.
- Kollokationsfelder bestehen nicht nur aus Kollokationen (d.h. aus typischen Zweierkombinationen; vgl. oben Abschnitt 3.1.3) (z.B. *commit a crime*, *faithful dog*, *enjoy s.th. thoroughly*), sondern können darüber hinaus auch die Verwendung des Ausgangswortes in größeren Kontexten zeigen (z.B. *the crime weighed upon his mind*, *the dog bares its teeth*).
- Ein Kollokationsfeld zeigt das Ausgangswort in unterschiedlichen Strukturen; d.h. es müssen mindestens zwei verschiedene Strukturen von Kollokationen (oder weitere Kontexte) vertreten sein. Eine monostrukturelle[23] Auflistung ergibt noch kein Kollokationsfeld. Für solche Zusammenstellungen von Kollokationen (vgl. oben Typ DOYÉ 2 und BREITKREUZ 1) stünde – bei Bedarf – der Begriff *Kollokationskette* zur Verfügung.

[23] D.h. die Verwendung des Ausgangswortes in einem einzigen Strukturtyp.

4 Didaktisch-methodische Aspekte des Kollokationslernens

Prüft man die didaktisch-methodische Fachliteratur zum Fremdsprachenunterricht daraufhin, welche Vorschläge sie für das Kollokationslernen anbietet, so fällt das Ergebnis insgesamt eher mager aus. Es finden sich zwar hier und da Vorschläge für Kollokationsübungen, und es werden gelegentlich Verfahren skizziert, wie fremdsprachliche Texte für die Arbeit an den Kollokationskenntnissen der Lerner genutzt werden können, aber im großen und ganzen wird man Breitkreuz (1989: 59) zustimmen müssen, wenn er für den Englischunterricht feststellt: "Die Hinweise zur Methodik kollokationalen Lernens im Englischunterricht sind uneinheitlich und wenig entwickelt". Eine Sichtung dieser Hinweise soll u.a. im vorliegenden Kapitel vorgenommen werden.

Darüber hinaus erscheint es uns jedoch geboten, zunächst noch einmal ausführlich zu begründen, warum wir eine (verstärkte) Schulung der fremdsprachlichen Kollokationskenntnisse für notwendig halten (Abschnitt 4.1). Dabei stellen wir zum einen die Bedeutung von Kollokationskenntnissen für die fremdsprachliche Kompetenz heraus (Abschnitt 4.1.1) und zeigen zum anderen an einer Reihe von empirischen Studien zur Kollokationskompetenz fortgeschrittener Lerner des Englischen, daß Defizite vor allem bezüglich der produktiven Verfügbarkeit von Kollokationen bestehen (Abschnitt 4.1.2).

Daß Fortschritte in der methodischen Vermittlung von Kollokationskenntnissen von einer Reihe von Voraussetzungen abhängen, ist bereits zu Beginn der 70er Jahre erkannt worden. Verschiedentlich ist einerseits die Bedeutung des Kollokationsbegriffs für den Englischunterricht betont und andererseits das Fehlen von Hilfsmitteln für die Hand der Lehrkraft beklagt worden:

> "Das Gesagte erweist zugleich die außerordentliche Bedeutung der Kollokation für den Englischunterricht wie auch die ebenso großen Schwierigkeiten ihrer Vermittlung. Verstöße gegen die Kollokationsrichtigkeit werden vom *native speaker* ähnlich gravierend empfunden wie Verstöße gegen das syntaktische System; aber sie sind für den Nicht-*native speaker* viel schwieriger zu erkennen. Dies gilt auch deshalb, weil die Wissenschaft bisher kaum ein systematisches Interesse an der lexikalischen Kombinierbarkeit von Wörtern gezeigt und somit dem Lehrer keine Hilfsmittel hierzu an die Hand gegeben hat" (Hüllen 1971: 172).

In Abschnitt 4.2 wird geprüft, inwieweit die Voraussetzungen für eine systematische Kollokationsschulung im Englischunterricht inzwischen gegeben sind. Während die vor einem Vierteljahrhundert noch vermißten Kollokationswörterbücher für die Hand der Lehrkraft heute vorliegen (vgl. Abschnitt 4.2.1), wäre darüber hinaus u.E. ein Lernwörterbuch der Kollokationen für die Hand des Schülers ein nützliches Hilfsmittel, das noch zu erarbeiten wäre (vgl. Abschnitt

4.2.2). Des weiteren halten wir ein reichhaltiges Angebot an Übungsmaterialien für das Kollokationstraining für wünschenswert; welche Ideen für Kollokationsübungen bereits vorliegen, wird in Abschnitt 4.2.3 dargestellt. Sowohl für die Kompilation eines Lernwörterbuchs wie für die Erstellung vielfältigen Übungsmaterials erscheint uns ein kontrastiver Ansatz geboten; der Nutzen eines solchen Ansatzes auch für die Auswahl der zu lehrenden und zu lernenden Kollokationen wird in Abschnitt 4.2.4 erläutert.

Den eingangs erwähnten Hinweisen und Vorschlägen zur Methodik der Kollokationsschulung wird in Abschnitt 4.3 nachgegangen, und zwar zum einen bezogen auf die Arbeit mit dem Lehrwerk (Abschnitt 4.3.1) und zum anderen auf die Kollokationsschulung bei der Textarbeit (Abschnitt 4.3.2).

4.1 Die Notwendigkeit der Kollokationsschulung im Fremdsprachenunterricht

4.1.1 Die Bedeutung von Kollokationskenntnissen für die fremdsprachliche Kompetenz

4.1.1.1 Kollokationen statt Idiome

Wer als eines der allgemeinsten Ziele des Fremdsprachenunterrichts die Vermittlung von idiomatischem Sprachgebrauch postuliert, dürfte auf breite Zustimmung stoßen; Begriffe wie *Idiomatik*, *idiomatische Wendungen*, *idiomatische Sprache*, *idiomatisches Englisch*, *idiomatisches Französisch* finden sich immer wieder in Richtlinien und Lehrplänen zum Fremdsprachenunterricht fast aller Bundesländer (vgl. Glaap 1979: 485; Weller 1979: 533f). Zu Diskussionen mit divergierenden Ansichten wird es aber anschließend kommen, wenn der Versuch gemacht wird zu klären, was denn mit *idiomatisch* gemeint ist. Nach Glaap (1979: 486) besteht "Unklarheit bei der Definition dessen, was 'idiomatisches Englisch' ist", und auch heute dürfte die Situation kaum grundlegend anders sein als vor gut 15 Jahren.

Unsere Absicht in diesem Abschnitt ist es keineswegs, die Diskussion um den Begriff des Idiomatischen auch nur in groben Zügen nachzuzeichnen; vielmehr wollen wir versuchen, ein mögliches Mißverständnis auszuräumen, von dem wir Grund haben anzunehmen[1], daß es bei vielen praktizierenden Fremdsprachenlehrkräften vorhanden ist: Als ein Mißverständnis betrachten wir die Auffassung, daß derjenige idiomatisches Englisch spricht, der besonders viele englische Idiome beherrscht und verwendet.

---

[1] Zu den Gründen für diese Annahme siehe unten.

Natürlich hat es in der Sprachwissenschaft immer wieder Versuche gegeben, "das Phänomen des 'Idiomatischen' (...) theoretisch in den Griff (zu) bekommen" (Thun 1979: 499). Dies war und ist vornehmlich die Aufgabe der Phraseologie; in Darstellungen dieser Disziplin (wie z.B. Gläser 1986) wird durchaus deutlich, welche Breite an sprachlichen Erscheinungen hier involviert ist. Dennoch finden sich in der fremdsprachendidaktischen Diskussion zur Rolle der Idiomatik im Englischunterricht immer wieder Beiträge, die den Eindruck vermitteln könnten, idiomatisches Englisch sei in erster Linie durch die Verwendung von Idiomen gekennzeichnet. So behandelt z.B. Gutschow (1978: 95-97) in seinem Abschnitt mit dem Titel 'Idiomatik' fast ausschließlich *idioms*, und bei Gottschalk (1973: 3) lesen wir: "Wer sich der Idiome bedient, spricht und schreibt *Idiomatic English*". Auch Götz (1977: 98) konstatiert, daß *idiomatic English* in der englischen Fachdidaktik vielfach "als E(nglisch), durchsetzt mit bildlichen Idioms" verstanden wurde. Begünstigt wurde und wird die irrtümliche Identifizierung von idiomatischem Englisch mit "idiom-haltigem" Englisch durch eine große Zahl von Übungsbüchern zur Idiomatik[2], die zum weitaus überwiegenden Teil Idiome (im oben definierten Sinne, vgl. Abschnitt 3.1.3) enthalten.

Fragt man sich jedoch, welche Bedeutung solche Idiome für den normalen, alltäglichen Sprachgebrauch haben, wird man bald feststellen, daß "die tatsächliche Sprech-/Schreibleistung nur zu einem geringen Teil aus 'echten' Idioms besteht" (Götz 1977: 98). Dies hat Konsequenzen für die Rolle, die Idiome im Englischunterricht spielen sollten. Gutschow (1978: 97) hält es für "völlig falsch, *idioms* forciert zu lehren" und argumentiert mit dem Grad der Sprachbeherrschung des Lerners sowie der möglichen Wirkung des Idiom-Gebrauchs durch Lerner auf den *native speaker*:

> "Es wirkt befremdlich, wenn jemand z.B. *Let's call it a day* verwendet, aber noch nicht einmal elementare Sicherheit im Gebrauch der Tempora gewonnen hat. Die Häufung idiomatischer Wendungen hat eher den Effekt, die Sprache gekünstelt erscheinen zu lassen, als ihr mehr Natürlichkeit zu geben".

Eine ähnliche Begründung für einen zurückhaltenden Umgang mit Idiomen durch Lerner geben Gramley/Pätzold (1985: 362/363):

> "Generell folgt daraus für den Ausländer, daß er bei vielen s(yntagmatischen) E(inheiten)[3] (Kollokationen, Routineformeln und Gambits wohl ausgenommen) vorsichtig sein sollte: erst wenn er als gleichwertiges Mitglied einer Familie bzw. einer anderen Gruppe im Aus-

---

[2] Vgl. z.B. Allsop/Woods (1990); Heaton (1987); Hieke/Lattey (1983); Howard (1987); Lattey/Hieke (1990); Seidl (^{2}1989).

[3] Zum Begriff der syntagmatischen Einheit bei Gramley/Pätzold vgl. auch oben, Abschnitt 1.3.

land akzeptiert ist, kann er davon ausgehen, mit dem Gebrauch dieser Wendungen keine negativen Reaktionen hervorzurufen (...)."

Im Zusammenhang mit der Frage, welchen Raum die Idiomatik im Fremdsprachenunterricht einnehmen sollte, weisen Gülich/Henke (1979: 519) auf eine ihrer Meinung nach falsche Akzentsetzung hin: Sie bezweifeln die Notwendigkeit der *aktiven* Beherrschung von Idiomen und plädieren für eine stärkere Berücksichtigung von *Routineformeln*. Sie stellen fest, daß die (gehäufte) Verwendung sprichwörtlicher Redensarten in Lehrbüchern zu unnatürlichen Texten führt, während eine angemessene Verwendung von Routineformeln geeignet sei, Lehrbuchdialoge der natürlichen Alltagskommunikation anzunähern. Routineformeln müßten daher schon verhältnismäßig früh eingeübt werden und sollten – anders als Idiome – passiv und aktiv beherrscht werden.

Bei Gramley/Pätzold (s.o.) war deutlich geworden, daß neben den Routineformeln auch den Kollokationen eine grundsätzlich andere Rolle in der Alltagskommunikation – und damit auch im Fremdsprachenunterricht – zukommt als den Idiomen:

"Idioms are difficult on the perception level, but since they do not appear too frequently in everyday situations the student can quite effectively do without them in his performance. That is why it is often enough if they become part of his passive vocabulary only. ... Collocations, however, occur practically in every utterance or sentence." (Korosadowicz-Strużyńska 1980: 114).

Daher ist eine *aktive* Beherrschung einer großen Zahl von Kollokationen für den Aufbau der fremdsprachlichen Kompetenz unerläßlich; dies ist in der Literatur immer wieder herausgestellt worden:

- "Die Beherrschung der von einer Sprachgemeinschaft akzeptierten Verbindungen eines Wortes mit anderen ist von entscheidender Bedeutung für sinnvolle Worterlernung wie für angemessene Wortverwendung" (Werlich 1969: 33);
- "Familiarity with collocations is normally considered a mark of high proficiency in a foreign language" (Wilkins 1972: 128);
- "Die Kenntnis der Kollokationen einer Sprache ist für die Herausbildung der sprachlichen Kompetenz unentbehrlich" (Zimmermann 1981: 67/68).

Den Zusammenhang zwischen idiomatischem Sprachgebrauch und Kollokationen bringt Estor (1989: 389) treffend auf den Punkt, wenn sie feststellt, daß Fremdsprachenlerner darauf angewiesen seien, "sich große Mengen von Kollokationen ... anzueignen, um idiomatisch sprechen zu lernen ...".

4.1.1.2 Wortschatzprobleme als Kollokationsprobleme

Immer wieder finden sich in der fremdsprachendidaktischen Literatur Hinweise darauf, daß die Defizite in der Sprachbeherrschung der Lerner im Fremdsprachenunterricht sich vor allem im Bereich des Wortschatzes zeigen. Schoon (1987) z.B. bezieht sich auf Beiträge von Töpfer (1967) und Loebner (1974), in denen darüber geklagt wird, daß die Lexik vor allem in der Mittelstufe nicht intensiv und systematisch genug verarbeitet wird, und daß Übung und Wiederholung generell nicht konsequent und systematisch genug sind. Diese Versäumnisse hätten "zum Teil gravierende Mängel der Schüler bei der Beherrschung des Vokabulars" (Schoon 1987: 133) zur Folge. Klagen über mangelhafte Wortschatzkenntnisse beziehen sich häufig auch auf den fortgeschrittenen Lerner der Sekundarstufe II: "Gerade im fortgeschrittenen Stadium des Fremdsprachenerwerbs, wenn die meisten grammatischen Strukturen behandelt sind und auch weitgehend beherrscht werden, zeigen sich Defizite im Wortschatz" (Bahns/Sibilis 1992: 159)[4]. Die Sprachproduktionen fortgeschrittener Lerner werden nicht selten als unidiomatisch kritisiert; in seiner Charakterisierung der produktiven Fertigkeiten polnischer Englischstudierender spricht Marton (1977: 37) in diesem Sinne von "un-Englishness". Nachdem er die rezeptiven Fertigkeiten durchaus positiv beurteilt hat, fährt er fort:

> "Yet their oral and written production is characterized by a certain un-Englishness of expression and frequent lexical mistakes which are not so blatant as to block communication but which, ..., create the impression of something definitely unnatural and foreign. A frequent comment of a native speaker of English on a text, either written or oral, produced by an advanced learner is to the effect that it is all grammatical and there seems to be nothing wrong about it but altogether it does not quite sound like what any native speaker would say or write under the circumstances."

In ähnlicher Weise charakterisiert Möhle (1985) die fremdsprachliche Ausdrucksfähigkeit fortgeschrittener deutscher Lerner des Französischen. Für sie liegt hier ein Problem, "das in Deutschland erstaunlicherweise in der didaktischen Literatur wie in der Unterrichtspraxis wenig Beachtung findet, obwohl sich jeder Fremdsprachenlehrer im Bereich der Sekundarstufe II fast täglich damit konfrontiert sieht" (1985: 622). Den Hauptgrund dafür, daß sich die Ausdrucksfähigkeit fortgeschrittener Lerner oft kaum noch verbessert – Marton (1977: 38) spricht in Anlehnung an Selinker von "frozen competence" –, sehen sowohl Möhle als auch Marton in einer unzureichenden Beherrschung dessen, was in ihren jeweiligen Beiträgen als *conventional syntagms* (Marton) bzw. *Ge-*

---

[4] Vgl. auch Zöfgen (1989: 180), der Studien von Schröder (1984) und Sautermeister (1987) anführt, in denen auf "massive Defizite im lexikalischen Bereich" bei Absolventen der Sekundarstufe II (Englisch) bzw. bei Romanistikstudenten (Französisch) hingewiesen wird.

brauchsnormen (Möhle) bezeichnet wird; aus ihren Erörterungen und Beispielen wird deutlich, daß diese Begriffe mit unserem Kollokationsbegriff weitgehend identisch sind[5].

4.1.1.3 Die Fehleranfälligkeit von Kollokationen

Ebenso wie in der Literatur Übereinstimmung darüber herrscht, daß die Kenntnis einer großen Menge von Kollokationen eine grundlegende Voraussetzung für idiomatischen Sprachgebrauch in der Fremdsprache ist, ist man sich darüber einig, daß dieser Bereich der fremdsprachlichen Lexik außerordentlich fehlerträchtig ist. So konstatiert z.B. Alexander (1987: 116) mit Bezug auf fortgeschrittene Lerner, daß Kollokationsfehler einen Großteil der lexikalischen Fehler ausmachen, und auch Doyé ([5]1980: 89) stellt fest, daß "eine Fülle von 'Fehlern' beim Gebrauch der englischen Sprache ... auf die Unkenntnis der bevorzugten Kollokationen zurückzuführen" sei (vgl. auch Carstensen 1970: 194). Die Wirkung von Kollokationsfehlern beschreibt Korosadowicz-Strużyńska (1980: 115) so:

> "Errors in the use of word collocations surely add to the foreign flavour in the learner's speech and writing and along with his faulty pronunciation they are the strongest markers of 'an accent'."

Systematische Sammlungen von Kollokationsfehlern, wie sie Carstensen (1969) (vgl. oben, Abschnitt 2.2.3.1) angeregt hat, sind uns nicht bekannt. Einer solchen Sammlung sehr nahe kommt allerdings der Band 3 der *EB-Fehlerkartei Englisch* (Burgschmidt/Perkins 1985a-b), der dem Gesamtbereich der *Phraseologie* gewidmet ist und in dessen Untertitel Kollokationen, Phraseme und Idiome genannt werden. Auch Burgschmidt/Perkins (1985a: 29) weisen auf die Fehleranfälligkeit der Kollokationen hin: "Diese Kollokationen sind gerade bei Fremdsprachenlernenden eine häufige Fehler-, wenn auch seltener eine Mißverstehensquelle". Einige Beispiele für Kollokationsfehler aus ihrem Korpus zum Englisch deutscher Anglistikstudierender sind in (23) aufgelistet (vgl. Burgschmidt/Perkins 1985b: 372-376).

Ebenfalls authentisches Fehlermaterial wird in Bahns (1989: 507) sowie in einigen empirischen Studien zur Kollokationskompetenz fortgeschrittener Lerner des Englischen (Bahns/Eldaw 1993; Bahns/Sibilis 1992; Gabryś-Biskup 1990; vgl. unten, Abschnitt 4.1.2) präsentiert. Des weiteren haben wir im Rahmen der Literaturschau (insbesondere in Abschnitt 2.2.2) vereinzelte Beispiele für Kollokationsfehler zitiert. Inwieweit es sich dort lediglich um denkbare und

---

[5] Vgl. auch Möhle (1985: 623): "In der Linguistik wird das hier angesprochene Phänomen heute im allgemeinen unter dem Stichwort 'Kollokationen' behandelt".

(23)	*acquire a goal	(statt: achieve a goal)
	*assume standards	(statt: adopt standards)
	*draw the plough	(statt: pull the plough)
	*effect a movement	(statt: bring about/engender a movement)
	*follow a hobby	(statt: pursue a hobby)
	*prove courage	(statt: display/exhibit courage)
	*reach an advantage	(statt: achieve/gain an advantage)
	*reach an aim	(statt: achieve an aim)
	*send a film	(statt: broadcast/transmit a film)
	*start a satellite	(statt: launch a satellite)

nicht um tatsächlich gemachte Fehler handelt, läßt sich nicht entscheiden; es waren zumindest alles mögliche Fehler. Gelegentlich finden sich in der Literatur jedoch auch Beipiele für "Kollokationsfehler", denen man ihr Entstehen am 'grünen Tisch' anmerkt, da ihr tatsächliches Auftreten eher unwahrscheinlich ist. So erwähnt Lipka (1990: 167) in seiner kurzen Diskussion der Probleme des Fremdsprachenlerners mit Kollokationen eine nicht-akzeptable Kombination **boil coffee/tea*:

> "For the learner, it is often difficult to establish and use the correct, significant, habitual, or fixed collocations in a foreign language, especially if the items concerned are semantically very close (e.g. *large*, *big*, *great* / *male*, *masculine* / *fat*, *plump*, *stout*, *obese* cf. Carter 1987: 53) or formally similar (e.g. *electric*, *electrical* / *optic nerve*, *optical illusion*). But even in other cases, languages often differ in unpredictable ways. Although Ger *Wasser kochen* corresponds to E *boil water*, the similar collocations *Kaffee kochen*, *Tee kochen* have to be rendered by *make/brew coffee* (*tea*), and **boil* (*coffee/tea*) is unacceptable."

Da ein deutscher Lerner des Englischen das Verb *boil* im Zusammenhang mit *water/Wasser* vermutlich in intransitiven Konstruktionen (engl. *the water (kettle) is boiling* = dt. *das Wasser kocht*)[6] kennengelernt hat, würde er u.E. bei transitiven Konstruktionen wie *Kaffee kochen*, *Tee kochen* nicht auf *boil*, sondern viel eher auf das in vergleichbaren Strukturen erlernte englische Verb *cook* zurückgreifen. Daher ist eine (fehlerhafte) Äußerung wie **I'll go and cook some coffee* viel wahrscheinlicher als **I'll go and boil some coffee*. Ein weiteres Beispiel einer – allerdings aus anderen Gründen – unwahrscheinlichen Falsch-Kollokation findet sich bei Nattinger (1988: 75). Nach Nattinger erwerben Lerner Wissen um die Kollokationsrestriktionen einzelner Lexeme (hier: *convenient*) durch die Begegnung mit korrekten Kollokationen:

[6] Im Englischen ist *boil* in Verbindung mit *water* sowohl intransitiv wie transitiv verwendbar (*the water is boiling* und *boil some water*); im Deutschen dagegen erscheint mir eine transitive Konstruktion wie in **hast du das Wasser schon gekocht*? inakzeptabel.

"By being familiar with collocations like *a convenient situation* and *a convenient time* but not with ones like *a convenient person* or *a convenient cat*, they will realize, however subconsciously, that the adjective *convenient* is only used with inanimate nouns."

Sicherlich ist es zutreffend, daß Kollokationsfehlern durch die Begegnung mit möglichst vielen korrekten Beispielen vorgebeugt werden kann. Kein Lerner jedoch würde u.E. auf die Idee kommen, eine Falsch-Kollokation wie **a convenient cat* zu produzieren, da eine solche Kombination in seiner L1 mit großer Wahrscheinlichkeit ebenfalls unzulässig ist[7]. Wie aus den Beispielen in (23) ersichtlich und in Abschnitt 2.2.2 mehrfach angedeutet, sind viele Kollokationsfehler auf Interferenzeinflüsse aus der L1 des Lerners zurückzuführen.

4.1.2 Studien zur Kollokationskompetenz fortgeschrittener Fremdsprachenlerner

Daß L1-Interferenz eine der Hauptursachen für Kollokationsfehler ist, wird auch in den wenigen vorliegenden Studien zur Kollokationskompetenz fortgeschrittener Fremdsprachenlerner mehrfach betont. Außerdem wird in diesen Studien (Bahns/Eldaw 1993; Bahns/Sibilis 1992; Biskup 1992; Gabryś-Biskup 1990; Hussein 1990; Marton 1977) auf ein weiteres wichtiges Charakteristikum im Zusammenhang mit dem Kollokationslernen aufmerksam gemacht, nämlich auf die unterschiedlichen Bedingungen bei der *Rezeption* und der *Produktion* von Kollokationen: Immer wieder ist festgestellt worden, daß Lerner kaum Probleme haben, Kollokationen in mündlichen oder schriftlichen Texten zu verstehen; erst wenn es um die selbständige Produktion geht, wird deutlich, daß Defizite in der Beherrschung von Kollokationen vorhanden sind (Marton 1977: 43; Korosadowicz-Strużyńska 1980: 14; Biskup 1992: 86). Die empirischen Studien zur (produktiven) Beherrschung von Kollokationen des Englischen durch fortgeschrittene Lerner mit unterschiedlichen Muttersprachen belegen dies anschaulich.

4.1.2.1 So berichtet Marton (1977) von einer in Polen durchgeführten Studie, in der es um die Kollokationskenntnisse polnischer Anglistik-Studierender (im 5. Studienjahr) ging. Das gesamte Experiment bestand aus vier Schritten:

- Zunächst bekam die Probandengruppe eine erste Übersetzungsaufgabe (Polnisch ⇒ Englisch), die die (produktive) Kenntnis von 20 englischen Kollokationen überprüfte. Marton charakterisiert die fraglichen Kollokationen als "fairly frequent in the non-specialist register of everyday commu-

[7] Anzumerken wäre hier außerdem, daß es sich bei der von Nattinger erwähnten Kombinationsbeschränkung (*convenient* nur mit unbelebten Substantiven) eher um eine Selektionsrestriktion als um eine Kollokationsbeschränkung handelt.

nication" (45). Hierbei stellte sich heraus, daß den Studierenden die meisten dieser Kollokationen *nicht* zur aktiven Verwendung zur Verfügung standen. Die von den Probanden gebotenen Lösungen waren zwar in vielen Fällen grammatikalisch korrekt, aber klangen unnatürlich und unidiomatisch. Bei vielen fehlerhaften Lösungen ließ sich ein Einfluß der L1 erkennen.

- Eine Woche später wurde mit der Probandengruppe ein Leseverstehenstest durchgeführt. Beim Lesetext handelte es sich um einen kurzen erzählenden Text, in dem alle 20 Kollokationen aus dem ersten Übersetzungstest vorkamen. Die Probanden hatten genügend Zeit, den Text mehrfach zu lesen. Die Testergebnisse waren für alle Studierenden sehr gut und zeigten, daß für die fraglichen Kollokationen keine Verständnisprobleme bestanden.
- Wieder eine Woche später wurde ein zweiter Leseverstehenstest durchgeführt, bei dem es zwar um einen anderen Text als eine Woche zuvor ging, aber erneut um dieselben Kollokationen. Dieser Test zeigte vergleichbare sehr gute Ergebnisse und ein problemloses Verständnis der Kollokationen durch die Probanden.
- Schließlich wurde nach einer weiteren Woche ein zweiter Übersetzungstest (Polnisch ⇒ Englisch) durchgeführt, der nicht mit dem ersten identisch war, in dem aber erneut die produktive Kenntnis der fraglichen 20 Kollokationen abgetestet wurde. Die Ergebnisse glichen in hohem Maße denen des ersten Übersetzungstests, d.h. daß die Kollokationen den Probanden immer noch nicht für die aktive Verwendung zur Verfügung standen. "The results of this test ... showed clearly that the recurrent exposure to the twenty crucial syntagms [= Kollokationen, J.B.] did not bring about any significant learning effect in the sense of the acquisition of those syntagms for productive use" (1977: 47). Dieses Ergebnis wurde außerdem dadurch bestätigt, daß der zweite Test zusätzlich mit einer Kontrollgruppe durchgeführt wurde, die an den ersten drei Schritten des Experiments nicht teilgenommen hatte. Die Ergebnisse der Kontrollgruppe stimmten mit denen der Experimentalgruppe völlig überein.

4.1.2.2 Von einem ähnlich konstruierten Experiment mit polnischen Anglistik-Studierenden berichtet Gabryś-Biskup (1990). Auch bei ihr ging es um die Unterschiede zwischen der rezeptiven und der produktiven Kollokationskompetenz der Probanden, die sich im 4. Studienjahr befanden. Das Experiment bestand folglich aus zwei Teilen: Eine Gruppe von 50 Probanden erhielt eine Liste mit ausgewählten englischen Kollokationen[8] und der Aufgabe, die entsprechenden

[8] Es handelte sich dabei um folgendes Material: *set a record, wind a watch, run a bookshop, draw the curtains, fly a kite, take pulse, mount a horse, shoe a horse, spatter with mud, hammer a nail, crack/shell nuts*; *lift a blockade, ease tension, upset the timetable, suspend*

polnischen Äquivalente anzugeben. "The task was fulfilled, as I had expected, with 100% correct answers" (1990: 35). Gleichzeitig erhielt eine andere Gruppe von 50 Probanden (mit vergleichbaren Englischkenntnissen) eine Liste mit polnischen Äquivalenten der fraglichen englischen Kollokationen und der Aufgabe, die polnischen Vorgaben ins Englische zu übersetzen. Leider macht Gabryś-Biskup keine quantitativen Angaben darüber, wie die Probanden in diesem Test abgeschnitten haben. In ihrer Tabelle 3 (1990: 36-38) listet sie lediglich die nicht-korrekten Lösungen auf, ohne anzugeben, für wieviele der Probanden bei welchen Items richtige Lösungen zu verzeichnen waren. Insgesamt ist aus der auswertenden Diskussion jedoch deutlich zu erkennen, daß die Probanden Probleme bei der produktiven Verwendung der Kollokationen hatten. Gabryś-Biskup sieht in den Ergebnissen des Polnisch ⇒ Englisch-Tests die Tendenz zur unzulässigen Analogiebildung (sie spricht von Übergeneralisierung – 1990: 39) in Fällen wie **peel nuts* (nach: *peel potatoes*) statt *shell nuts* und **plain coincidence* (nach: *plain truth*) statt *pure coincidence*. Außerdem glaubt sie einen starken L1-Einfluß feststellen zu können (1990: 39); Beispiele dafür sieht sie in Lösungen wie **lead a bookshop* (nach polnisch *prowadzić sklep*) statt *run a bookshop* und **establish a record* (nach polnisch *ustanowić rekord*) statt *set a record*.

4.1.2.3 In einer weiteren Studie der Kollokationskenntnisse fortgeschrittener Lerner des Englischen vergleicht dieselbe Autorin polnische und deutsche Studierende miteinander (Biskup 1992). Bei den Probanden dieser Studie, in der lediglich die *produktive* Kollokationskompetenz überprüft wurde, handelte es sich um 34 polnische und 28 deutsche Studierende, deren Englischkenntnisse als "very advanced" (1992: 88) charakterisiert werden. Ihnen war die Aufgabe gestellt, für eine Liste von 23 deutschen bzw. polnischen Kollokationen die englischen Übersetzungsäquivalente zu finden. Die Ergebnisse dieser vergleichenden Studie lassen sich in folgenden Punkten zusammenfassen:

- Die polnischen Probanden hatten etwas bessere Kollokationskenntnisse als die deutschen (durchschnittlich 5,2 richtige Lösungen gegenüber 3,8).
- Die deutschen Probanden waren die größeren "risk-takers" (1992: 88), d.h. sie haben häufiger – bei Nichtwissen – dennoch versucht, Lösungen zu liefern.
- Der Anteil der Interferenzfehler an der Gesamtmenge der falschen Lösungen war bei den polnischen Lernern höher als bei den deutschen: "Whereas Polish

---

martial law; *a rough estimate*, *a pure/sheer accident*, *sound advice*, *a beaten path*, *a perfect stranger*, *a fierce/violent struggle*, *domestic trade* (vgl. Gabryś-Biskup 1990: 36-38).

learners relied more on transfer, German learners looked for more creative strategies[9] (...)" (1992: 89).

4.1.2.4 In ihrer Studie mit etwas weniger fortgeschrittenen Lernern des Englischen sind Bahns/Sibilis (1992) der Frage nachgegangen, "ob Kollokationen bei der Lektüre von (literarischen) Texten 'unbewußt' aufgenommen und gewissermaßen 'automatisch' mitgelernt werden, oder ob eine bewußte Aufmerksamkeitslenkung auf solche Kombinationen im Rahmen der Wortschatzarbeit erforderlich ist" (1992: 158/159). In einem Grundkurs Englisch der gymnasialen Oberstufe wurden zwei Wortschatztests durchgeführt, bei denen es um die produktive bzw. rezeptive Kenntnis von 20 Kollokationen ging. Zwischen den beiden Tests, die neun Wochen auseinanderlagen, lasen die Probanden den Roman *The Catcher in the Rye* (J.D. Salinger); sämtliche in den Tests abgefragten Kollokationen kommen in diesem Text (z.T. mehrfach) vor. Für 15 der 20 Testitems wurde die produktive Kenntnis geprüft, für die übrigen fünf lediglich die rezeptive. Generell läßt sich feststellen, daß der 2. Test (knapp 54% richtige Lösungen) insgesamt besser ausgefallen ist als der 1. Test (37% richtige Lösungen). Es ist also ein Lernzuwachs bezüglich der Kollokationskenntnisse erkennbar, "der vermutlich auf die Lektüre des Romans zurückgeführt werden kann" (Bahns/Sibilis 1992: 160). Weiter hat sich gezeigt, daß sich die rezeptiven Kollokationskenntnisse offenbar stärker verbessert haben (Steigerungsrate von gut 28 Prozentpunkten) als die produktiven Kollokationskenntnisse (Steigerungsrate lediglich 13 Prozentpunkte). Bahns/Sibilis interpretieren den insgesamt geringen Kenntniszuwachs sowie niedrigen Kenntnisstand bezüglich der getesteten Kollokationen dahingehend, daß die bloße Lektüre von (literarischen) Texten für eine substantielle Verbesserung der Wortschatz- bzw. Kollokationskenntnisse nicht ausreichend ist. Sie halten eine bewußte Aufmerksamkeitslenkung für erforderlich (159) und schlagen ein Verfahren vor, mit dem die häusliche vorbereitende Lektüre literarischer Texte durch die Schüler mit Blick auf die Verbesserung der Kollokationskenntnisse wirkungsvoller gestaltet werden könnte.

4.1.2.5 Auch Hussein (1990) hält die (produktiven) Kollokationskenntnisse der von ihm getesteten Englischstudierenden der Yarmouk-Universität (Jordanien) für nicht zufriedenstellend. In seiner Studie präsentiert er die Ergebnisse eines 40-Items-Tests[10], den er mit 200 Probanden durchgeführt hat. Es handelte

[9] Zum Erfolg solcher "kreativer Strategien" (wie z.B. Paraphrase) vgl. auch Bahns/Eldaw (1993).

[10] Bei einer näheren Analyse der im folgenden wiedergegebenen Test-Items wird deutlich, daß Husseins Kollokationsbegriff *Komposita* einschließt. Die gesuchten Bestandteile der

sich um einen *multiple-choice*-Test, bei dem 40 Satzkontexte mit jeweils einer Lücke und vier Antwortmöglichkeiten vorgegeben waren. In (24) (1990: 135) wird ein Beispiel für die Aufgabenstellung gegeben.

(24) The airraid on the enemy __________ the morale of the infantry troops.

a) increased
b) boosted
c) raised
d) enhanced

Als Gesamtergebnis ermittelte Hussein, daß von den insgesamt 8000 Testitems (200 Probanden x 40 Items) nur 3879 korrekt beantwortet waren; dies entspricht einer Quote von 48,4%. Erwartet hatte Hussein einen Anteil von mindestens 60% korrekter Lösungen. Eine Möglichkeit zur Verbesserung der Vokabelkenntnisse und speziell der Kollokationskenntnisse sieht Hussein in einer intensiven Lektüre: "It is known that knowledge of vocabulary is directly related to the amount of reading done by students. Idioms and collocations such as "cast doubt", "capital punishment" and "death toll" are acquired through reading and the chances are that an EFL learner cannot combine them correctly without having previously read or heard them" (Hussein 1990: 129)[11].

4.1.2.6 Bahns/Eldaw (1993) stellen die Frage, ob für eine Erweiterung der produktiven Kollokationskompetenz von Fremdsprachenlernern besondere Lehr- und Lernanstrengungen im Unterricht notwendig sind. Sie untersuchten, in welchem Ausmaß 58 deutsche Studierende der Anglistik (im Grundstudium) produktiv über 15 V+N-Kollokationen[12] verfügten. Auf der Basis ihrer Ergeb-

---

abgetesteten Wortverbindungen sind kursiv gesetzt: *party* line, *safety* belt, *benefit* of the doubt, *mock* raid, death *toll*, *highjack* a plane, *capital* punishment, *wear* make up, in *cold* blood, *cast* doubt (on), *opposition* party, *drafting* committee, second *thoughts*, bread *crumbs*, blind *date*, *coalition* government, *term* paper, weather *forecast*, *senior* citizen, *fine* arts, *maiden* voyage, *hard* drinker, team *fans*, *rear* mirror, have a *seat*, *forge* a signature, *alarm* clock, radio *set*, *tap* water, *boost* morale, *income* tax, a *black* eye, *head* lights, missing *link*, *quick* sand, doctor's *client*, *spare* parts, *maternity* ward, take *route 12*, break *even*.

11 Bezeichnenderweise führt Hussein hier keine Studien an, die seine Behauptung empirisch belegen würden. Daß Lesen allein offenbar nicht ausreicht für eine Verbesserung der Kollokationskenntnisse, zeigen die oben referierten Studien. Vgl. auch Zöfgen (1989: 193), der konstatiert, es sei "eine kühne, bislang durch nichts bewiesene Behauptung", "daß extensives Lesen sich 'automatisch' positiv auf die L2-Kompetenz auswirke".

12 Es handelte sich um die folgenden Kollokationen: *keep a diary*, *admit defeat*, *cancel an order*, *serve a sentence*, *set a watch*, *attend lectures*, *withdraw money*, *reject a proposal*,

nisse eines Übersetzungstests und eines Cloze-Tests sehen sie die Notwendigkeit, "that collocations should indeed be taught" (1993: 109), d.h. daß bewußte Aufmerksamkeitslenkung auf das Kollokationsphänomen erforderlich ist. Diese Schlußfolgerung ergibt sich vor allem aus der Tatsache, daß die getesteten Probanden generell über einen ausreichenden Wortschatz verfügten, aber ihre Kenntnisse hinsichtlich der Kollokationen hinter diesen allgemeinen Wortschatzkenntnissen zurückblieben. Des weiteren deuten Bahns/Eldaw auf der Basis ihrer Ergebnisse einen Weg zur Auswahl[13] derjenigen Kollokationen an, denen besondere Aufmerksamkeit gewidmet werden müßte: Speziell zu lehren seien vor allem solche Kollokationen, für die nur schwer Paraphrasen zu finden sind.

4.2 Voraussetzungen der Kollokationsschulung im Englischunterricht

4.2.1 Kollokationswörterbücher

4.2.1.1 Der Nutzen von Kollokationswörterbüchern

In verschiedenen Beiträgen zum Kollokationslernen im Englischunterricht aus den 70er Jahren findet sich die Forderung nach einem Kollokationswörterbuch. Brown (1974: 11) beispielsweise beklagt, daß kein Werk existiere, das Auskunft gibt über die häufigsten Kollokationen ausgewählter Wörter, und sie betont den Wert eines solchen Nachschlagewerks für den Englischunterricht: "Such a work would be very interesting and of enormous value for teachers of English as a foreign language". Auch Nissen (1974: 150) konstatiert im Zusammenhang seiner Ausführungen zum Kollokationsfeld, daß ein für den Unterricht dringend benötigtes Nachschlagewerk fehle. Aus diesem Grunde könnten über die Üblichkeit von Kollokationen nur intuitiv Vermutungen angestellt werden (Schlepper 1979: 178). In Abschnitt 2.2.3.1 hatten wir gesehen, daß auch Carstensen (1969, 1970) ein Kollokationswörterbuch als vordringliches Desiderat ansieht. Gewissermaßen als "Vorstudien" zu so einem Wörterbuch lassen sich seine Analysen der Kollokationen von Kopulaverben und von Adjektiven, die Größe bezeichnen (*large*, *big*, *great*, *enormous*, *huge*), sowie der Adjektive *wide* und *broad* interpretieren. Carstensen will sich eben nicht auf intuitive Vermutungen verlassen und hält daher "eine erheblich genauere Un-

---

refuse admission, *arouse compassion*, *take a call*, *do damage*, *whip cream*, *pay compliments*, *achieve perfection*.

[13] Zur Frage der Auswahl der zu lehrenden Kollokationen vgl. auch unten, Abschnitt 4.2.4.

tersuchung der Kollokationsmöglichkeiten, als das bisher geschehen ist", für wünschenswert (Carstensen 1970: 14).

Daß in den letzten zwanzig Jahren im Bereich der lexikographischen Erfassung von Kollokationen erhebliche Fortschritte gemacht worden sind, ist in Bahns (im Druck) detailliert belegt worden. Solche Fortschritte sind sowohl in der Verbesserung der 'Kollokationspraxis' allgemeiner einsprachiger Lernerwörterbücher des Englischen zu sehen als auch in dem Umstand, daß inzwischen mehrere Kollokationswörterbücher des Englischen erschienen sind.

Unter dem Blickwinkel des Englischunterrichts in Deutschland sind hier in erster Linie die Wörterbücher von Friederich/Canavan (*Dictionary of English Word in Context*; DEWC) sowie von Benson/Benson/Ilson (1986a) (*The BBI Combinatory Dictionary of English*; BBI) zu nennen. Bei beiden Wörterbüchern handelt es sich um wichtige Hilfsmittel für das Kollokationslernen, die in (mindestens) dreifacher Weise[14] genutzt werden können, und zwar

a) als Schreib- bzw. Produktionswörterbuch;
b) als Korrekturhilfe;
c) für die Zusammenstellung von Kollokationsfeldern.

4.2.1.2 Das Kollokationswörterbuch als Produktionswörterbuch

Für Zwecke des "Hin-Produzierens" (Hausmann 1988: 138), d.h. für das Verfassen englischer Texte, bieten Wörterbücher wie BBI und DEWC dem fortgeschrittenen Lerner eine unentbehrliche Hilfestellung durch die Bereitstellung einer großen Zahl "wiederverwendbarer Halbfertigprodukte der Sprache, durch deren Kenntnis ein differenzierter und korrekter Ausdruck im Englischen möglich wird" (Hausmann 1989a: xv). Daß für einen Fremdsprachenlerner Kollokationen einerseits ein erhebliches Fehlerpotential in sich bergen, andererseits aber für eine idiomatische Ausdrucksweise unerläßlich sind, haben wir in Abschnitt 4.1 festgestellt. In welchem Ausmaß die Konsultation des BBI die produktiven Leistungen fortgeschrittener Englischlerner verbessern kann, haben Benson/Benson (1988) in einer kleinen empirischen Studie nachgewiesen. Die Probanden waren zwei Gruppen von 19 bzw. 17 Englischlehrkräften aus Ungarn bzw. Rußland. Alle hatten mindestens fünf Jahre Lehrerfahrung, entweder an Universitäten/Hochschulen oder an Sekundarschulen. Das Testinstrument bestand aus 25 Lückensätzen; die Beispiele (und Lösungen) in (25) (1988: 342)

---

[14] Vgl. auch Benson/Benson (1988: 341/42), die neben dem Hauptzweck des BBI, nämlich den fortgeschrittenen Lerner beim Erwerb produktiver Sprachkompetenz zu unterstützen, folgende Benutzergruppen bzw. Nutzungsarten nennen: "In addition, the BBI offers ESL/EFL teachers, materials writers, curriculum developers, and test developers a promising new potential resource. It would seem to be an ideal tool for composition courses".

zeigen, daß die Lücken jeweils mit einem Kollokationsbestandteil zu füllen waren.

(25) a. She is an invaluable asset _______ our firm. (*to*)
b. The boy has a new bicycle, but he doesn't know how to _______ it. (*ride*).
c. The X ray showed a fracture; the doctor had to _______ the bone. (*set*)
d. This drug is effective _______ the common cold. (*against*)
e. Her lawyer wanted to _______ a plea of not guilty. (*enter*)

Getestet wurden sowohl *lexical collocations* (*ride a bicycle, set a bone, enter a plea*) als auch *grammatical collocations* (*an asset to, effective against*), und zwar in *Pretest* und *Posttest*. Beim *Pretest* stand das BBI nicht zur Verfügung, während es beim *Posttest* verwendet werden konnte. Der Nutzen, den die Probanden aus dem BBI ziehen konnten, zeigt sich sehr deutlich in den Testergebnissen: Die ungarische Gruppe verbesserte sich von *Pretest* zu *Posttest* von 43% korrekter Antworten auf 92%, die russische Gruppe sogar von 32% auf 93%.

Bei ihrer Analyse der falschen Lösungen im *Pretest* zeigt sich nach Benson/Benson (1988: 343) ein starker L1-Einfluß. Als typisches Beispiel führen sie die gesuchte Kollokation *conduct an interview* an: Im *Pretest* boten 17 der 19 ungarischen Probanden die Lösung *make an interview* an; im ungarischen Äquivalent wird das Verb *keszíteni = to make* verwendet. Fünf der 17 Probanden der russischen Gruppe produzierten *take an interview*, was nach Benson/Benson eine direkte Übersetzung von russ. *brat' interv'ju* ist.

Ein weiteres Beispiel für die Probleme, die Nichtmuttersprachler mit Kollokationen haben, und für die Hilfe, die das BBI leisten kann, ist der Testsatz *The American Congress can _______ a presidential veto*. Im *Pretest* verwendeten die 17 russischen Probanden hier die Verben *abrogate* (1), *ban* (3), *cancel* (3), *reject* (7), *turn down* (3). In diesen Lösungsversuchen zeigt sich eindeutig, daß alle Probanden sehr wohl die Gesamtbedeutung des Satzes (trotz Lücke) verstanden, daß ihnen aber das "treffende" Wort nicht zur Verfügung stand. Im *Posttest* – mit Hilfe des BBI – fand sich bei allen 17 Probanden die korrekte Lösung (*override a veto*).

Daß Benson/Benson (1988: 345) aufgrund der positiven Ergebnisse ihrer kleinen Studie dafür plädieren, das Kollokationswörterbuch im fortgeschrittenen ESL/EFL-Unterricht in den Vereinigten Staaten zu benutzen, mag auch damit zu tun haben, daß sie an einem Verkaufserfolg ihres Wörterbuches interessiert sind. Aber auch unabhängig von solchen kommerziellen Interessen läßt sich das BBI (bzw. andere existierende oder eventuell in Zukunft noch erscheinende Kollokationswörterbücher) allen fortgeschrittenen Lernern des Englischen empfehlen; es ist in der Tat eine unentbehrliche Hilfe für jeden, "der englische Texte verfassen oder korrigieren muß und sich um treffende – und korrekte – Wortkombinationen bemüht" (vgl. Umschlagrückseite des SDC).

4.2.1.3 Das Kollokationswörterbuch als Korrekturhilfe

Besonders Lehrkräften des Englischen, die nicht *native speaker* sind (und dies ist im allgemeinbildenden Schulwesen in Deutschland der Normalfall), bieten die genannten Wörterbücher eine nicht zu unterschätzende Hilfe bei der Korrektur von schriftlichen Arbeiten. Dies hat Bahns (1989) in einer vergleichenden Studie von DEWC und BBI demonstriert. Als Materialbasis dienten ihm 20 (vermutete) Fehler im Bereich der V+N-Kollokationen aus schriftlichen Lernerproduktionen sowie die entsprechenden Korrekturen durch die Lehrkräfte (vgl. Tab. 1; S. 77). Bahns prüft, ob die "Schülerkollokationen" bzw. die Korrekturvorschläge der Lehrkräfte sich durch BBI und DEWC bestätigen lassen. Tab. 1 zeigt zum einen (Spalten 1 und 2) die Form, in der die fraglichen Schülerkollokationen in den Schülerarbeiten zu finden waren, sowie die Korrekturvorschläge[15]. In Spalten 3 bis 6 ist vermerkt, ob die fraglichen Kollokationen (sowohl die 20 Schülerkollokationen wie die 14 Korrekturvorschläge) in den beiden Wörterbüchern zu finden sind. Danach läßt sich durch das BBI keine der 20 Schülerkollokationen bestätigen, während im DEWC immerhin drei von ihnen (*live a life*, *lose hope*, *prove courage*) verzeichnet sind. Weiter zeigt die Tabelle, daß auch einige der Korrekturvorschläge in einem (*gain power*, *achieve a goal*, *achieve an aim*) bzw. in beiden Wörterbüchern (*keep a commitment*, *practise resistance*, *achieve an advantage*, *bring about/engender a movement*, *remove prejudices*) *nicht* zu finden sind. Bahns (1989: 510/11) beschreibt die Rolle, die Kollokationswörterbücher bei der Korrektur schriftlicher Arbeiten spielen können, zusammenfassend wie folgt:

- "Sie können der Fremdsprachenlehrkraft bei der Korrektur eine Hilfe sein insofern, als sie die Bestätigung dafür liefern können, daß eine bestimmte Kollokation *gebräuchlich* ist – sei es eine, die ein Schüler produziert hat, oder eine, die die Lehrkraft für besser hält."
- "Sie können der Lehrkraft *Verbesserungsvorschläge* liefern in solchen Fällen, in denen eine Schüler-Kollokation als falsch erkannt ist, aber eine bessere oder die 'richtige' Kollokation im Augenblick nicht verfügbar ist."

---

[15] Schülerkollokationen 1, 2, 9, 11 blieben unkorrigiert, während 13 und 14 aus Schülerarbeiten stammen, die vor der Korrektur eingesehen wurden.

	Schüler-Kollokation	Korrektur	Bestätigung durch			
			BBI Dictionary		*DEWC*	
			Schüler Kollo-kation	Korrek-tur	Schüler Kollo-kation	Korrek-tur
1	defeat a proposal	–	–	o	–	o
2	make measures	–	–	o	–	o
3	hold in a commitment	keep a commitment	–	–	–	–
4	hold a promise	keep a promise	–	+	–	+
5	give revenge	take revenge	–	+	–	+
6	do resistance	practise resistance	–	–	–	–
7	create compassion	arouse compassion	–	+	–	+
8	receive power	gain power	–	–	–	+
9	commit a deed	–	–	o	–	o
10	build up prejudices	remove prejudices	–	–	–	–
11	awake the imagination	–	–	o	–	o
12	live a life	lead a life	–	+	+	+
13	shatter sb's hope	–	–	o	–	o
14	lose hope	–	–	o	+	o
15	reach an advantage	achieve an advantage	–	–	–	–
16	prove courage	display courage	–	+	+	+
17	follow a hobby	pursue a hobby	–	+	–	+
18	effect a movement	bring about/engender a movement	–	–	–	–
19	acquire a goal	achieve a goal	–	+	–	–
20	reach an aim	achieve an aim	–	+	–	–

Tab. 1: Bestätigung der Schüler-Kollokation bzw. Lehrkraft-Korrekturen durch BBI und DEWC (Bahns 1989: 508)

Einschränkend weist er aber an gleicher Stelle auch auf ein Manko von Kollokationswörterbüchern wie BBI und DEWC hin. Ein Kollokationswörterbuch könne dem Benutzer lediglich sagen, welche Kollokationen richtig sind, nicht jedoch, welche falsch sind: "Wenn eine Kollokation in den Wörterbüchern nicht verzeichnet ist, so kann dies [allerdings] nicht als Beleg oder Beweis dafür genommen werden, daß diese falsch oder nicht üblich ist". Daher spricht er abschließend den möglichen Nutzen (als Korrekturhilfe) einer Sammlung von Kollokationsfehlern an[16].

4.2.1.4 Das Kollokationswörterbuch als Quelle für Kollokationsfelder

In Abschnitt 3.2.4 hatten wir geklärt, was unter *Kollokationsfeld* verstanden werden soll, und an drei Beispielen aus dem LDS demonstriert, daß die Artikel in Kollokationswörterbüchern im Prinzip Kollokationsfelder darstellen. Dies gilt nicht nur für LDS-Artikel, sondern ebenso für Artikel im DEWC und BBI. Aus der Gegenüberstellung und dem Vergleich der Artikel *crime* (26a-c) und *enjoy* (27a-c) in den drei Wörterbüchern wird klar, daß die Englischlehrkraft nach Möglichkeit alle drei zu Rate ziehen sollte, um aus dem "Angebot" die wichtigsten und nützlichsten Kollokationen für ihre jeweilige Lernergruppe auszuwählen. Darüber hinaus sind auch an diesen wenigen Beispielen bereits zwei Eigenheiten in der jeweiligen Konzeption der Wörterbücher zu erkennen, die für die Kollokationsarbeit relevant sind:

- Für Kollokationsarbeit "vom Kollokator aus" kann das BBI keine Basis sein. Während im LDS und im DEWC die Verwendung von *enjoy* (auch) in V+N-Kollokationen gezeigt wird, in denen das Verb Kollokator ist (*enjoy a party, enjoy life, enjoy one's dinner*), finden sich im BBI s.v. *enjoy* lediglich V+Adv-Kollokationen, in denen *enjoy* als Kollokationsbasis fungiert (*enjoy enormously, enjoy immensely*; vgl. auch LDS)[17].
- Sollen auch *grammatical collocations* in die Arbeit mit Kollokationsfeldern einbezogen werden, so liefert von den drei hier verglichenen Wörterbüchern das BBI die ausführlichsten Informationen: Für *crime* sind dort z.B. die Konstruktionen *a crime against, a crime to + inf, a crime that + clause* (vgl. Ziffern 6-8) verzeichnet, während sich im DEWC lediglich *a crime against*

[16] Vgl. auch Carstensen (1969: 14) und Breitkreuz (1989: 60).

[17] Bei den im BBI s.v. *enjoy*, Ziffer 2 und 3 angeführten Verwendungen von *enjoy* (*she enjoys swimming* und *they enjoy his singing*) handelt es sich um *grammatical collocations*; hier geht es darum zu demonstrieren, in welchen grammatischen Patterns *enjoy* verwendet wird: Im Pattern G, "verbs are followed by a second verb in *-ing*"; im Pattern K, "verbs can be followed by a possessive (pronoun or noun) and a gerund" (vgl. Benson/Benson/Ilson 1986: xvi-xvii).

(*humanity*) findet. Daß sich das LDS ausschließlich auf (lexikalische) Kollokationen konzentriert, ist in Abschnitt 3.1.3 bereits erwähnt worden. Sowohl LDS wie DEWC haben Komplementärbände, die den *grammatical collocations* gewidmet sind (*The Learner's Dictionary of English Grammar* bzw. *Dictionary of English Grammar in Context*).

(26a)	**crime** commit, partake in, confess, expiate, discover, detect, be guilty of, be accused of a (*horrible, monstrous, abominable, detestable, atrocious, odious*) ~ × the ~ occurred in broad daylight ‖ happened in the dead of night, filled people with horror, alarmed the town, frightened everyone, raised general indignation, weighed upon his mind	LDS
(26b)	**crime** *n* (1) commit / perpetrate a (horrible / hideous / outrageous / fiendish / monstrous / atrocious / abominable) ~ (against s.o.); a capital ~; war ~s; a ~ against society; ~s against humanity (2) an increase in ~; it is the business of the police to detect ~ and of the law-courts to punish ~; ~ doesn't pay. (3) it's a ~ to waste that whisky.	DEWC
(26c)	**crime** *n*. 1. to commit, perpetrate a ~ 2. to deter; eradicate, stamp out, wipe out; prevent ~ 3. an atrocious, brutal, heinous, horrible, infamous, outrageous, vicious ~ 4. a daring; economic; major, serious; minor, petty; perfect; political; victimless; violent; war ~; (a) white collar ~; a ~ of passion 5. organized ~ 6. a ~ against (a ~ against humanity) 7. a ~ to + inf. (it was a ~ to butcher French like that) 8. a ~ that + clause (it is a ~ that so many people go to bed hungry) 9. (misc.) to investigate a ~; to report a ~ (to the police); it's a ~ the way he behaves	BBI

(27a)	**enjoy** a party, trip, success, joke, ride, dance, play, oneself (*perfectly, thoroughly, immensely / enormously*)	LDS
(27b)	**enjoy** *vt* (1) ~ life / fresh air and sunshine / the beauties of nature; ~ one's dinner / leisure / holidays; I shall ~ this book in peace this evening; we ~ed the picnic; I don't ~ modern music; I don't ~ sitting a dance out. (2 *have the benefit of*) ~ good health / rights / privileges; ~ a good income / high reputation; the novel ~ed an unheard-of popularity; he has ~ed a careful upbringing. (3) ~ o.s. (*be happy*).	DEWC
(27c)	**enjoy** *v*. 1. to ~ enormously, greatly, immensely, very much 2. (G) she ~s swimming 3. (K) they ~ his singing	BBI

4.2.2 Ein Lernwörterbuch der Kollokationen für den Englischunterricht[18]

4.2.2.1 Lernerwörterbuch *vs.* Lernwörterbuch

Während mit der Existenz von BBI und DEWC (als Arbeitsmittel für die Lehrkräfte) inzwischen eine wichtige Voraussetzung für Fortschritte im Wortschatzlernen unter dem Gesichtspunkt der Kollokation gegeben ist, sehen wir in einem *Lernwörterbuch* der englischen Kollokationen ein weiteres Desiderat, das zur Förderung des Kollokationslernens beitragen könnte. Wieso wir BBI und DEWC zwar als *Lernerwörterbuch*, nicht jedoch als *Lern*wörterbuch ansehen, soll im vorliegenden Abschnitt erläutert werden.

Der Unterscheidung *Lernerwörterbuch* vs. *Lernwörterbuch* liegt die Unterscheidung zwischen Adressat und Zweck zugrunde[19]: Im Begriff *Lernerwörterbuch* steckt der Adressat, und das ist bei derartigen Wörterbüchern der Sprachenlerner im Gegensatz zum Muttersprachler. Im Begriff *Lernwörterbuch* dagegen steckt der Zweck des entsprechenden Wörterbuchs – alles, was ein Lernwörterbuch enthält, soll vom Lerner auch tatsächlich nach Möglichkeit gelernt werden. Typische Beispiele von Lernwörterbüchern sind die Grundwortschätze (z.B. Häublein/Jenkins 1987; *Langenscheidts Grundwortschatz Englisch* 1984) sowie Wörterbücher nach Sachgruppen (z.B. Pollmann-Laverentz/Pollmann 1982; Berold 1987). In solchen Wörterbüchern sind die wichtigsten 2000 bis

[18] Die in Abschnitt 4.2.2 dargelegten Gedanken gehen auf einen Vortrag mit dem Titel "Ein Lernwörterbuch der lexikalischen Kollokationen für den Englischunterricht – brauchen wir so etwas und wie könnte es aussehen?" zurück, den ich im Oktober 1993 auf dem 15. Kongreß für Fremdsprachendidaktik in Gießen gehalten habe.

[19] Zu dieser Unterscheidung vgl. auch Zöfgen (1994: Kapitel II.1)

6000 Wörter der zu lernenden Sprache zusammengestellt, in der Erwartung, daß diese Menge von Wortschatzelementen vom Lerner schließlich auch aktiv beherrscht wird. Dagegen käme niemand auf die Idee, die in einem Lernerwörterbuch wie dem ALD enthaltenen ca. 57.000 Stichwörter planmäßig zu lernen, und auch die 11.000 Einträge des *Elementary Dictionary of English*, ebenfalls ein Lernerwörterbuch, sind nicht zu Lernzwecken zusammengestellt, sondern lediglich zum Nachschlagen.

Allein der Umfang der Kollokationswörterbücher BBI und DEWC macht schon deutlich, daß es sich bei ihnen nicht um Lernwörterbücher handeln kann: Die Zahl der aufgenommenen Haupteinträge (Lemmata) im BBI wird mit 14.000 angegeben, die Zahl der angeführten Kollokationen mit insgesamt 70.000, während für das DEWC eine Zahl von "ca. 14.000 Stichwörtern und Ableitungen"[20] genannt wird. Wenn es ein Hauptcharakteristikum von Lernwörterbüchern ist, daß ihr Inhalt planmäßig gelernt und schließlich aktiv beherrscht werden soll, so sprechen schon diese Zahlen gegen eine Verwendung der beiden Wörterbücher als Lernwörterbücher. Daß – wie Hausmann (1989a: xv) versichert – man mit dem BBI auch englischen Wortschatz *lernen* kann, ist sicherlich unbestreitbar. Zweifellos lohnt es sich, "einzelne Artikel durchzulesen und durchzuarbeiten". Es wird aber kaum jemand unternehmen wollen, das gesamte Wörterbuch vollständig durchzulesen und durchzuarbeiten – etwas, was man mit einem Lernwörterbuch dagegen tatsächlich tun kann und tun sollte.

Einem Lernwörterbuch der (lexikalischen) Kollokationen für den Englischunterricht recht nahe kommt allerdings das bereits mehrfach erwähnte LDS. Anders als BBI und DEWC, die in erster Linie in die Hand der Lehrkräfte für Englisch gehören, ist das LDS für die Hand des Schülers konzipiert. Die Makrostruktur besteht aus 863 Stichworteinträgen, zu denen insgesamt rund 12 000 Wortverbindungen gegeben sind. Als Stichwörter fungieren ausschließlich Substantive (661), Verben (182) und Adjektive (20). Neben dem Lexikon-Teil, der durchgehend einsprachig ist, enthält das LDS einen Vokabel-Teil, in dem Wörter, die in den Artikeln erscheinen, deren Kenntnis aber beim Benutzer (Schüler) nicht vorausgesetzt werden kann, auf Englisch erläutert werden; gelegentlich werden dort zur Sicherheit deutsche Übersetzungen eingefügt. Der Vokabel-Teil hat ungefähr ein Drittel des Umfangs des Lexikon-Teils (16 Seiten vs. 46 Seiten). Die Mikrostruktur ist aus den Beispieleinträgen *crime* und *enjoy* (s. o.) erkennbar. Substantiv-Artikel enthalten vor allem mit dem Substantiv kombinierbare Verben und Adjektive. Durch ein Kreuz zu Beginn einer Zeile wird angezeigt, daß das Stichwort in den folgenden Konstruktionen einen anderen grammatischen Status hat als zuvor. In Verb-Artikeln finden sich vor allen

[20] Zahlenangaben und Zitat nach Umschlagrückseiten von SDC und DEWC.

Dingen Substantive, die in Objektfunktion zu dem Verb treten können. Außerdem werden mit dem fraglichen Verb kombinierbare Adverbien angegeben. Adjektiv-Artikel enthalten mit dem Stichwort kombinierbare Substantive. Gelegentlich wird zusätzlich ein passendes Verb genannt, das mit der Adjektiv+Substantiv-Kombination gebraucht wird (Beispiel: s.v. *bitter* finden sich die Wendungen *feel bitter scorn/comtempt/disdain* sowie *shed bitter tears*). Die Verwendungsbeispiele in den Artikeln des LDS enthalten nicht nur Kollokationen, sondern es finden sich häufig auch vollständige Beispielsätze – so z.B. s.v. *appetite* (*the fresh air gives me a good appetite*) und s.v. *audience* (*the audience hung upon the orator's lips*). In Verb-Artikeln sind zum Verb passende Subjekte und Objekte häufig so kombiniert, daß sich vollständige Sätze ergeben.

An ein Lernwörterbuch der englischen Kollokationen sind unserer Meinung nach (mindestens) drei Forderungen zu stellen, die im nächsten Abschnitt (4.2.2.2) erläutert werden. Anschließend wird geprüft, inwieweit das LDS diesen Forderungen (nicht) gerecht wird (Abschnitt 4.2.2.3).

4.2.2.2 Drei Forderungen an ein zukünftiges Lernwörterbuch der Kollokationen

Die drei Forderungen, die ein Lernwörterbuch der (lexikalischen) Kollokationen für den Englischunterricht erfüllen sollte, werden zunächst genannt[21] und anschließend erläutert:

1. Ein Lernwörterbuch der Kollokationen sollte sich auch tatsächlich auf Kollokationen beschränken und keine freien Kombinationen oder idiomatischen Wendungen aufnehmen.
2. In einem solchen Wörterbuch sollten als Lemmata ausschließlich Kollokationsbasen fungieren.
3. Die Auswahl der in dieses Wörterbuch aufzunehmenden Kollokationen sollte auf der Basis einer kontrastiven Analyse erfolgen.

1. Daß eine Trennung der drei Kategorien *freie Kombination*, *Kollokation*, *Idiom* keineswegs unproblematisch ist, ist mehrfach betont worden. In Abschnitt 3.1.3 hatten wir im Rahmen unserer fremdsprachendidaktischen Prüfung dieser Kategorisierung dafür plädiert, aus unterrichtspraktischen Gründen auf Versuche einer strikten Trennung der Kategorien *Kollokation* und *freie Kombination* zu verzichten: Zum einen finden sich – wie in 3.1.3 demonstriert – in entsprechenden Übungsmaterialien[22] nicht ausschließlich ("echte") Kollokationen; zum anderen wäre es kaum möglich, den Schülern eine solche Trennung zu erläutern

---

[21] Vgl. in diesem Zusammenhang auch die "Leitlinien für die Erstellung von Kollokationswörterbüchern" in Bahns (im Druck).

[22] Vgl. auch Kapitel 5.

– dies wäre aber beispielsweise nötig im Rahmen des "kollokationsentdekkenden Lesens" (vgl. unten, Abschnitt 4.3.2) in solchen Fällen, wo Schüler in Texten Wortkombinationen "entdeckt" haben, bei denen es sich – sprachwissenschaftlich strenggenommen – um freie Kombinationen handelt. Hier die von Schülerseite genannten Kombinationen nach "guten" (nämlich Kollokationen) und "schlechten" (nämlich freien Kombinationen) trennen zu wollen, ist u.E. illusorisch.

Dennoch ist für die Kompilation eines Lernwörterbuchs der Kollokationen zu fordern, daß freie Kombinationen so weit wie möglich ausgeschlossen werden. Sie stellen nämlich – im Gegensatz zu Kollokationen und Idiomen – prinzipiell kein Lernproblem dar und bedürfen daher keiner besonderen Aufmerksamkeit im Englischunterricht. Daß für die Behandlung von Idiomen spezielle methodisch-didaktische Überlegungen erforderlich sind, ist in Abschnitt 4.1.1.1 deutlich geworden. Sie sollten jedoch aus den dort genannten Gründen nicht gemeinsam mit Kollokationen behandelt, gelernt und geübt werden[23]. Ein möglichst weitgehender Ausschluß von freien Kombinationen und Idiomen hätte zudem eine durchaus willkommene Umfangsreduzierung eines solchen Wörterbuchs zur Folge.

2. Die Unterscheidung *Basis* vs. *Kollokator* ist oben (Abschnitt 3.1.1) erläutert und begründet worden; aus dieser Unterscheidung hat Hausmann (1985) die Forderung abgeleitet, daß in Kollokationswörterbüchern ausschließlich Kollokationsbasen als Lemmata aufgenommen werden sollten. Diese Forderung muß auch für ein Lernwörterbuch der Kollokationen für den Englischunterricht berücksichtigt werden. Ihre Realisierung würde bedeuten, daß das Wörterbuch hauptsächlich Substantive als Lemmata aufweisen würde. Durch eine solche Vorgehensweise werden Doppeleinträge vermieden, was wiederum der erwünschten Umfangsreduzierung dient.

3. Wie wir oben mehrfach gesehen haben, ist L1-Interferenz eine Hauptursache für Kollokationsfehler; aus dieser Erkenntnis ergibt sich die Notwendigkeit einer kontrastiven Analyse von Kollokationen. Da wir uns in Abschnitt 4.2.4 ausführlicher mit dieser Voraussetzung für Fortschritte im schulischen Kollokationslernen befassen, können wir uns hier auf einige kurze Bemerkungen zum Nutzen einer kontrastiven Analyse für ein Lernwörterbuch beschränken: Auf der Basis einer kontrastiven Analyse ist eine "adressatenspezifische Auswahl" der aufzunehmenden Kollokationen möglich; d.h. es werden nur solche Kollokationen aufgenommen, die für Lerner mit Deutsch als L1 problematisch

[23] Daß die hier geforderte Separierung von Idiomen offenbar bereits weitgehend Beachtung findet, zeigt die Existenz spezieller Idiom-Wörterbücher sowie entsprechender Lern- und Übungsmaterialien.

sind. Eine englische Kollokation wie *take a photo* wäre für einen Lerner mit L1-Deutsch potentiell fehleranfällig, für einen Lerner mit L1-Französisch dagegen kaum (dt. ein Foto *machen*, frz. *prendre* une photo). Bei *swallow one's anger* liegen die Verhältnisse genau umgekehrt; Lerner mit L1-Französisch werden hier eher einen Fehler machen als Lerner mit L1-Deutsch (frz. *rentrer* sa colère, dt. seinen Ärger '*runterschlucken*). Für beide Lernergruppen wäre schließlich *heavy smoker* interferenzgefährdet (dt. *starker* Raucher, frz. *grand* fumeur). Eine Beachtung dieses kontrastiven Aspekts könnte ebenfalls dazu beitragen, daß der Gesamtumfang des Wörterbuchs in einem überschaubaren und lernbaren Rahmen bleibt.

4.2.2.3 Für eine Neubearbeitung des LDS

Eine Analyse des LDS zeigt, daß es – anders als BBI und DEWC – weitgehend frei von Idiomen ist. Dies sei am Beispiel *hair* (28a-c) demonstriert. LDS verzeichnet hier lediglich zwei idiomatische Wendung (*split hairs* und *his hair stands on end*), während im DEWC praktisch der halbe Artikel aus Idiomen besteht (vgl. alle mit □ gekennzeichneten Angaben), und sich auch im BBI mehrere Idiome finden (vgl. unter Ziffer 19 (*misc.*): *to split hairs*, *to get into smb.'s hair*, *to let one's hair down*, *by a hair*).

(28a)	**hair** do, wash/shampoo, comb, brush, smooth/tidy o.'s ~; get o.'s ~ cut; plait, stroke s.o.'s ~; (fig.) split ~s × her (golden, bobbed) ~ curls; his (*upstanding, close-cropped, untidy*) ~ falls out, looks ugly; his ~ stands on end (with fright)	LDS
(28b)	**hair** *n* fair / flaxen / light / brown / red / auburn / copper-coloured / golden / grey / greying / white / dark ~; straight / lank / crisp / curled / curly / kinky / sleek / thick / thin / thinning / falling / unkempt / wild ~; do / tidy / arrange / comb / brush / wash / shampoo / dry / set / smooth (down) one's ~; cut / clip / trim one's ~; have one's ~ cut / washed / *etc*; □ keep your ~ on (*slang: keep control of o.s.*); □ lose one's ~ (*also fig: lose one's temper);* tear one's ~ (out) (*fig*: *be anguished about s.th.*); he's tearing his ~ out over the new contract; □ the ghost story made his ~ stand on end / set his ~ on end (*terrified him*); □ split hairs (over minor matters → split *vt* 1); he didn't turn a ~ (*kept absolutely calm*); □ escape by a ~'s breadth / have a ~-breadth escape.	DEWC

(28c) **hair** *n.* 1. to brush; comb ~ 2. to backcomb (BE), tease (AE); braid; do; set; style ~ 3. to cut; trim ~ 4. to shampoo, wash ~ 5. to color; dye; tint ~ 6. to part one's ~ (he parts his ~ in the middle, and I part mine on the side) 7. to stroke smb.'s ~ 8. to lose, shed one's ~ (people lose their ~; animals shed their ~) 9. curly; kinky; straight, wavy ~ 10. long; short; thick, thinning ~ 11. unmanageable, unruly ~ 12. dark; light ~ 13. black; blond; brown; grey, red; white ~ 14. pubic ~ 15. ~ falls out; grows 16. a single ~ 17. a curl, lock; strand of ~ 18. a head; shock of ~ (he has a thick head of ~) 19. (misc.) to split ~s ('to nitpick'); to get in smb.'s ~ ('to annoy smb.'); to let one's ~ down ('to lose one's inhibitions'); by a ~ ('by a small margin') BBI

Andererseits verzeichnet das LDS jedoch eine erhebliche Anzahl von Wortkombinationen, die eher als *freie Kombinationen* zu interpretieren wären. Dies scheint vor allem bei Artikeln zu Verben der Fall zu sein. Im Artikel s.v. *destroy* (29) fällt es z.B. schwer, in *destroy a building*, *destroy a town*, *destroy a bridge* Kollokationen zu sehen; dgl. gilt für die s.v. *enjoy* verzeichneten *enjoy a party*, *enjoy a trip*, *enjoy a dance* (vgl. oben, Abschnitt 4.2.1.4).

(29) **destroy** a building, town, bridge, army; hopes, illusions, confidence, a man's life *(entirely/completely, totally ‖ partially, pitilessly, thoroughly)*

Die Forderung, ausschließlich Kollokations*basen* als Lemmata aufzunehmen, ist lediglich im BBI erfüllt; LDS und auch DEWC dagegen enthalten eine Reihe von Verb-Artikeln, in denen das Verb u.a. auch in V+N- bzw. N+V-Verbindungen gezeigt wird. Doppeleinträge, die durch Nichtbeachtung der fraglichen Forderung zustande kommen, sind z.B. *break a record*, das im LDS sowohl s.v. *break* als auch s.v. *record* verzeichnet ist (vgl. (30)) oder *accumulate a fortune*, das sich im DEWC sowohl s.v. *fortune* wie s.v. *accumulate* findet.

(30) **break** *v.* o.'s leg, neck, a window-pane; (fig.) the silence, a record, the ice, the resistance, o.'s word/promise, s.o.'s heart; ~ bad news to s.o.
record *n.* set up, hold ‖ break/beat a ~

Während als Adressaten bzw. Benutzer des BBI Englischlerner jeglicher L1 infragekommen, und daher eine Berücksichtigung kontrastiver Aspekte bei der Auswahl des aufgenommenen Sprachmaterials nicht erwartet werden kann, ist das LDS deutlich erkennbar für den Schüler mit Deutsch als L1 konzipiert. Dies belegt der Vokabelteil (S. 54-69). Es ist allerdings nicht erkennbar, daß die

Auswahl der verzeichneten Kollokationen auf der Basis einer kontrastiven Analyse erfolgt ist. Wäre dies der Fall gewesen, so hätte man auf eine beträchtliche Zahl von Kollokationen, die eine vollständige dt.-engl. Übersetzungsäquivalenz aufweisen (wie z.B. *seize an opportunity = eine Gelegenheit ergreifen*; *break the law = das Gesetz brechen*, *air a room = ein Zimmer lüften*), verzichten können (vgl. auch unten, Abschnitt 4.2.4).

4.2.3 Kollokationsübungsbücher

Eine wesentliche Voraussetzung für eine verstärkte Beschäftigung mit Kollokationen im Englischunterricht ist das Vorhandensein von umfangreichen und vielfältigen Übungsmaterialien[24]. Wenn es richtig ist, daß idiomatisches Englisch sich weniger durch die Beherrschung einer großen Zahl von idiomatischen Wendungen auszeichnet, sondern vielmehr durch die Kenntnis von möglichst vielen Kollokationen (vgl. oben, Abschnitt 4.1.1.1), so wird bei einem Blick auf das Angebot an Übungsmaterialien deutlich, daß wir es hier mit einem erstaunlichen Mißverhältnis zu tun haben: Während es eine kaum überschaubare Fülle von Übungsbüchern zu den englischen Idiomen gibt (vgl. oben, Anm. 2, S. 63), existiert offenbar bisher keine Sammlung von praktischen Übungen, die ausschließlich dem Kollokationstraining gewidmet ist[25]. Daß Kollokationswörterbücher eine wichtige Basis für die Erarbeitung derartiger Sammlungen von Kollokationsübungen sind, dürfte ohne weiteres einsichtig sein. Bahns (1993a: 61) fordert zudem, daß auch die notwendige Auswahl der in solche Übungen aufzunehmenden Kollokationen auf der Grundlage einer kontrastiven Analyse erfolgen sollte, um so adressatenspezifisches Übungsmaterial zu erhalten. Schließlich dürfte die Sichtung und Systematisierung bereits vorliegender Kollokationsübungen eine wertvolle Hilfe für die Erstellung vielfältigen Übungsmaterials sein. In dieser Absicht werden im vorliegenden Abschnitt drei relevante Übungsbücher vorgestellt, und zwar das zweibändige Werk von Rudzka/Channell/Putseys/Ostyn (1981a, 1985) (Abschnitt 4.2.3.1), die *Praktischen Übungen* zum LDS (Dixon 1958) (Abschnitt 4.2.3.2) sowie das *Workbook* zum BBI (Benson/Benson/Ilson/Young 1991) (Abschnitt 4.2.3.3). In den genannten Abschnitten werden die Übungsbücher in ihrer jeweiligen Gesamtkonzeption vorgestellt; eine Systematisierung vorliegender Kollokationsübungen in Form einer Übungstypologie erfolgt in Kapitel 5.

---

[24] Vgl. auch Bahns (1987: 100)

[25] Die beiden unten vorgestellten Übungsbücher zum LDS und zum BBI sind keine Beispiele für die hier gemeinte Art von Übungssammlungen, da sie nur im Zusammenhang mit den entsprechenden Wörterbüchern benutzt werden können.

4.2.3.1 *The Words You Need* und *More Words You Need*

Eine entscheidende Rolle spielt die Schulung der Kollokationskompetenz fortgeschrittener Lerner des Englischen in den beiden Wortschatzübungsbüchern von Rudzka/Channell/Putseys/Ostyn (1981a, 1985)[26]. Die jeweils 10 Units beider Bände sind nach folgendem Schema aufgebaut:
(a) ausführlich glossierte authentische Texte zum Thema der jeweiligen Unit;
(b) eine Liste von Fragen bzw. Anregungen zu Diskussionen über das fragliche Thema;
(c) ein *Word Study* betitelter Abschnitt, in dem ausführliche Informationen zum Gebrauch ausgewählter Lexeme gegeben werden;
(d) Übungen zum Wortschatz der jeweiligen Unit sowie Wiederholungsübungen.

Auf die Texte sowie die Textauswahlkriterien gehen wir hier ebensowenig ein wie auf die Diskussionsvorschläge; für uns sind vielmehr die *Word-Study*-Abschnitte (vgl. 4.2.3.1.1) sowie die Übungen (vgl. 4.2.3.1.2) von Interesse.

4.2.3.1.1 *Word Study*

Die *Word-Study*-Abschnitte der einzelnen Units sind jeweils zweigeteilt; in Teil A werden *Semantic Fields* (Wortfelder) präsentiert, während Teil B dem Studium synonymer Wortpaare gewidmet ist. Hauptzweck dieser Abschnitte ist es, Informationen zum Gebrauch der fraglichen Lexeme zu geben, wobei es sich weitgehend um Informationen zu den Kollokationsmöglichkeiten handelt. In welcher Form dies geschieht, soll zunächst für die Wortfelder erläutert und illustriert werden.

1. Die Hauptform der Präsentation von Kollokationsinformationen ist das *Kollokationsgitter*. So wird z.B. für die vier Adjektive *rich*, *wealthy*, *affluent*, *opulent* in dieser Form dargestellt, mit welchen Substantiven sie jeweils kollokieren können (31) (TWYN, S. 66) (vgl. S. 88). Aus dieser Darstellung wäre beispielsweise zu entnehmen, daß *rich food*, *a wealthy family*, *affluent society* und *an opulent style* übliche und korrekte Kollokationen sind, während *a rich style*, *a wealthy existence*, *an affluent residence* und *an opulent man* unübliche Kollokationen sind.

2. Für andere Wortfelder wie z.B. die Adjektive *meagre*, *scant*, *scanty*, *sparse*, *frugal* werden jeweils zwei Beispielsätze gegeben, aus denen mögliche bzw. übliche Substantivpartner der fraglichen Adjektive abgeleitet werden können. In unserem Beispiel (32) (TWYN, S. 67) (vgl. S. 89) demonstrieren die hier gege-

---

[26] Im folgenden verwenden wir die Kürzel TWYN (*The Words You Need*) und MWYN (*More Words You Need*).

(31)

	residence	mansion	house	furniture	car	gift	style	existence	society	family	man	banker	country	food	cake	tones	voice
rich										+	+	+	+	+	+	+	+
wealthy										+	+	+					
affluent								+	+	+							
opulent	+	+	+	+	+	+	+	+									

(33)

	affect(ed)	**influence(d)**	**impress(ed)**	**sway(ed)**	
Nuclear tests have	+				the kind of weather we are having.
Her sight has been permanently	+				by her illness.
The student has been greatly	+	+	+		by the ideas of his teacher.
You must not let yourself be	+	+		+	by what other people say.
His impassioned speeches	+			+	the opinions of a lot of people.
Most people are far more easily		+		+	by advertising than they think.
They all tried to		+			him to change his mind.
The mother			+		on the child that he must not play in the road.
The doctor has			+		on us the importance of a balanced diet.
I was very			+		by the level of the students' vocabulary knowledge.

benen Sätze die folgenden Adj+N/NP-Kollokationen: *meagre natural resources, meagre salaries; scant attention, a scant 50% of the population; scanty bathing suit, scanty evidence; sparse evidence, sparse covering of vegetation; frugal meal, frugal existence.*

(32) EXAMPLES

meagre The country suffers economically from its very **meagre** natural resources.
People are discouraged by having to work so hard for such **meagre** salaries.

scant From your poor performance in the test it is quite evident that you were paying **scant** attention to what was being said in the lesson.
A **scant** 50% of the population turned out to vote.

scanty A girl whose ample figure was scarcely concealed by her **scanty** bathing suit caused a great stir on the beach.
The claims being made for the success of this drug are really based on the most **scanty** evidence.

sparse We felt his conviction was unfair because the evidence against him was so **sparse**.
We saw in front of us a flat plain whose uniformity was broken only by a **sparse** covering of vegetation.

frugal A **frugal** meal of bread and apples was all they could afford.
He seems to prefer a **frugal** existence, isolated from people and comforts.

3. Die dritte Möglichkeit der Präsentation von Kollokationsinformationen kann als Kombination der Möglichkeiten 1 und 2 interpretiert werden. Es handelt sich dabei vornehmlich um die Darstellung der Kollokationsmöglichkeiten von Verben. Das Gitter, das über die Verwendungsmöglichkeiten der vier Verben *affect, influence, impress, sway* Auskunft geben soll, enthält nicht nur Substantive, die mit den fraglichen Verben in Subjekt- und/oder Objektposition kollokierbar sind, sondern vollständige Beispielsätze (vgl. (33); TWYN, S. 145) (vgl. S. 88). Aus diesem Gitter geht hervor, welches der vier Verben in den jeweiligen Satzkontext einsetzbar wäre. So läßt sich aus (33) beispielsweise entnehmen, daß die N+V-Kombinationen *nuclear test* + *affect*, *speech* + *sway* sowie die V+N-Kombinationen *affect* + *sight*, *sway* + *opinion* mögliche bzw. übliche Kollokationen sind.

Auch für die Kollokationsinformationen zu den Synonymenpaaren in den jeweiligen B-Teilen der *Word-Study*-Abschnitte lassen sich unterschiedliche Präsentationsformen feststellen:

1. Kollokationsgitter (vgl. die mit *aggressive* bzw. *militant* kombinierbaren Substantive in (34); TWYN, S. 49).

(34)

	man	people	tone	voice	disposition	workers	students	supporters of equal rights	extremist group	action
aggressive	+	+	+	+	+	+	+	+		
militant						+	+	+	+	+

2. Beispielsätze (vgl. *conduct* und *transmit* in (35) (TWYN, S. 150), für die aus den angeführten Beispielsätzen hervorgeht, daß *conduct + electricity*, *conduct + heat* sowie *transmit + programme* zulässige bzw. übliche V+N-Kollokationen sind).

(35) EXAMPLES
Most metals **conduct** electricity.
Wooden houses are usually cool because wood does not **conduct** heat very well.
The programme was **transmitted** to all areas of the country.

3. Die unterschiedlichen Kollokationsmöglichkeiten der Verben *change* und *shift* werden in einem Satzgitter dargestellt (36) (TWYN, S. 88) (vgl. S. 91). Aus ihm ist ablesbar, daß *change + clothes*, *change + mind* und *change + attitude* mögliche V+N-Kollokationen sind, daß *wind* ein mögliches Subjekt zu *shift* ist, sowie daß *emphasis* Objekt sowohl zu *change* wie zu *shift* sein kann.
4. Eine weitere Darstellungsform der Kollokationsmöglichkeiten von Synonympaaren zeigt das Beispiel *intentional* vs. *deliberate* in (37) (TWYN, S. 68/69). Hier werden mit den beiden Adjektiven kollokierende Substantive in geschweiften Klammern aufgelistet; dabei wird deutlich, daß *deliberate* meist attributiv und *intentional* meist prädikativ verwendet wird.

(37) a **deliberate** {
lie
attempt
insult
deception
}

The {
insult
attempt
deception
damage
vagueness
inadequacy of the instructions
} was **intentional**

(36)

	change(d)	shift(ed)	
I always	+		my clothes when I get home from work.
She has	+		her mind three times about what she wants to eat.
The weather has	+		for the worse.
You haven't	+		much since I last saw you.
The government's economy measures have not	+		people's attitude to the purchase of consumer goods.
The new director has	+	+	the emphasis of the study.
Would it be possible to	+	+	your course from Monday to Thursday?
I have to		+	all these boxes out of the way.
The wind has		+	a few points to the West.

4.2.3.1.2 *Exercises*

Jede der jeweils 10 Units in den beiden Übungsbüchern endet mit einer größeren Zahl von Übungen: TWYN enhält insgesamt 132 *Exercises* und 107 *Revision Exercises*; bei MWYN sind die entsprechenden Zahlen 120 bzw. 93. Die Aufgabenstellung ist sehr vielfältig; neben solchen Übungen, in denen es ausschließlich um (lexikalische) Kollokationen geht (s.u.), finden sich beispielsweise u.a. Übungen zu den folgenden Bereichen[27]:

a) Wortbildung: Auf der Basis vorgegebener Substantive (z.B. *glamour, person*) und Verben (z.B. *provoke, continue*) sollen Adjektive gebildet werden (*glamorous, personal, provocative, continuous/continual*).
b) Synonymie: Zu gegebenen Substantiven (z.B. *time-table, part*) bzw. Verben (z.B. *answer, measure*) sollen synonyme Ausdrücke gesucht werden (*schedule, component, reply, assess*).
c) Präpositionen: Es sind präpositionale Verben mit entsprechenden Objekten (*sb, sth*) vorgegeben, bei denen die Präpositionen zu ergänzen sind (z.B. *to be wary ... sth ⇒ of, to struggle ... sb ⇒ with* oder *against*).
d) Bedeutungsexplikation: Gegebene Lexeme (z.B. *foreman, shipyard*) sind hinsichtlich ihrer Bedeutung zu erläutern ("a man who is in charge of a group of workmen", "a place where ships are built or repaired"). Diese Aufgabenstellung kommt auch in 'umgekehrter Richtung' vor: Gegeben sind Bedeutungsumschreibungen (z.B. "religious men living in a monastery", "to smile broadly"), und der Lerner soll die umschriebenen Wörter finden (*monks, grin*).
e) Bedeutungsdifferenzierung: Es werden Paare von Lexemen gegeben, die ähnliche Bedeutungen haben, aber nicht als vollständig synonym gelten können (z.B. *wages/salary, dull/drab*). Der Lerner soll angeben, inwiefern sich ihre Bedeutungen ähneln und worin sie sich unterscheiden[28].
f) Semantische Merkmale: Gegeben sind eine Reihe von Lexemen (z.B. *foretell, mutter, lucrative*) sowie eine Menge semantischer Merkmale (z.B. [+in a low voice], [+indistinctly], [+tell of some future event], [+without a sound factual

[27] Die in a) bis h) angeführten Beispiele stammen sämtlich aus der *Unit* 6 in TWYN. Die Übungstypen und -inhalte der anderen *Units* sowie des zweiten Buches (MWYN) sind vergleichbar. Die angeführten Lösungen sind dem *Teacher's Book* zu TWYN (Rudzka/Channell/Putseys/Ostyn 1981b) entnommen.

[28] *wages/salary*: beide "money paid in return for regular work", "a *salary* is monthly paid, usu[ally] by cheque, whereas *wages* are weekly paid, usu[ally] in cash, for manual or clerical work"; *dull/drab*: "both are not pleasing to the senses", "*drab* is only for things one sees, and suggests dark in colour, and cheerless; *dull* suggests uninteresting and monotonous".

basis], [+bringing a lot of money], [+speak]). Die Aufgabe besteht darin, die Merkmale den Lexemen zuzuordnen[29].

g) Hyponymie: Zu einer Reihe von vorgegebenen Hyperonymen (z.B. *to look, to smile*) sollen Hyponyme genannt werden (*gaze, glance, glimpse, peer; grin, smirk*).

h) Lückensätze/-texte: Schließlich sind verschiedene Arten von Aufgabenstellungen zu erwähnen, bei denen passende Lexeme in vorgegebene Satzkontexte einzufügen sind. Dabei handelt es sich um Einzelsätze sowie um zusammenhängende Texte. Bei manchen Übungen dieser Art werden unterschiedliche Hilfestellungen gegeben: Die einzusetzenden Wörter sind als Wortliste vorgegeben; es werden pro Lückensatz zwei oder drei Möglichkeiten bezüglich des einzusetzenden Wortes vorgegeben; der Anfangsbuchstabe des einzusetzenden Wortes wird vorgegeben. Zur Illustration seien zwei Sätze aus einer Übung angeführt, in der mögliche einzusetzende Lexeme vorgegeben sind: (i) *She was the innocent ..... of an accident that could have been prevented.* (*prey, victim*); (ii) *Having heard so much about Mr Brown, we were ..... to meet him.* (*anxious, eager, solicitous*).[30]

Unter den Übungen und Wiederholungsübungen zu jeder Unit in TWYN und MWYN sind – neben den oben aufgeführten Typen – stets auch solche, in denen es um (lexikalische) Kollokationen geht; diese Übungen sollen im folgenden im Vordergrund stehen. Die Nennung und Illustration der Typen a) – h) hatte lediglich den Zweck, deutlich zu machen, daß die Übungsbücher nur zu einem Teil dem Training von Kollokationskenntnissen gewidmet sind.

1. Eine für TWYN und MWYN typische Übungsform ist das Kollokationsgitter (*collocational grid*, vgl. oben, Abschnitt 4.2.3.1.1). Kollokationsinformationen, die zuvor u.a. in Form von Kollokationsgittern gegeben werden, werden im Übungsteil in ähnlicher Form wieder abgefragt. Zur Illustration dieser Übungsform sei Beispiel (38) (TWYN, S. 112) angeführt; die zur Lösung dieser Aufgabe nötigen Informationen sind zuvor in der Form wie (38a) (TWYN, S. 106) sowie in Form einer Komponentenmatrix (38b) (TWYN, S. 105) gegeben worden.

---

29 *foretell*: [+tell of some future event] [+without a sound factual basis]; *mutter*: [+in a low voice] [+indistinctly] [+speak]; *lucrative*: [+bringing a lot of money].

30 (i) *victim*; (ii) *eager*.

(38)

	a falling brick	the police	taxes	military service	one's head	the issue	a question	work	one's duty	a blow
dodge										
duck										
evade										
shirk										

(38a)

	a blow	a falling branch	a speeding motorcyclist	the police	military service	taxes	the issue	one's head	out of doing sth	a question	work	one's duty	one's responsibility
dodge	+	+	+	+	+	+	+				+		
duck							+	+	+				
evade					+	+	+			+	+		
shirk											+	+	+

(38b)

	avoid									
	an approaching object	by a quick movement	by a quick downward movement	*or*	sth one is supposed to do	by deception	usu work or duty	because of laziness or cowardice	*or*	a question or point in discussion
dodge	+	+			+	+				
duck	+		+		+					+
evade					+	+				+
shirk					+		+	+		

2. Ein weiterer häufig anzutreffender Übungstyp, der dem Training von lexikalischen Kollokationen dient, verlangt vom Lerner die Angabe von Kollokationsbasen zu gegebenen Kollokatoren. In (39) (TWYN, S. 111) sind Adjektive gegeben, zu denen passende Substantive gesucht werden sollen (z.B. *magic* + *formula*, *key*, *spell*, *circle*, *wand*; *glamorous* + *job*, *life*, *life-style*, *girl*, *clothes*). Diese Aufgabenstellung ist ebenso in umgekehrter Richtung möglich: In (40) (TWYN, S. 133) sind passende Adjektivkollokatoren zu gegebenen Substantivbasen zu suchen (z.B. *firm* + *grasp*, *successful* + *career*).

(39) In each case provide one or two nouns that can collocate with the following:

1 (an) appropriate ... 2 (an) informal ... 3 (a) secretarial ... 4 (a) skilled ...
5 (a) major ... 6 (a) magic ... 7 (an) emerging ... 8 (a) profitable ...
9 (a) glamorous ... 10 (a) vested ... 11 (an) exciting ... 12 (a) spectacular ...

(40) Find appropriate adjectives to fill in the blanks.

1 a(n) ..... stranger 2 a(n) ..... feeling 3 a(n) ..... grasp 4 a(n) ..... offer
5 a(n) ..... height 6 a(n) ..... bargain 7 a(n) ..... achievement 8 a(n) .....
career 9 a(n) ..... kiss 10 a(n) ..... friendship 11 a(n) ..... choice

3. In einem weiteren Typ von Übungen sind zwei Wortlisten vorgegeben, deren Elemente in sinnvoller Weise miteinander zu kombinieren sind. In Beispiel (41) (TWYN, S. 90) sind dies einerseits Adjektive und andererseits Substantive, die zu Adj+N-Kollokationen zusammengestellt werden sollen (z.B. *cunning* + *smile*, *person*, *trick*; *permissive* + *laws*, *morals*, *society*).

(41) Match words from the adjective list with words from the noun list. Notice that some of the adjectives can modify several nouns.

1 cunning 2 orderly 3 lenient 4 tidy 5 shrewd 6 neat 7 sly
8 permissive 9 steady 10 crafty 11 even

pace, disposition, judge, laws, progress, smile, morals, person, boyfriend, society, judge of character, queue of people, trick, politician, garden, clothes, handwriting

4. Schließlich sei noch ein Übungstyp erwähnt, für dessen Bearbeitung dem Lerner die Benutzung eines einsprachigen Wörterbuchs empfohlen wird. Gegeben sind Gruppen von Kollokationen; innerhalb einer Gruppe sind die Kollokationen dadurch charakterisiert, daß der jeweilige Kollokator stets derselbe ist, während die Basis jeweils unterschiedlich ist (z.B. *flat tyre*, *flat bottom*, *flat*

surface, *flat beer*, etc.); vgl. (42) (TWYN, S. 176). Die Aufgabe besteht darin, die von der jeweiligen Basis abhängigen unterschiedlichen Bedeutungen des Kollokators zu erläutern[31].

(42) With the help of a monolingual dictionary explain the different senses (literal and figurative) of the following collocations:

1 (a) **flat** tyre/bottom/surface/beer/refusal/note
2 (a) **plain** English/food/cooking/talk
3 (a) **dry** wood/clothes/well/bread/wine/book/subject/humour/facts/cough
4 (a) **simple** machine/sentence/food/style/life/peasant/forms of life
5 (a) **rich** furnishings/cake/diet/colours/voice/joke
6 (a) **small** town/sum/business/talk/eater
7 (a) **steady** rate/speed/worker/progress/boyfriend

4.2.3.2 *The Learner's Dictionary of Style – Praktische Übungen*

Als Ergänzung zum LDS erschien 1958 ein Übungsheft unter dem Titel *The Learner's Dictionary of Style. Praktische Übungen*[32] (Dixon 1958, ^{6}1972). Dieses Heft will nicht – wie z.B. Benson/Benson/Ilson/Young (1991) (vgl. unten, Abschnitt 4.2.3.3) – in den Gebrauch des zugehörigen Wörterbuchs einführen und dessen Benutzung erleichtern; es stellt vielmehr eine vergleichsweise große Menge von Übungen zur Verfügung, die zur Festigung bzw. Überprüfung des im LDS enthaltenen Wortschatzmaterials dienen.

In seiner Gliederung lehnt sich LDS/PÜ sehr eng an das LDS an; die Anordnung der Übungen ließe sich in gewissem Sinne als alphabetisch charakterisieren, da sich jeweils zwischen zwei und vier Übungen auf eine Seite aus dem LDS beziehen. Der Bezug zwischen LDS/PÜ und LDS wird durch die Übernahme der jeweiligen Seiten-Kopfzeile aus dem LDS als Überschrift der zugehörigen Übungen im LDS/PÜ deutlich gemacht (vgl. Abb. 1 und 2, S. 98/99). Insgesamt enthält LDS/PÜ 129 Übungen, wobei einer Seite aus dem LDS durchschnittlich[33] drei Übungen zugeordnet sind. Zur Lösung der jeweils einer LDS-Seite zugeordneten Übungen muß das auf der fraglichen Seite präsentierte Material beherrscht werden. Diese enge Beziehung zwischen den Übungen und

[31] Lösung für *flat*: *flat tyre*: not inflated; *flat bottom*: even, level bottom; *flat surface*: smooth, even and level; *flat beer*: beer without sparkle, no longer bubbling with gas; *flat refusal*: plain and absolute; *flat note*: below the true pitch (vgl. Rudzka/Channell/Putseys/Ostyn 1981b: 60).

[32] Im folgenden LDS/PÜ.

[33] In sechs Fällen (d.h. zu sechs der LDS-Seiten) gibt es lediglich zwei Übungen, in zwei Fällen dagegen vier Übungen. In allen anderen Fällen sind es drei Übungen.

dem LDS wird deutlich, wenn wir uns das in Abb. 1 (S. 98) zitierte Beispielmaterial näher anschauen.

In der ersten der drei Aufgaben ist innerhalb der im Satzkontext gegebenen Kollokationen die Ersetzung des Kollokators durch einen synonymen Kollokator gefordert (z.B. in 1 *light a fire* ⇒ *kindle a fire*, in 3 *haul down a flag* ⇒ *strike a flag* und *set up a flag* ⇒ *hoist a flag*, in 6 *simple food* ⇒ *plain food*). Das LDS präsentiert die entsprechenden Informationen s.v. *fire*, s.v. *flag* und s.v. *food*, wo jeweils *light/kindle*, *strike/haul down* und *set up/hoist* sowie *plain/ simple* als synonyme Kollokatoren zu den Stichwörtern gekennzeichnet sind[34].

Bei der zweiten Übung handelt es sich um sieben Lückensätze, die zu vervollständigen sind (z.B. in 1 durch *clench(ed)* und *shook*, in 3 durch *broke*, *hiss(ing)* und *crackl(ing)*, in 5 durch *wild*, in 7 durch *fly*). Auch hier sind sämtliche zur Lösung notwendigen Informationen in den Artikeln der entsprechenden Seite zu finden: vgl. z.B. s.v. *fist* (*clench o.'s fist*, *shake o.'s fist*), s.v. *fire* (*a fire breaks out*) bzw. s.v. *flame* (*the flames crackle*[35], *the flames hiss*), s.v. *flower* (*the flower grows wild*) und s.v. *fly* (*fly a kite*).

Die in der dritten Übung gegebenen Wendungen *force a passage*, *force a door*, *force a confession* sowie *come into force* und *remain in force*, die in Satzkontexten zu verwenden sind, finden sich jeweils s.v. *force* (v.) bzw. *force* (n.).

Diese drei Beispielübungen sind sehr typisch für die Form der Übungen in LDS/PÜ und in gewisser Weise repräsentativ für die vertretenen Hauptübungstypen, die im folgenden kurz charakterisiert werden sollen.

1. Ein vergleichsweise großer Teil der Übungen (fast 50%) sind aus Einzelsätzen bestehende Lückenübungen mit der Übungsanweisung "Fill in the missing words" (vgl. zweite Übung in Beispiel FIRE – FORCE). Dabei sind die Lücken durch die verschiedensten Bestandteile lexikalischer oder grammatischer Kollokationen zu füllen. Gelegentlich sind die Übungen wortartspezifisch, d.h. es sind z.B. ausschließlich Präpositionen (vgl. (43); Dixon [6]1972: 3) oder Verben (vgl. (44); Dixon [6]1972: 36) zu ergänzen. Zu vervollständigende Kollokationen aus diesen beiden Übungen wären z.B. *accuse of*, *profit by*, *under age* (43) bzw. *push one's way*, *water gurgles* (44). (Auf weitere Varianten dieser Übungsform, die sich in LDS/PÜ finden, gehen wir hier nicht näher ein; vgl. dazu Kapitel 5. Dies gilt entsprechend für die beiden im folgenden unter 2. und 3. dargestellten Hauptübungstypen in LDS/PÜ).

---

[34] Der Schrägstrich (/) steht in den Artikeln des LDS "zwischen sinnverwandten Ausdrücken" (LDS S. 4).

[35] In der Übung (Satz 3) ist die Kollokationsbasis zu *crackle* allerdings nicht *flames*, sondern *(burning) wood*. Die hier dem Lerner abverlangte Transferleistung ist verschiedentlich zur Lösung der Aufgaben erforderlich.

Fire – Force

Give synonyms (other words with the same meaning) for the words in brackets:

1) It is easier to (light) a fire than to (put it out). – 2) The light was too (weak) to read by. – 3) (Haul down) that flag, and (set up) our own! – 4) They have gone into the farmer's field to (gather) flowers. – 5) A (thick) fog (hid) the fields and roads. – 6) I want (simple) food but well cooked.

Fill in the missing words:

1) The angry man . . . ed his fist and . . . in my face. – 2) Lawyers like to fish in . . . – 3) The fire . . . out in the room over mine, and I could hear the flames . . .ing and the . . .ing of burning wood. – 4) Without the energy to swim, he lay on his back . . .ed downstream on the quiet waters of the river. – 5) These flowers which have to be cultivated carefully in our gardens, grow . . . in the fields of that far land. – 6) Her heart . . .ed like a young bird's wings as she read his letter. – 7) Go and . . . your kite in that field.

Make sentences to show the meaning of:

1) force a passage. – 2) force a door. – 3) force a confession. – 4) come into force. – 5) remain in force.

Abbildung 1: Übungen zu "Fire-Force" aus LDS/PÜ

(43) Insert the correct preposition:

1) She falsely accused him ... theft. – 2) He brought a similar accusation ... her. – 3) You should profit ... such good advice. – 4) She cannot marry yet as she is ... age. – 5) Though his agitation was ... its height, he did not show it.

(44) Insert the suitable verbs:

1) The procession ... its way through the narrow streets of the town. – 2) The policemen ... their way through the thickest of the crowd. – 3) The boiling water ... in the kettle – 4) The ...ing of the waterfalls could be heard from afar. – 5) The water ...ed when I poured it out of the bottle. – 6) I was lying at the bottom of the rowing-boat listening to the ...ing of the water under the keel.

FIRE – FORCE

× his ~ bent || unbent, itched

fire *n.* make, pile up, light/kindle, poke/stir (up), replenish, rake (together), quench/put out/extinguish a (*bright, jolly, glowing, crackling, feeble, glaring*) ~; set on ~, be on ~, take/catch ~

× the ~ burns bright(ly)/blazes, warms, cheers, flickers, flares, refuses to burn/ smoulders, goes roaring up the chimney, spreads a pleasant warmth

a ~ (=conflagration) breaks out, spreads rapidly, rages, rises into the air, destroys/ consumes the town, renders people homeless, is (got) under control

× the enemy opens, returns, ceases a (*violent, fierce, murderous*) ~; we are under ~, we are caught between two ~s

fish *n.* catch ~ (with a hook or net), cook, boil, fry ~ ; (fig.) neither ~ nor flesh

fish *v.* ~ for trout, salmon, cod (with a hook, a rod and line, or net); (fig.) ~ for words; ~ in troubled waters

fist clench o.'s ~; shake o.'s ~ at s.o.

flag set up/hoist || lower, unfurl, fly, dip, strike/haul down, wave a ~

× the ~ is flying on the tower, is fluttering in the breeze, is waving in the storm, is floating from a pole, is hanging loose from the flag staff

flame *n.* light/kindle || put out/quench a ~ ; blow out || fan a ~ ; be in ~s; commit s.th. to the ~

× the ~s burn straight up, crackle, hiss, blaze, lick against the wooden roof

float cork ~s in water; ~ timber downstream

flower plant/grow, gather/pick, pluck, water ~s

× the (*lovely, rare, fragrant/sweet-smelling*) ~ buds, unfolds, blooms, grows wild, fades/withers

flutter the young bird, her heart (pulse) ~s; the flag is ~ing in the breeze

fly *v.* birds, balloons, airplanes fly; ~ an airplane, a kite

fog a (*thick/dense, yellow, heavy, wet, palpable brown, drifting, blinding, gloomy/dismal, impenetrable*) ~ rolls along the ground, rises from the marshes, hangs over the river, comes drooping down, comes pouring in, thickens; hides, darkens/obscures everything, turns the day into night, is dispelled by the wind

food get, want, ask for, order, eat, waste (*plain/simple, nourishing, appetizing, well-cooked*) ~

× the ~ is rich || poor, tasty/savoury; ~ restores/maintains strength

foot have small || large feet, lift || lower o.'s ~, drag o.'s feet, stamp o.'s ~ ; (fig.) stand on o.'s own feet

× my ~ hurts/aches, is covered with corns, blisters, chilblains

force *n.* use/employ/apply, resort to ~; come into ~; be, remain in ~

force *v.* a door, a passage, o.'s way; ~ a confession

Abbildung 2: Einträge "Fire – Force" aus LDS

2. Ein weiterer Hauptübungstyp in LDS/PÜ könnte als *Ersetzungsübung* charakterisiert werden. Hier sind vollständige Sätze vorgegeben, in denen jeweils ein Teil gekennzeichnet ist (meist durch runde Klammern); dieses Element, das selbst Bestandteil einer Kollokation sein kann, soll durch ein Element ersetzt werden, das ebenso passend[36] für den fraglichen Satzkontext wäre (vgl. die erste Übung im Beispiel FIRE – FORCE). Bei dem zu ersetzenden Teil kann es sich auch um die Umschreibung eines Kollokationsbestandteils handeln (vgl. unten Beispiel (46)). In der Übungsanweisung wird angegeben, in welcher Beziehung das gesuchte Element zum gegebenen Element stehen soll: Im Beispiel FIRE – FORCE (vgl. Abb. 1) sollen die gegebenen Verben bzw. Adjektive durch synonyme Ausdrücke ersetzt werden ("Give synonyms (other words with the same meaning) for the words in brackets"); vgl. oben *light (a fire) ⇒ kindle (a fire)*, *simple (food) ⇒ plain (food)*. In Beispiel (45) (Dixon [6]1972: 12) werden Ausdrücke mit gegensätzlicher Bedeutung gesucht ("Change the word in brackets for a word or a phrase giving the opposite meaning"); Lösungen zu (45) wären beispielsweise *avoid (expense) ⇒ incur (expense)*, *(faith) deepens ⇒ (faith) dwindles*. In Beispiel (46) schließlich sind längere Umschreibungen vorgegeben, die durch ein einzelnes Wort ersetzt werden sollen ("Substitute a single word for the phrase in brackets"), wodurch sich dann Kollokationen ergeben; in (46) wären dies u.a. *give up cherishing ⇒ abandon (hope)*, *seeming to cut her head open ⇒ splitting (headache)*.

(45) Change the word in brackets for a word or a phrase giving the opposite meaning:

1) That book (exceeded) my expectations. – 2) Nobody can establish a new business without (avoiding) great expense. – 3) His face (fell) at the good news. – 4) The terrible experience he underwent caused his faith in justice to (deepen). – 5) It is a pleasant experience to stay with a family that (is always quarrelling).

---

[36] Die Feststellung, daß das gesuchte Element "ebenso passend" sein soll wie das gegebene, trifft allerdings nur dann zu, wenn synonyme Ausdrücke gesucht werden. Werden Ausdrücke mit gegensätzlicher Bedeutung gesucht oder sollen Umschreibungen ersetzt werden (s.u.), ist der gesuchte Ausdruck in den meisten Fällen der "passendere"; vgl. z.B. Satz 4) in (45), der in der gegebenen Form widersinnig ist, oder Satz 2) in (46), der stilistisch äußerst fragwürdig wäre.

(46) Substitute a single word for the phrase in brackets:

1) This disaster made him (give up cherishing) hope of escaping. – 2) She was suffering from a (seeming to cut her head open) headache. – 3) The gardener was (cutting off the excess growth from) the hedge. – 4) The workers here have two weeks' (time free from work) every year. – 5) Happiness won by wrongdoing cannot be (something that will always continue). – 6) He (said that he would not accept) our offer of help.

3. Schließlich ist als dritter Haupttyp von Übungen in LDS/PÜ die "Bilde-Sätze-Übung" zu nennen. In knapp 25% der Übungen sind – in verschiedener Form (s.u.) – einige Kollokationen vorgegeben, die der Lerner selbständig in Sätzen verwenden soll (vgl. die dritte Übung im Beispiel FIRE – FORCE). In der Mehrzahl dieser Übungen sind die fraglichen Wendungen 'vollständig' vorgegeben; gelegentlich jedoch muß der Lerner sie in einem ersten Schritt auf der Basis zweier Listen selbst zusammenstellen (vgl. Beispiel (47) (Dixon ^{6}1972: 4), wo sich z.B. Kollokationen wie *render assistance* oder *repel an attack* ergeben). Außerdem können verschiedene andere Manipulationen erforderlich sein, um zu den Kollokationen zu gelangen, die schließlich im Satzkontext zu verwenden sind: In (48) (Dixon ^{6}1972: 7) sind z.B. Antonyme zu den Adjektivteilen von Adj+N-Kollokationen zu suchen (*rough climate* $\Rightarrow$ *mild climate*); in (49) (Dixon ^{6}1972: 20) müssen zuvor selbständig passende Kollokationsbasen zu gegebenen Verbkollokatoren gefunden werden (*apply for* $\Rightarrow$ *apply for a license*[37]).

(47) Write six short sentences each one containing one verb from list A and one noun from list B:

A. bathe, call, render, repel, adopt, attend
B. assistance, attitude, attack, patients, ankle, attention

(48) Change each adjective for its opposite and then use the phrase to make a sentence:

1) modern clothes. – 2) light clouds. – 3) gradual halt. – 4) ready-made boots. – 5) rough climate. – 6) obedient children.

[37] Daß hier *license* und nicht beispielsweise *job* als Kollokationsbasis erwartet wird, ergibt sich aus dem Kontext, in dem Übung steht: Ihre Bezugsseite im LDS ist die Seite LICENSE – LOOK.

(49) Make sentences using each of the following verbs with a suitable noun.

1) evince. – 2) apply for. – 3) lock up. – 4) switch off.

4.2.3.3 *Using the BBI*

Fünf Jahre nach dem BBI erschien unter dem Titel *Using the BBI* ein *Workbook* (Benson/Benson/Ilson/Young 1991), das in die sachgemäße Benutzung des Kollokationswörterbuches einführen soll. Das *Workbook* enthält insgesamt 32 Übungen in sieben Units. In den fünf Übungen der Unit 1 ('Using the BBI') geht es um die Gewöhnung des Lerners an lexikographische Konventionen (Kennzeichnung der Wortklassenzugehörigkeit von Stichwörtern, Verwendung der Tilde, Interpretation einiger Abkürzungen und der Markierungen BE, AE, CE[38]). Unit 2 ('Collocations, Free Combinations, and Idioms') besteht aus zwei Übungen, in denen die Lerner einerseits freie Kombinationen und Kollokationen sowie andererseits Kollokationen und Idiome unterscheiden sollen. Um Kollokationsübungen im eigentlichen Sinne geht es in den Units 3 bis 7. Unit 3 ist speziell 'Noun Collocations' gewidmet, Unit 4 'Adjective Collocations', Units 5 und 6 'Verb Collocations'; in Unit 7 ('Supplementary Exercises') werden alle drei genannten Arten von Kollokationen wiederaufgenommen.

Wenn wir die insgesamt 21 Übungen der Units 3 bis 6 etwas genauer anschauen, wird schnell deutlich, daß nur ein relativ geringer Anteil den lexikalischen Kollokationen, die ja im Vordergrund unseres Interesses stehen, gewidmet ist. Dabei handelt es sich um drei der vier Übungen aus Unit 3 (3-B, 3-C, 3-D), um eine der fünf Übungen aus Unit 4 (4-D) sowie um eine der insgesamt 12 Übungen der Units 5 und 6 (6-E); die übrigen Übungen befassen sich mit grammatischen Kollokationen. In den vier Übungen von Unit 7 werden grammatische und lexikalische Kollokationen gemischt geübt. Im folgenden sollen die im *Workbook* enthaltenen Übungen zu den lexikalischen Kollokationen kurz charakterisiert werden; in Kapitel 5 werden dann einzelne Übungen zu Illustrationszwecken für bestimmte Übungstypen vollständig angeführt.

3-C: Diese Übung enthält 12 Sätze, von denen 5 falsche *Noun Collocations* enthalten. Von den in den 12 Sätzen vorkommenden 12 *Noun Collocations* haben 10 die Struktur V+N und 2 die Struktur Adj+N. Die Aufgabe besteht darin, mit Hilfe des BBI die falschen Kollokationen zu identifizieren und sie durch zielgerechte Kollokationen zu ersetzen. Korrekte Sätze mit korrekten Kollokationen sind beispielsweise *She was a great comfort to her parents* oder *Bill never cracks jokes*, während Sätze wie **My friends sent hot greetings* (korrekt:

---

[38] Die Abkürzungen BE und AE stehen bekanntlich für *British English* und *American English*; CE steht für *Common English*.

warm greetings) oder **The pupils made their homework* (korrekt: *did their homework*) zu korrigieren wären.

3-D: Diese Übung besteht aus 12 Sätzen, die eine gekennzeichnete freie Kombination enthalten; Aufgabe ist es, die freie Kombination durch eine Kollokation mit möglichst ähnlicher Bedeutung zu ersetzen. In diesem Sinne soll beispielsweise im Satz *The epidemic started about ten years ago* das Verb *started* durch *broke out* ersetzt werden (Kollokation *epidemic + break out*), und in *You shouldn't have a dog in a small apartment* wäre *have* durch *keep* zu ersetzen (Kollokation: *keep a dog*). In dieser Übung werden 9 V+N-, 2 Adj+N- und 1 N+V-Kollokation geübt.

Während Übungen 3-C und 3-D *in toto* den lexikalischen Kollokationen gewidmet sind, liegt in Übung 3-B eine Mischung von lexikalischen und grammatischen Kollokationen vor. Die Übung besteht aus 12 Lückensätzen, die mit Hilfe des BBI zu vervollständigen sind. In 5 der 12 Sätze geht es um lexikalische Kollokationen; so etwa in *We spotted a _______ of wild horses* (ergänze: *herd*) oder in *The problems are similar. We can _______ a parallel between them* (ergänze: *draw*).

4-D: Diese Übung besteht ebenfalls aus 12 Lückensätzen; zu suchen sind Adverbien, die mit den in den Sätzen enthaltenen Adjektiven kollokieren. In einem Satz wie *The Tokyo area is _______ populated* wären als passende Adverbien etwa *densely* oder *heavily* zu ergänzen; ein Adverb zu *ashamed* in *You should be _______ ashamed of yourself* wäre *thoroughly*.

6-E: In dieser Übung geht es um den Strukturtyp V+Adv. Gegeben sind 12 Paare von Kollokationen dieses Typs ohne weiteren Kontext; die Aufgabe besteht darin, mit Hilfe des BBI zu entscheiden, welches Glied des Paares korrekt und welches fehlerhaft ist. Ein Beispiel wäre *argue heatedly* und *argue mightily*; die korrekte Kollokation hier ist *argue heatedly*. Ein weiteres Beispiel aus dieser Übung ist **invite vehemently* vs. *invite cordially*.

7-A bis 7-D: Diese vier Übungen bestehen aus zusammenhängenden Lückentexten (Länge ca. 200 Wörter). Die Lücken sind jeweils so zu füllen, daß sinnvolle Kollokationen (der verschiedensten Art) entstehen. Zur Illustration sei hier ein kurzer Abschnitt aus 7-A ('A Day in Court') angeführt: "Several defense witnesses (10) _______ testimony. Witnesses must (11) _______ an oath to (12) _______ the truth. When witnesses lie (13) _______ oath, they (14) _______ perjury." Die fünf Lücken in diesem Ausschnitt wären wie folgt zu füllen: (10) *gave* oder *offered*, (11) *take*, (12) *tell*, (13) *under*, (14) *commit*.

4.2.4 Ein kontrastiver Ansatz für das Kollokationslernen im Englischunterricht

4.2.4.1 Die Notwendigkeit der Auswahl

Eines der Hauptprobleme, das die fremdsprachliche Wortschatzdidaktik zu lösen hat, ist die Auswahl der in einen Sprachlehrgang einzubeziehenden Wortschatzelemente. In einem schulischen Fremdsprachenlehrgang von begrenzter Dauer (bezogen auf die Unterrichtsjahre) und begrenztem Umfang (bezogen auf die Wochenstundenzahl) kann nicht der englische oder der französische Wortschatz *in toto* vermittelt werden, sondern jeweils nur ein sehr begrenzter Ausschnitt. Die Zahl der lehr- und lernbaren Elemente beträgt in jedem Fall nur einen Bruchteil des gesamten Wortschatzes der fraglichen Sprache, und zwar ganz unabhängig davon, welche Zahlen man zugrundelegt: Auch wenn man einerseits von Maximalforderungen ausgeht, wie z.B. den bei Haase (1979: 9) als Ziel für den Englischunterricht der gymnasialen Oberstufe genannten 6.000 Wörtern[39] und andererseits Minimalzahlen zugrundelegt, indem man einen Bestand von 240.000 Wörtern[40] in der englischen Sprache annimmt – stets werden weitaus weniger als 5% des Gesamtwortschatzes einer Sprache in einem Sprachlehrgang vermittelt werden können.

Über die Auswahlkriterien für einen Grundwortschatz für den Englischunterricht ist inzwischen weitgehend Einigkeit erzielt worden. Als solche Kriterien werden (mit der einen oder anderen Ergänzung oder Modifikation) zumeist die folgenden genannt, die Mindt (1995: 149) als Basis für die Erstellung des *Minimum Adequate Vocabulary* anführt:

- Häufigkeit des Vorkommens
- Verfügbarkeit
- Reichweite der Verwendung
- Stilistische Brauchbarkeit
- Lernbarkeit.

Auf die Herleitung und Begründung dieses Kriterienkatalogs sowie auf die verschiedenen Vorschläge für "Grundwortschätze" des Englischunterrichts näher einzugehen, würde an dieser Stelle zu weit führen[41]. Unsere Absicht ist es vielmehr, mit einigen Zahlen deutlich zu machen, daß auch für eine "Didaktik des

---

[39] Haase (1979: 9) nennt als anzustrebendes Ziel die "aktive Beherrschung etwa der ersten 5 Stufen" seines Wertigkeits-Wörterbuchs; nach den Erläuterungen zu den sechs Wertigkeitsstufen wären dies ca. 6.000 Wörter.

[40] Leisi (^{6}1974: 53) gibt die Zahl der im *Oxford English Dictionary* enthaltenen Wörter mit 240.000 an.

[41] Vgl. Doyé (^{5}1980: 19-31), Gairns/Redman (1986: 57-64), McCarthy (1990: 79-90).

Kollokationslernens" die Notwendigkeit besteht, aus dem Gesamtbestand der Kollokationen der englischen Sprache eine begründete Auswahl zu treffen.

Wie schon mehrfach im Verlauf unserer Erörterungen ist auch bei der Frage nach der Menge der englischen Kollokationen ein Vergleich bzw. eine Kontrastierung mit den Idiomen erhellend. Dabei stoßen wir auch auf einen möglichen Grund dafür, daß es viele Übungsbücher zu den englischen Idiomen gibt, aber kaum welche zu den Kollokationen (vgl. oben, Abschnitt 4.2.3): Einen Grund für diesen Zustand sehen wir darin, daß das Inventar von idiomatischen Wendungen, das in entsprechenden Übungsbüchern verarbeitet ist, vergleichsweise begrenzt und überschaubar ist. Auch bei einem weiten Verständnis des Idiombegriffs beträgt die Gesamtzahl von Idiomen im Englischen offenbar nicht mehr als ca. 15.000[42]. Aus diesem Bestand müssen auch die Autoren von Idiom-Übungsbüchern eine Auswahl treffen, die sich im wesentlichen am anvisierten Benutzerkreis orientiert. Wichtigstes Auswahlkriterium ist dabei offensichtlich das Kriterium der Häufigkeit[43] bzw. der Gebräuchlichkeit: Seidl (^{2}1989: 5) präsentiert Übungen und Tests zu mehr als 800 "of the most common idioms"; das Buch von Watcyn-Jones (1990: iv) enthält "more than 750 idioms in current use"; auf der Umschlagrückseite von Howard (1987) heißt es: "The author selected frequently used idioms ..."; und die Idiome, die bei Allsop/Woods (1990) trainiert werden, "have been selected for their frequency of use" (Umschlagrückseite). In ähnlicher Weise ist bei Heuber (1982) und bei Pasakarnis (1988) jeweils auf der Umschlagrückseite von den "gebräuchlichsten Wendungen" bzw. den "gebräuchlichsten englischen Redewendungen" die Rede.

Fragt man dagegen nach dem Bestand der im Englischen existierenden Kollokationen, so liegen die Zahlen um ein Vielfaches höher als die der Idiome: Mackin (1978: 150) spricht von "tens of thousands of such collocations"; wie oben (Abschnitt 4.2.2.1) bereits erwähnt, enthält das BBI 70.000 Kollokationen; Kjellmer (1994) präsentiert 85.000[44] Kollokationen; und in einer Verlagsankündigung für *Collins COBUILD English Words in Use. A Dictionary of Collocations* ist von 100.000 Kollokationen (zu 5.000 Stichwörtern) die Rede (Kranz

---

42 Vgl. die Zahlenangaben auf dem Schutzumschlag des ODCIE Vol. 2: Dort ist die Rede von "8000 expressions containing a verb and a preposition and/or an adverbial particle", die sich in Vol. 1 erläutert finden, während Vol. 2 "7000 general idiomatic expressions" präsentiert.

43 Wir haben allerdings weder bei den in diesem Abschnitt genannten Autoren noch bei anderen, die sich auf dieses Auswahlkriterium berufen, irgendwelche Hinweise auf empirische Untersuchungen gefunden, die als Basis für die getroffene Auswahl dienen könnten. Es dürfte sich also meist um eine mehr oder weniger subjektive Auswahl handeln.

44 Zahlenangabe nach Kranz (1994: 137); vgl. auch Kjellmer (1994: xxii).

1994: 135). Vergleichbare Größenordnungen gelten für andere Sprachen[45]. Angesichts dieser Materialmenge ist eine Auswahl noch notwendiger als bei den Idiomen.

4.2.4.2 Kollokationen in kontrastiver Perspektive

Die Problematik der im vorigen Abschnitt angesprochenen Auswahl der Kollokationen, die in die Wortschatzarbeit im Englischunterricht einzubeziehen wären, stellt sich allerdings nicht in der Schärfe, wie es durch die Nennung der Anzahl der im Englischen existierenden Kollokationen den Anschein hat: Die genannten Zahlen von 70.000 bis 100.000 werden natürlich schon dadurch erheblich reduziert, daß grundsätzlich nur solche Kollokationen in Frage kommen, die die für den jeweiligen Lehrgang ausgewählten Lexeme eingehen. In welcher Weise sich dadurch die Größenordnungen verschieben, soll durch folgende Vergleichszählung illustriert werden. Der *Grund- und Aufbauwortschatz Englisch* (Häublein/Jenkins 1987) enthält – laut Umschlagrückseite – insgesamt knapp 5.000 Stichwörter. Eine Zählung auf der Basis des "Registers aller englischen Stichwörter" (1987: 322-352) ergibt für den Buchstaben G 89 verzeichnete Substantive[46]. Von diesen 89 Substantiven sind 58 gleichzeitig als Lemmata und damit als Kollokationsbasen im BBI zu finden. Das bedeutet, daß 31 der Substantive unserer Zählung im Grund- und Aufbauwortschatz offenbar keine 'nennenswerten' Kollokationen eingehen; zu dieser Gruppe gehören beispielsweise *glue*, *goalkeeper*, *goddess*, *gooseberry*, *grandfather*, *grocer*, *grown-up*, *guesthouse*, *guitarist*[47].

Von weitaus größerer Bedeutung ist allerdings die Zahl der Substantive, die *nicht* zum Grund- und Aufbauwortschatz gehören, aber als Lemmata im BBI verzeichnet sind: Über die 58 Substantive hinaus, die sowohl in Häublein/Jenkins wie im BBI zu finden sind, verzeichnet das BBI unter dem Buchstaben G weitere 162 Substantive! Die folgende Liste enthält zu Illustrationszwecken einige ausgewählte Beispiele der fraglichen Substantive: *gait*, *gale*, *gambit*, *gasp* (n.), *gene*, *generosity*, *genius*, *gesture*, *gland*, *gown*, *grace*, *grant* (n.), *grasshopper*, *grenade*, *grief*, *grudge* (n.). Ohne nun im Detail die zu den jeweiligen Substantivbasen verzeichneten Kollokationen durchzählen zu müssen,

[45] Für das Deutsche vgl. z.B. *Wörter und Wendungen* (Agricola [14]1990), das zu 8.000 Stichwörtern "150.000 gebräuchliche Wortverbindungen" angibt (allerdings inklusive Idiome); für das Französische vgl. die quantifizierenden Überlegungen bei Hausmann (1993: 7-12).

[46] Die Zählung wird auf Substantive beschränkt, da es sich bei ihnen um die 'typischen' Kollokationsbasen handelt.

[47] Von diesen Wörtern gehören *grandfather* und *grocer* zum Grundwortschatz, die übrigen zum Aufbauwortschatz.

sind wir u.E. zu folgender Überschlagsrechnung berechtigt: Lediglich rund 25% (58 von 220) aller Lemmata des BBI gehören zum Grund- und Aufbauwortschatz – dies würde aber auch bedeuten, daß *grosso modo* lediglich ein Viertel aller im BBI verzeichneten Kollokationen als solche Kollokationen zu betrachten wären, die für eine Einbeziehung in den schulischen Englischunterricht grundsätzlich in Frage kämen. Wenn wir die genannten 70.000 Kollokationen des BBI zugrundelegen, wären dies 17.500. Berücksichtigen wir weiterhin, daß sich darunter auch eine beträchtliche Zahl von *grammatical collocations* befindet, die wir aus unseren Überlegungen ja grundsätzlich ausgeschlossen haben (vgl. oben Abschnitt 3.1.3), so nähern wir uns einer Zahl von rund 10.000[48] Kollokationen, die als 'Kandidaten' für im Englischunterricht zu lehrende und zu lernende Kollokationen zu betrachten sind. Doch auch angesichts dieser weitaus weniger entmutigenden Zahl ist eine weitere Auswahl (und damit Reduzierung) auf einen lehr- und lernbaren Grundbestand nötig und möglich.

Wie schon mehrfach angedeutet (vgl. oben, Abschnitte 4.2.2 und 4.2.3), sehen wir einen möglichen Weg zur Auswahl derjenigen Kollokationen, die für eine systematische Behandlung im Englischunterricht in Frage kommen, in einer kontrastiven Analyse (vgl. auch Bahns 1993a). Begründen läßt sich ein solcher kontrastiver Ansatz mit der Haupterkenntnis aus den empirischen Studien zur Kollokationskompetenz fortgeschrittener Lerner des Englischen (vgl. oben, Abschnitt 4.1.2) sowie mit den in der Literatur vielfach anzutreffenden Einschätzungen zur Hauptursache von Kollokationsfehlern (vgl. oben, Abschnitt 2.2): Wenn der weitaus größte Teil der beobachteten Kollokationsfehler auf L1-Interferenz zurückgeführt werden kann, so legt dieser Befund eine kontrastive Betrachtungsweise nahe. Auf die Bedeutung einer solchen Perspektive hat bereits Marton (1977: 40/41) aufmerksam gemacht:

> "But the notion of conventional syntagm [= lexical collocation, J.B.] finds its full dimension only when it is considered contrastively, i.e. when the native language of the learner and his target language are taken into consideration. Real learning problems are caused by these syntagms which are – comparatively speaking – lexically non-congruent, or, in other words, by those in which there is no direct translational equivalence between their corresponding elements."

Marton stellt hier die Beziehung zwischen kontrastiver Analyse und Übersetzungsäquivalenz her. Auch in diesem Kontext ist eine vergleichende Betrachtung von Idiomen und Kollokationen wiederum erhellend: Eine kontrastive Analyse von Idiomen findet sich sowohl in der Sprachwissenschaft (z.B. Gläser 1985) als auch in der Fremdsprachendidaktik (z.B. Glaap 1979). Dabei werden

---

48 Hier zeigt sich, daß Leonhardi bei der Dimensionierung des LDS (12.000 Wortverbindungen) ziemlich richtig lag.

verschiedene Grade der Übersetzungsäquivalenz unterschieden. Obwohl Gläser und Glaap in ihren Erörterungen jeweils etwas differenzierter vorgehen, soll für unsere Zwecke eine dreistufige Kategorisierung ausreichend sein. Wir wollen *vollständige*, *partielle* und *fehlende* Äquivalenz zwischen deutschen Idiomen und ihren englischen Entsprechungen unterscheiden. Im Interesse einer besseren Vergleichbarkeit sowohl der Idiome untereinander als auch zwischen Idiomen und Kollokationen beschränken wir uns bei unserer Betrachtung von Beispielen auf Verbindungen des Strukturtyps V+N (engl.) bzw. N+V (dt.). Bezogen auf diesen Strukturtyp lassen sich die drei genannten Äquivalenztypen wie folgt bestimmen (A = Ausgangssprache (Deutsch), Z = Zielsprache (Englisch)):

1. vollständige Äquivalenz: $N_A = N_Z$
   $V_A = V_Z$
2. partielle Äquivalenz: a) $N_A = N_Z$
   $V_A \neq V_Z$
   b) $N_A \neq N_Z$
   $V_A = V_Z$
3. fehlende Äquivalenz: $N_A \neq N_Z$
   $V_A \neq V_Z$

Beispiele für Idiome der unterschiedlichen Äquivalenzarten finden sich in Tab. 2 (S. 110).

Analysieren wir deutsche und englische *Kollokationen* des fraglichen Strukturtyps hinsichtlich ihrer Äquivalenz, so zeigt sich folgendes Ergebnis:
1. Vollständige Äquivalenz bei Kollokationen ist zweifellos vorhanden; Beispiele finden sich in (50).
2. Auch partielle Äquivalenz findet sich bei Kollokationen; allerdings offenbar nur in einer der beiden in Tab. 2 für Idiome unterschiedenen Formen: Die Beispiele in (51) illustrieren den Fall a) ($N_A = N_Z$; $V_A \neq V_Z$).
3. Fälle von fehlender Äquivalenz bei Kollokationen dürfte es u.E. prinzipiell nicht geben. Einander von der Bedeutung her entsprechende V+N-Verbindungen zweier Sprachen, bei denen $N_A \neq N_Z$ und $V_A \neq V_Z$ gilt, wären wohl nicht mehr als Kollokationen zu betrachten, sondern als Idiome.

(50)	Briefmarken sammeln	– collect stamps
	die Geduld verlieren	– lose patience
	die Gelegenheit ergreifen	– seize the opportunity
	das Gesetz brechen	– break the law
	Kontrolle ausüben	– exercise control
	eine Lüge verbreiten	– spread a lie
	einen Schluß ziehen	– draw a conclusion
	ein Taxi rufen	– call a taxi
	Verantwortung tragen	– bear responsibility
	ein Versprechen brechen	– break a promise

(51)	eine Drohung wahrmachen	– fulfill a threat (*make ... true)
	einen Eid brechen	– violate an oath (*break)
	ein Foto machen	– take a photograph (*make)
	ein Kompliment machen	– pay a compliment (*make)
	Pilze sammeln	– pick mushrooms (*collect)
	eine Rede halten	– make a speech (*hold)
	Sahne schlagen	– whip cream (*beat)
	Tagebuch führen	– keep a diary (*lead)
	ein Versprechen halten	– keep a promise (*hold)
	die Wahrheit sagen	– tell the truth (*say)

Bei einer fremdsprachendidaktischen Interpretation dieses Befundes ist es nützlich, die Dinge aus der Lernerperspektive zu betrachten. Studien zum Transferverhalten im Rahmen der Zweitsprachenerwerbsforschung (Kellermann 1977, 1978) haben gezeigt, daß Lerner offenbar mit einer *Hypothese der Nicht-Transferierbarkeit* operieren, wenn es um *idiomatische* Ausdrucksweisen geht. Kellermann (1977) legte niederländischen Englischstudierenden englische Übersetzungen von "picturesque Dutch idioms" vor: "What happened was that students tended to reject such translations as not being good English, irrespective of whether these idioms existed in English or not" (Kellermann 1978: 61). Idiome werden offensichtlich generell als sprachspezifisch angesehen; Lernerreaktionen auf (wörtlich) in die Fremdsprache übersetzte Idiome beschreibt Kellermann (1978: 62) so: "Typically, they are described in such terms as 'silly', 'ridiculous', or more interestingly 'too Dutch', 'impossible in English' or greeted with hoots of laughter".

Vollständige Äquivalenz (völlige Entsprechung in der Ausgangs- und Zielsprache) $N_A = N_Z$ $V_A = V_Z$	sich die Augen ausweinen	– cry one's eyes out
	den Bann brechen	– break the spell
	das Eis brechen	– break the ice
	den Faden verlieren	– lose the thread
	sich die Finger verbrennen	– burn one's fingers
	den Kopf verlieren	– lose one's head
	sein Kreuz tragen	– bear one's cross
	die Show stehlen	– steal the show
	eine Szene machen	– make a scene
	seine Wunden lecken	– lick one's wounds
Partielle Äquivalenz (teilweise Entsprechung in Ausgangs- und Zielsprache) a) $N_A = N_Z$ $V_A \neq V_Z$ b) $N_A \neq N_Z$ $V_A = V_Z$	a) ein Auge *zudrücken*	– *turn* a blind eye
	eine Attacke *reiten*	– *mount* an attack
	alle Brücken *abbrechen*	– *burn* one's bridges
	alte Geschichten *aufwärmen*	– *rake up* old stories
	seine Spuren *verwischen*	– *cover* one's track
	b) den *Anschluß* verpassen	– miss the *bus*
	den *Braten* riechen	– smell a *rat*
	die *Feuerprobe* bestehen	– pass the *acid-test*
	seine *Lunge* schonen	– save one's *breath*
	die *Zelte* abbrechen	– break *camp*
Fehlende Äquivalenz (keine Entsprechung der Ausdrücke in Ausgangs- und Zielsprache) $N_A \neq N_Z$ $V_A \neq V_Z$	den Ausschlag geben	– {tip / turn} the {balance / scale(s)}
	ins Fettnäpfchen treten	– drop a brick
	sich die Füße vertreten	– stretch one's legs
	die Kurve kriegen	– {take the plunge / make the grade}
	eine Lippe riskieren	– {trail one's coat / stick one's neck out}
	ein Machtwort sprechen	– {put one's foot down / lay down the law}
	Phrasen dreschen	– mouth platitudes
	{das Regiment führen / den Ton angeben}	– rule the roost
	Süßholz raspeln	– whisper sweet nothings
	die Suppe auslöffeln	– {take the rap / carry the can}

Tab. 2: Äquivalenztypen bei Idiomen

Insofern kann eine kontrastive Analyse im Falle von Idiomen nicht dazu beitragen, solche Idiome zu identifizieren, die besonderer Aufmerksamkeit im Unterricht bedürfen: Fälle von fehlender oder partieller Äquivalenz müssen thematisiert werden gerade wegen ihrer Unterschiede in der Form; Fälle von vollständiger Äquivalenz müssen thematisiert werden, weil Lerner solche Übereinstimmungen nicht erwarten und manchmal kaum glauben wollen. Ganz anders jedoch bei den Kollokationen: Wie die Vielzahl von Interferenzfehlern zeigt, arbeiten Lerner bei Kollokationen offenbar mit einer *Hypothese der Transferierbarkeit.* Eine solche Hypothese führt in Fällen der vollständigen Äquivalenz zu positivem Transfer und damit korrekten Zielsprachenproduktionen; um diese Fälle braucht sich der Unterricht nicht besonders zu kümmern. Gezielte Unterrichtsarbeit dagegen ist dort erforderlich, wo lediglich partielle Äquivalenz vorliegt und wo die Fehlergefahr daher besonders groß ist. Eine deutsch-englische kontrastive Analyse lexikalischer Kollokationen würde es daher gestatten, diejenigen herauszukristallisieren, die (für deutsche Lerner des Englischen) potentiell zu Interferenzfehlern führen könnten. Nur diese Untermenge der englischen lexikalischen Kollokationen käme für eine spezielle unterrichtliche Behandlung in Frage. Sie würde die Basis für noch zu erstellende Unterrichtsmaterialien für eine gezielte "Wortschatzarbeit unter dem Gesichtspunkt der Kollokation" im Englischunterricht darstellen. Bei den genannten Unterrichtsmaterialien ist in erster Linie an ein differenziertes Angebot an Kollokationsübungen sowie an ein Lernwörterbuch der (lexikalischen) Kollokationen zu denken (vgl. oben, Abschnitte 4.2.2 und 4.2.3).

4.3 Vorschläge zur Methodik der Kollokationsschulung

4.3.1 Kollokationsschulung bei der Arbeit mit dem Lehrwerk

4.3.1.1 Die Berücksichtigung von Kollokationen im Wörterverzeichnis des Lehrbuchs

In welcher Weise kollokationale Aspekte des Wortschatzlernens in Wörterverzeichnissen neuerer Lehrwerke berücksichtigt werden, soll am Beispiel von Band B5 des Lehrwerks *English G. Neue Ausgabe* geprüft werden. Das Wörterverzeichnis des Lehrbuchs ist dreispaltig angelegt; in der linken Spalte findet sich das englische Wort, in der mittleren Spalte die deutsche Übersetzung, die rechte Spalte enthält Beispielsätze für die typische Verwendung eines Wortes bzw. dessen Definition. Unterbrochen wird der lektionsweise angeordnete Wortschatz gelegentlich von Übersichtskästen, die "Wort- und Sachfelder, kontrastive Wortschatzhinweise und grammatisch orientierte Zusammenstellungen enthalten, die gezielt auf Lernschwierigkeiten hinweisen bzw. als Ausgangspunkt für Wiederholungsübungen dienen können" (Lehrerhandbuch zu *English G, B5, Neue Ausgabe*, S. 10).

Eine Analyse zeigt, daß Kollokationsaspekte in mehrfacher Weise berücksichtigt werden:

1. Die linke Spalte verzeichnet nicht nur Einzellexeme, sondern auch Kollokationen. Beispiele hierfür enthält die Auflistung in (52).

(52) *Unit 1:* give a talk, gain experience, send/give your love to sb.
Unit 2: start school, make a decision, have a word with sb.
Unit 3: give sb. a hand, put out one's hand, take/run a risk
Unit 4: make up one's mind, set fire to
Unit 5: do sb. harm
Unit 6: do business, blow one's horn, pass the time

2. In noch stärkerem Maße werden die zu lernenden Lexeme mit ihren Kollokationspartnern in der rechten Spalte berücksichtigt, wo sie in typischen Beispielsätzen erscheinen. Hier finden sich im analysierten Lehrwerksband u.a. die Beispiele in (53)[49].

(53) Unit 1:
We mustn't *lose contact* when you go back to Germany.
Sarah *took the opportunity* of improving her French.
Haven't you *received* my *letter* yet?
I'm not going to wear anything special, just my *ordinary clothes.*

Unit 2:
Tom has got some *strange ways.*
During the test there must be *complete silence.*

Unit 3:
Let's cross the *river* here. It's not very *wide* at this point.
The garage is *carrying out repairs.*
He's *changed radically.*
Which *football team* do you *support*?
What's the *total number* of books sold?
It's *totally wrong.*
Linda Stewart and her father had a *terrible argument* yesterday.
There are *strong arguments* for and against your suggestion.
Don't *tell lies.*
There's been some *awful misunderstanding.*
Banks *scored* two *goals* for Everton in today's match.

---

[49] Im Wörterverzeichnis sind die Kollokationen *nicht* durch Kursivdruck hervorgehoben.

The man was so annoyed that he *shouted abuse* at the shop assistant.
The bank robber *wore* a *mask*, so nobody could see his face.

Unit 4:
Please ask me if you *require* any *help*, sir.
Diana didn't get the job, as she didn't have the *right qualifications*.
Do you know how to *operate* this *computer*?
Manual work is work you do with your hands.
Jim has a *full-time job*.
Jim *performed* the *task* very well.
Although we often speak French at home, English is my *native language*.
I am an English *native speaker*.
You'll have to *look* the *meaning up* in a dictionary.
Margaret Thatcher was the first woman who became the leader of a *political party* in Britain.
What's the *exact size* of West Germany?
Have you *packed* your *bag*?
The *car broke down*, so they had to go home by bus.
Tom couldn't *keep* his *appointment*, because he was ill.
I've *made* you a doctor's *appointment* for three o'clock.

Unit 5:
Poland has a lot of *economic problems*.
Here's the *phone number*. Can you *dial* it for me?

Unit 6:
Do you have a *special technique*?
This science magazine gives you useful information on the latest *scientific developments*.
The book is very difficult to understand because it's full of *technical language*.
The film tried to explain the *essential difference* between the political systems of East and West Germany.
I'll *do* a *deal* with you.
The *fire* quickly *spread* to all parts of the building.
The memory is the part of a computer that *stores information*.
Simon comes from Manchester. He speaks English with the *regional accent*.
I know you're very angry, but you don't have to use *offensive language*.
Is it necessary to *book* a hotel *room* in Rome?
The Conservative Party *held* its party *conference* in Brighton.
Jill can *think logically*.

3. In der mittleren Spalte des Wörterverzeichnisses werden gelegentlich im Zusammenhang mit der deutschen Übersetzung Hinweise auf mögliche Kollokationspartner der neuen Vokabeln gegeben. Dies erfolgt in Anlehnung an die

Konventionen in zweisprachigen Wörterbüchern durch einen Klammerzusatz, der in Kursivdruck typische Substantivbasen zu den Verb- bzw. Adjektivkollokatoren angibt (vgl. Beispiele in (54)).

(54)	attend	–	besuchen, teilnehmen an (*Kurs, Schule usw.*)
	join	–	sich anschließen; mitmachen bei, eintreten in (*einen Klub usw.*)
	achieve	–	(*Ziel*) erreichen
	solve	–	lösen (*Aufgabe, Problem*)
	spoil	–	verderben, verschandeln; verwöhnen, verziehen (*Kinder*)
	perform	–	ausführen, erfüllen (*Aufgabe, Pflicht*); auf-, vorführen
	steady	–	ruhig (*Hand, Nerven*)
	flat	–	leer (*Batterie*)
	complete	–	(*Formular*) ausfüllen
	fluent	–	fließend, flüssig (*Sprache, Vortrag*)
	take off	–	starten, abheben (*Flugzeug*)
	heavy	–	dicht (*Verkehr*)

4. Unter den eingangs erwähnten Übersichtskästen finden sich auch solche, die für das Kollokationslernen relevant sind. Im Band B5 sind dies u.a. die Kästen "experience" (55), "Talking about school" (56). Wie an vielen anderen Stellen im Wörterverzeichnis wird auch in den Übersichtskästen durch ein rotes Warndreieck mit Ausrufungszeichen auf besondere Lernschwierigkeiten hingewiesen. In (55) und (56) wird versucht, erwartbaren Kollokationsfehlern (**make experiences*, **good/bad notes*) vorzubeugen.

(55) **experience**

It's important for young people to **gain experience** abroad.	Es ist wichtig für junge Leute, im Ausland **Erfahrungen zu machen/zu sammeln**.
I haven't had much experience with computers.	**Ich habe nicht viel Erfahrung** mit Computern.
⚠ *Never*: (to) ~~make experiences~~ for „Erfahrungen machen“	
In my experience it takes much longer.	
I know from experience that they'll be late.	**Nach meiner Erfahrung** dauert es viel länger.
I had a lot of interesting **experiences** in Africa.	**Ich weiß aus Erfahrung**, daß ...
I had a strange **experience** recently.	Ich **hatte** viele interessante **Erlebnisse** in Afrika.
(to) **experience** sth. = etwas erleben, etwas kennenlernen:	Ich **hatte** vor kurzem ein seltsames **Erlebnis**.
It was a chance to **experience** working conditions in Germany.	Es war eine Gelegenheit, die Arbeitsbedingungen in Deutschland **kennenzulernen**.

(56) **Talking about school**

(to) start school at (the age of) ...	mit ... (Jahren) eingeschult werden
(to) leave school at (the age of) ...	mit ... (Jahren) von der Schule abgehen
(to) **remain/stay (on) at school**	auf der Schule bleiben, weiter zur Schule gehen
(to) **go to primary school** for ... years	... Jahre zur Grundschule gehen
(to) **go** (from primary school) **on to** comprehensive school / *Realschule*	(von der Grundschule) auf die Gesamtschule/ Realschule wechseln/kommen
(to) have to **repeat a year**	sitzenbleiben
(to) **prepare for a test/an exam**	sich auf eine Klassenarbeit/eine Prüfung vorbereiten
(to) **take an exam**/your **GCSE (exam)**/ your **A-levels**	eine Prüfung/das GCSE-Examen/das Abitur machen
(to) **do well/badly in a test**	bei einer Klassenarbeit gut/schlecht abschneiden
(to) **pass/fail an exam**	eine Prüfung bestehen/bei einer Prüfung durchfallen
(to) **get reports** twice/three times a year	zweimal/dreimal im Jahr Zeugnisse bekommen
(to) **get good/bad marks** (⚠ *not:* ~~notes~~)	gute / schlechte Noten / Zensuren bekommen

5. Durch das rote Warndreieck gekennzeichnete Warnungen vor Kollokationsfehlern bzw. ausdrückliche Hinweise auf (korrekte) Kollokationen finden sich gelegentlich auch in der rechten Spalte des Wörterverzeichnisses. Beispiele für diese Art der Kollokationsschulung sind in (57)[50] zusammengestellt.

(57)	speech	a formal talk given to a group of people; the way somebody speaks; spoken language ⚠ *eine Rede halten = (to) give a speech*
	(to) boil	I'll boil some water for a cup of tea. ⚠ (*to*) *boil* = (*Wasser, Eier, Reis*) kochen (*to*) *cook* = (*Essen*) kochen, zubereiten (*to*) *make tea/coffee* = Tee/Kaffee kochen
	(to) take off	We took off for London at 8 and landed there at 10.30 ⚠ *Never*: the plane ~~started~~

4.3.1.2 Estors *Vocab Sheets*

4.3.1.2.1 Vorstellung

Einen vergleichsweise detailliert ausgearbeiteten Vorschlag zum Wortschatzlernen unter dem Gesichtspunkt der Kollokation hat Estor (1989, 1993) vorge-

[50] In (57) ist die mittlere Spalte des Wörterverzeichnisses (dt. Übersetzung) nicht aufgeführt.

legt. In ihrem Zeitschriftenaufsatz von 1989 beklagt sie, daß die moderne Fremdsprachendidaktik noch immer davor zurückscheue, "dem Wortschatzlernen in Kollokationen seinen ebenbürtigen Platz neben dem grammatischen Lernen einzuräumen" (1989: 388). Mit den von ihr entwickelten *Vocab Sheets* soll ein kontextuell-vernetztes Wortschatzlernen möglich werden, das an die Stelle eines Lernens von Vokabellisten treten soll. Letzteres führe nur zu "Wörterkenntnis", diene jedoch nicht dem Spracherwerb. Bei den *Vocab Sheets* handelt es sich um eine neue Form der Aufbereitung des jeweiligen Wortschatzes einer Lehrbucheinheit. Die Prinzipien, nach denen solche *Vocab Sheets* zu erstellen sind, erläutert Estor (1989: 392) so:

In einem ersten Schritt werden diejenigen neuen Wörter der Lehrbucheinheit, die aktiv beherrscht werden sollen, mit ihren Kollokationspartnern bzw. in kurze Sätze eingebettet herausgeschrieben. Dieser Grundbestand des kontextualisierten Vokabulars sollte ggf. ergänzt werden durch solche nützlichen Ausdrücke der Einheit, bei denen zu vermuten ist, daß die Schüler sie nicht spontan idiomatisch formulieren können[51]. Sodann sind diese Sätze thematischen Einheiten bzw. Teilthemen zuzuordnen; dabei kann es sich um solche Themen handeln, die das Lehrbuch vorgibt, aber auch um andere. Auch nach dieser thematischen Zuordnung kann es sinnvoll sein, das vom Lehrbuch zur fraglichen *Unit* angebotene Material zu verändern, zu ergänzen oder anzureichern. Ein weiterer wichtiger Schritt besteht darin, die den Teilthemen zugeordneten Sätze in eine erkennbare und einsichtige logische Abfolge zu bringen, wobei verschiedene Ordnungsprinzipien angewendet werden können (Chronologie, räumlicher Aufbau, Hierarchie, Kausalität und dgl.). Während Estor (1989) ihre Vorschläge lediglich mit *einem* solchen *Vocab Sheet* illustrieren konnte, ist inzwischen eine vollständige Sammlung von *Vocab Sheets* zum Lehrwerk *English G, Neue Ausgabe B1-6* erschienen (Estor 1993). Zur Illustration sowie als Basis für unsere weiteren Erörterungen seien hier die *Vocab Sheet*-Sätze zur *Unit* 4 des Bandes B5 angeführt (vgl. (58))[52].

(58)
1 Have you decided what job you want to do?
2 Maybe I'll become a ***saleswoman/a salesman***.
3 I like to do *manual* work. I'm thinking of becoming a *carpenter*.
4 That's a safe job.
5 I'd (w____) like to become a bank ***clerk*** or an ***insurance clerk***.

---

51 Es geht Estor also nicht ausschließlich um Kollokationen, sondern darüber hinaus auch um andere "mit dem Deutschen interferierende Wendungen" (1989: 395); vgl. auch das Material im *Vocab Sheet*-Beispiel, unten (58).

52 In (58) sind lediglich die *Vocab-Sheet*-Sätze unter Beibehaltung von Kursiv- und Fettdruck sowie ihre Gruppierung wiedergegeben. Nicht wiedergegeben sind die übrige typographische Gestaltung der Blätter und die Illustrationen.

6 I'd prefer to work as a *civil servant.*
7 That would be my dream job, too.
8 Try to be ***realistic***, there aren't many places ***available***.
9 If I could I'd train to become a *lab* assistant or a *dental assistant* in a busy ***dentist's*** *practice*.
10 How about *specializing* to become a ***physiotherapist****?*
11 You can ***study*** for the necessary ***qualifications***.
12 Later you could work ***on your own*** and be *self–employed.*
13 I don't know. I'd prefer to be a *care assistant.*
14 I'm going to be a *fisherman.*
15 Then you'll always *stink* of dead fish.
16 I don't know ***exactly*** what I want to do after I leave school.
17 I can't ***make up my mind***.
18 If I can't find a ***suitable*** job I'll carry on with school.

19 At the careers ***service*** you can see which jobs are ***available*** and get advice about careers.
20 You can look at the job ***vacancies*** in the careers ***service*** office.
21 Or you can see a careers officer who advises you as to which job may be ***suitable*** for you.
22 They may also be able to find you a job as a *trainee* or as an ***apprentice***.
23 Somebody may even help you to write an ***application*** with full ***details***.
24 You can also apply for a job ***on your own***.

25 *Automation* and *high technology* have killed many old jobs, but have also created new ones.
26 Much ***unpleasant*** and heavy work is done by machines today.
27 People are needed to ***design***, produce and ***operate*** the machines.
28 Many jobs ***require*** very special ***abilities*** and ***qualifications***.
29 It's good to become a ***skilled*** worker.
30 Working on an assembly line is stressful and ***tiring***.
31 It may become *frustrating.*
32 It's still better than being ***unemployed***.

33 Emmeline and Cristabel Pankhurst fought for women's right to ***vote***.
34 They demonstrated at meetings of political ***parties***.
35 In 1908 Mrs Pankhurst was sent to prison for the first time.
36 Later the supporters *set fire* to public buildings.
37 When the First World War broke out, the demonstrations stopped.
38 In 1918 women over thirty were allowed to ***vote***.

39 Engineering is not only a man's job.
40 In this job you need ***steady*** fingers, because you have to ***perform delicate*** tasks.
41 For example, you must learn to put *wires* together through *welding.*
42 Girls *make* good engineers.
43 Yet ***employers*** are afraid to employ girls ***in case*** they leave to have babies.

44 It's difficult to change that kind of ***attitude***.
45 I'd love to discuss that with you.

46 What will work be like in the future?
47 There may be more and more *job sharing* and more *flexible* working hours.
48 More people will be able to choose between part-time and ***full-time*** work.
49 They might have to do *shift* work.
50 We must be able to react to a changing job situation.
51 We have to go on learning all our lives.

52 She had been *job hunting* for months.
53 Now she was selling rubber ***suits*** to people who had the money to go *surfing*.
54 She got into a terrible panic.
55 Her sister had simply ***packed*** her bags and had gone just ***in time***.
56 Was she too ***critical***?
57 Her parents had *decorated* her room only recently.
58 She had her own *stereo*, her own TV.
59 Nothing was missing. She had ***perfectly*** good home.
60 Yet ***somehow*** she didn't really want it.
61 In ***reality***, she wanted to know other people and places while she was still young.
62 Her parents discussed *the pros and cons*.
63 Finally they told her that they accepted that she had to ***grow up*** and do what she wanted to do.
64 She *hugged* her mother
65 Is her parent's ***reaction*** typical?

Unser *Vocab Sheet*-Beispiel besteht aus insgesamt 65 Sätzen[53]. Darin enthalten sind 42 verschiedene[54] Lexeme (in Kursiv- und Fettdruck), die in der fraglichen *Unit* zum aktiv zu beherrschenden neuen Wortschatz gehören. Durch die typographische Gestaltung der beiden Blätter sind sieben thematische Einheiten bzw. Teilthemen zu erkennen (Sätze 1-18, 19-24, 25-32, 33-38, 39-45, 46-51, 52-65), zu denen die Schüler möglichst selbständig passende Überschriften finden sollen (Estor 1989: 393, 1993: 5).

Zur Art und Weise, wie *Vocab Sheets* im Unterricht eingesetzt werden können, macht Estor (1989, 1993) eine Reihe von Vorschlägen.

---

[53] Für die Bände 1 und 2 liegt die Anzahl der Sätze pro Unit im Durchschnitt bei ca. 40, für die Bände 3 und 4 bei 60, für die Bände 5 und 6 knapp unter 70.

[54] Einige Elemente erscheinen aus inhaltlichen Gründen doppelt (*available* S. 8 + 19, *service* S. 19 + 20, *suitable* S. 18 + 21, *on your own* S. 12 + 24, *qualification* S. 11 + 28, *to vote* S. 33 + 38).

- Für den Zeitpunkt der Aushändigung der *Vocab Sheets* sowie für die Einführung des neuen Vokabulars (in Form von Kollokationen) sieht sie mehrere Möglichkeiten:
  - Ausgabe des vollständigen Blattes zu Beginn der Arbeit an einer neuen *Unit*; das jeweilige Teilvokabular wird nach und nach eingeführt, wobei die Schüler aber stets das Teilvokabular im inhaltlichen Kontext der Gesamtlektion vor Augen haben.
  - Schrittweise Ausgabe der Teilvokabularien (d.h. der thematisch geordneten Blöcke) und entsprechend schrittweise Einführung.
  - Zunächst nur mündliche Einführung des Vokabulars (auf 'traditionelle' Art) und danach Ausgabe der *Vocab Sheets.*

  Bei einer Einführung des Vokabulars auf der Basis der *Vocab Sheet*-Sätze sieht Estor den Vorteil, daß sich "manches Erklären bzw. Semantisieren seitens des Lehrers" erübrige (1989: 395), da der neue Wortschatz in eine leicht verständliche logische Abfolge von kurzen Sinnzusammenhängen eingebaut sei; dadurch könnten viele Wörter unmittelbar aus dem Kontext verstanden werden.
- Ein ganz wichtiger Arbeitsschritt nach der Einführung besteht darin, daß die Schüler – mit Hilfe der Lehrkraft – auf ihrem *Vocab Sheet* die neuen Wörter mit ihren jeweiligen Kollokationspartnern[55] farbig markieren. Dies bildet die Voraussetzung dafür, daß überhaupt ein "Wortschatzlernen durch Kollokationslernen" (Estor 1989: 388) erfolgen kann.
- Anschließend sollten die Schüler die farbig markierten Kollokationen auswendig lernen (1993: 8) und sowohl mündlich wie schriftlich üben. Hierzu schlägt Estor beispielsweise vor, die neuen Wörter herauszuschreiben, um dann aus dem Gedächtnis den Kollokationspartner hinzuzufügen. Ein ähnliches Verfahren ist beim Abfragen des Gelernten möglich; die Lehrkraft gibt entweder die Basis oder den Kollokator vor und die Schüler ergänzen entsprechend.

4.3.1.2.2 Analyse

In der folgenden Analyse wird geprüft, ob durch diese Aufbereitung des *Unit*-Vokabulars dem Kollokationslernen erkennbar besser gedient werden kann als durch die 'traditionelle' Präsentation im Vokabelteil des Lehrbuchs. Dabei gehen wir auf inhaltliche Aspekte, wie sie bei der thematischen Gruppierung des Vokabulars eine Rolle spielen, nicht weiter ein, sondern beschränken uns auf die Analyse der in den Sätzen vorkommenden Kollokationen; eine erste Frage

---

[55] Estor spricht von *Kernwörtern* und ihren *Kollokaten.*

dieser Analyse wäre etwa, welche Elemente von den Schülern farbig zu markieren wären.

Wenn wir von den Wendungen *on your own* (Satz 12 und 24), *make up my mind* (S. 17), *in case* (S. 43) sowie *in time* (S. 55) absehen[56], finden sich zu den dann 38 Lexemen des aktiven Wortschatzes in den Sätzen des *Vocab Sheet* die in (59) aufgelisteten Wortkombinationen[57].

(59)
1. become a *salesman* (2)
2. become a *clerk* (5)
3. be *realistic* (8)
4. places (aren't) *available* (8)
5. *dentist's* practice (9)
6. *study* for (11)
7. necessary *qualifications* (11)
8. know *exactly* (16)
9. a *suitable* job (18)
10. careers *service* (19)
11. job *vacancies* (20)
12. job as an *apprentice* (22)
13. write an *application* (23)
14. full *details* (23)
15. *unpleasant* work (26)
16. *design* machines (27)
17. *operate* machines (27)
18. *require* abilities (28)
19. special *abilities* (28)
20. *skilled* worker (29)
21. (working) is *tiring* (30)
22. being *unemployed* (32)
23. right to *vote* (33)
24. political *parties* (34)
25. *steady* fingers (40)
26. *perform* tasks (40)
27. *delicate* tasks (40)
28. *employers* ... employ (43)
29. change (that kind of) *attitude* (44)
30. *full-time* work (48)
31. rubber *suits* (53)
32. *packed* her bags (55)
33. too *critical* (56)

[56] Wir sind an der kollokationalen Einbettung von Einzellexemen interessiert.

[57] In (59) sind die (vermutlich) zu markierenden Wortkombinationen fortlaufend numeriert; bei den Zahlen in Klammern handelt es sich um die Satznummern des *Vocab Sheet*. Beide Numerierungen werden auch für Tab. 3 übernommen.

34. *perfectly* good (59)
35. yet *somehow* (60)
36. in *reality* (61)
37. had to *grow up* (63)
38. a *reaction* (is) typical (65)

Unter diesen 38 Wortkombinationen sind eine ganze Reihe von Elementen, die wir aus verschiedenen Gründen[58] von unserer weiteren Analyse ausschließen. Um Kollokationen im Sinne unserer Begriffsbestimmung (vgl. Abschnitt 3.1.3) handelt es sich daher bei den 21 Kombinationen aus Tab. 3 (S. 123). In Abschnitt 4.3.1.1 hatten wir gesehen, daß auch das Wörterverzeichnis die neuen Vokabeln mit ihren Kollokationspartnern im Satzkontext präsentiert. Tab. 3 stellt die Kollokationen des *Vocab Sheet* (linke Spalte) und des Wörterverzeichnisses (rechte Spalte) vergleichend gegenüber.

Um die 'kollokationale Qualität' von Estors Satzkontexten zu prüfen, haben wir in verschiedenen Kollokationswörterbüchern nach den Wortverbindungen aus Tab. 3, linke Spalte, gesucht; die mittlere Spalte gibt Auskunft darüber, welche der Verbindungen in welchem Kollokationswörterbuch verzeichnet sind[59]. Die Tabelle zeigt, daß Estor in 14 von 21 Fällen in der Tat solche Kollokationen der fraglichen Lexeme gewählt hat, die von einschlägigen Kollokationswörterbüchern verzeichnet werden. Daß sieben der Estorschen Kollokationen in den befragten Wörterbüchern nicht nachgewiesen werden konnten, bedeutet keineswegs, daß es sich um irrelevantes Lernmaterial handelt. Das Nichtverzeichnetsein der sieben Kombinationen ließe sich u.E. wie folgt erklären:

---

[58] Ausgeschlossen haben wir Komposita (z.B. 5. *dentist's practice*, 10. *careers service*, 11. *job vacancies*), Kombinationen aus *be* + Adj (z.B. 3. *be realistic*, 21. (*working*) *is tiring*, 22. *being unemployed*), *grammatical collocations* (z.B. 6. *study for*, 36. *in reality*), eindeutig freie Kombinationen (1. *become a salesman*, 2. *become a clerk*) sowie Unklassifzierbares (z.B. 12. *job as an apprentice*, 35. *yet somehow*, 37. *had to grow up*). – Generell können wir natürlich nicht davon ausgehen, daß die von uns identifizierten Kombinationen aus (59) in jedem Fall genau diejenigen sind, die Estor für eine farbige Markierung (und damit für die Kollokationsschulung) vorgesehen hat; wir meinen aber, daß es sich nur um vergleichsweise geringfügige Differenzen handeln kann, die die Ergebnisse unserer Analyse nicht wesentlich beeinträchtigen würden.

[59] Die Prüfung der Wortverbindungen von Tab. 3 auf ihren 'Kollokationsstatus' hin erfolgte in folgender Weise: In einem ersten Schritt wurden alle Verbindungen im BBI gesucht; dort fanden sich sieben der Kombinationen. Für die übrigen wurde in einem weiteren Schritt das DEWC geprüft; hier war die Suche bei drei Kombinationen erfolgreich. In einem dritten Schritt schließlich wurden wiederum die restlichen Kombinationen in SEC (*Selected English Collocations*) bzw. EAC (*English Adverbial Collocations*) gesucht; diese Suche war in weiteren vier Fällen erfolgreich.

- Bei *available + place*, *suitable + job*, *unpleasant + work*, *require + abilities* dürfte es sich eher um freie Kombinationen als um Kollokationen handeln.
- Bei *know + exactly* und *special + abilities* haben wir es vermutlich mit echten Lücken in den Wörterbüchern zu tun.
- Bei *steady + fingers* hat Estor eine unübliche Kollokation gewählt (vgl. das weitaus üblichere *steady hand* im Wörterverzeichnis).

Ein vergleichender Blick auf die rechte Spalte der Tab. 3 zeigt, daß die kollokationale Aufbereitung des Lektionswortschatzes auch im Wörterverzeichnis durchaus gelungen ist. (Warum wir dennoch die *Vocab Sheets* als notwendige und willkommene Ergänzung für die Wortschatzarbeit unter Kollokationsaspekten betrachten, wird unten begründet). Auch im Wörterverzeichnis finden sich 20 der 21 neuen Wörter in kollokationale Bezüge eingebunden. In vier der 20 Fälle ist die Kollokation des *Vocab Sheet* identisch mit derjenigen des Wörterverzeichnisses (*skilled + worker*, *political + party*, *perform + task*, *pack + bag*). Weitgehend gleichwertig sind die Kollokationen in weiteren sechs Fällen (*available + place/seat*, *necessary/right + qualification*, *design + machine/dress*, *operate + machine/computer*, *full-time + work/job*, *perfectly + good/happy*). Ein auffälliger Unterschied zwischen den Kollokationen des *Vocab Sheet* und des Wörterverzeichnisses zeigt sich in der Gegenüberstellung in (60). In fünf der 20 Fälle präsentiert das Wörterverzeichnis des Lehrbuchs die neuen Wörter in *grammatical collocations*, während das *Vocab Sheet lexical collocations* zeigt.

(60)	VOCAB SHEET	LEHRBUCH
	write + application	application + for
	full + details	in + detail
	special + abilities	ability + to
	change + attitude	attitude + towards
	typical + reaction	reaction + to

Schließlich sei ein kurzer vergleichender Blick auf die restlichen fünf Kollokationen geworfen:

- Daß *steady hand* (vs. *steady fingers*) die üblichere Kollokation ist, haben wir bereits oben festgestellt; in den großen Lernerwörterbüchern des Englischen findet sich s.v. *steady* nur *hand*, nicht jedoch *fingers* als Kollokationspartner.
- Die Kombinationsmöglichkeiten von *(un)pleasant* bzw. *require* mit Substantiven sind praktisch unbegrenzt, so daß wir es hier mit freien Kombinationen zu tun haben dürften.
- Bei den zu *delicate* gegebenen Substantiven (*task* vs. *child*) handelt es sich in beiden Fällen um relevante Kollokationspartner. Dies gilt in entsprechender Weise für die gegebenen Partner zu *exact* (*size*) bzw. *exactly* (*know*).

4. *available* + place (8)		available + seat
7. necessary + *qualification* (11)	BBI	right + qualification
8. know + *exactly* (16)		exact + size
9. *suitable* + job (18)		[1]
13. write + *application* (23)	DEWC	application + for
14. full + *details* (23)	DEWC	in + detail
15. *unpleasant* + work (26)		pleasant + evening[2]
16. *design* + machines (27)	DEWC	design + dress
17. *operate* + machines (27)	BBI	operate + computer
18. *require* + abilities (28)		require + help
19. special + *abilities* (28)		ability + to
20. *skilled* + worker (29)	BBI	skilled + metal worker
24. political + *party* (34)	BBI	political + party
25. *steady* + fingers (40)		steady + hand
26. *perform* + task (40)	BBI	perform + task
27. *delicate* + task (40)	BBI	delicate + child
29. change + *attitude* (44)	SEC[3]	attitude + towards
30. *full-time* + work (48)	SEC	full-time + job
32. *pack* + bag (55)	BBI	pack + bag
34. *perfectly* + good (59)	EAC	perfectly + happy[4]
38. typical + *reaction* (65)	SEC	reaction + to

[1] Im Wörterverzeichnis des Lehrbuchs ist *suitable* nicht kollokational eingebunden; der Satzkontext dort lautet: "What about this shirt for your girlfriend? – Oh no, she hates red. That's not suitable at all."
[2] Im Wörterverzeichnis werden *pleasant* und *unpleasant* gleichzeitig eingeführt: *(un)pleasant = (un)angenehm.*
[3] Im SEC ist *change + attitude* nicht als V+N-, sondern als N+V-Kollokation verzeichnet.
[4] Im Wörterverzeichnis werden *perfect* und *perfectly* gleichzeitig eingeführt; *perfect* findet sich dort auch in der Kollokation *perfect + weather.*

Tab. 3: Vergleich der Kollokationen im *Vocab Sheet* und im Wörterverzeichnis

Der Wert der *Vocab Sheets* für das Kollokationslernen läßt sich in folgenden Punkten zusammenfassen:

- Die Arbeit mit den *Vocab Sheets* dürfte generell zur Ausbildung eines "Kollokationsbewußtseins" bei den Schülern beitragen und damit eine der wesentlichen Voraussetzungen für das Kollokationslernen schaffen; nur wenn Kollokationen bewußt wahrgenommen werden, werden sie auch gelernt.
- Die *Vocab Sheets* bieten gegenüber dem Wörterverzeichnis des Lehrbuchs den 'technischen' Vorteil, daß sie den Wortschatz handlich, übersichtlich und

handhabbar aufbereitet zur Verfügung stellen. Hinzu kommt die Möglichkeit der eigenhändigen farblichen Hervorhebung der zentralen Lernaufgabe, was wegen der Mehrfachbenutzung beim Lehrbuch nicht möglich ist.

- Die *Vocab Sheets* machen das Wörterverzeichnis im Lehrbuch keineswegs überflüssig. Wie unser grober Überblick im Abschnitt 4.3.1.1 sowie unsere Detailanalyse der Tab. 3 gezeigt haben, steckt im Wörterverzeichnis ein erhebliches Potential für die Kollokationsarbeit; die Frage ist nur, ob dieses Potential von den Lehrkräften erkannt und genutzt wird.
- Die *Vocab Sheets* ergänzen das Wörterverzeichnis dadurch, daß die Schüler dem neuen Wortschatz in weiteren Kontexten bzw. weiteren Kollokationen begegnen. Auf die Ergänzung der *grammatical collocations* (im Wörterverzeichnis) durch die *lexical collocations* (auf dem *Vocab Sheet*) ist oben hingewiesen worden.

4.3.1.3 Vettels *Wordmaster*

In Abschnitt 1.2.3 hatten wir als einen der Indikatoren der Wortschatzwende das Erscheinen spezieller Wortschatz-*Workbooks* genannt und dabei auf die *Wordmaster*-Reihe zum Lehrwerk *English G Neue Ausgabe* hingewiesen. Im vorliegenden Abschnitt soll skizziert werden, welche Rolle in dieser Lehrwerkkomponente dem Kollokationslernen beigemessen wird. Dabei gehen wir exemplarisch wiederum auf das Heft zu Band B5 näher ein.

Die *Wordmaster*-Hefte dienen dem Ziel "Wörter lernen mit System" (vgl. Untertitel) und enthalten eine Vielzahl von Wortschatzübungen sowie Worträtsel, Wortspiele und Tips zum Wortschatzlernen. Der Stoff der Hefte orientiert sich an der Wortschatzprogression der zugehörigen Lehrbücher; darüberhinaus ist er wochenweise aufbereitet (im Heft B5 beispielsweise in "Words of the week" 1-26). Daß in den *Wordmaster*-Heften dem Kollokationslernen einiges Gewicht beigemessen wird, bringt Vettel (1993a: 3) zum Ausdruck, wenn er den Schülern den Sinn und Zweck von *Wordmaster* B5 wie folgt erläutert: "Er ist eine Hilfe, um die neuen Wörter des 5. Lernjahrs mit ihren *üblichen Wortverbindungen* (meine Hervorhebung – J. B.) an Satzbeispielen zu lernen und wiederholen".

Neben einigen Übungen, die speziell und ausdrücklich auf das Lernen von Kollokationen abheben (s.u.), finden sich naturgemäß solche Übungen, in denen auch (u.a.) Kollokationen geübt werden. Dazu gehören praktisch alle Übersetzungsübungen ("New words in context"), die jeweils am Beginn des Übungsstoffes für eine Woche stehen. Als Beispiele sind in (61)[60] einige Sätze angeführt, die zur *Unit* 4 (aus Band B5) gehören (vgl. oben, Abschnitt 4.3.1.2).

(61) Was waren seine genauen Worte?
(*exact + words*)
Er konstruierte einen Motor, der wenig Benzin verbraucht.
(*design + engine*)
Wir benötigen keine weitere Hilfe.
(*require + help*)
Meine Firma sucht noch Facharbeiter.
(*skilled + worker*)
Versuch deine Hand ruhig zu halten.
(*hand + steady*)

Des weiteren finden sich Kollokationen unter anderem in einer Übung wie (62) (*Wordmaster* B5, S. 45), wo z.B. die Kombinationen *cause + (serious) problems, pollute + (clean) rivers, cut down + trees* zu finden sind.

(62) From words to phrases

1.	cause	a)	in an earthquake	1. ___
2.	move	b)	the windows shut	2. ___
3.	prefer	c)	trees	3. ___
4.	use	d)	our environment	4. ___
5.	pollute	e)	polluted water	5. ___
6.	destroy	f)	the country to the town	6. ___
7.	keep	g)	unhealthy food	7. ___
8.	be killed	h)	water and soap	8. ___
9.	cut down	i)	clean rivers	9. ___
10.	live	j)	close to nature	10. ___
11.	drink	k)	serious problems	11. ___
12.	eat	l)	into the country	12. ___

Eine typische Kollokationsübung (vgl. auch unten, Abschnitt 5.2.1.2) ist (63) (*Wordmaster* B5, S. 36). Hier geht es darum, aus dem angebotenen Vorrat an Substantiven und Verben möglichst viele V+N-Kombinationen zusammenzustellen. Daneben findet sich eine ähnliche einfache Zuordnungsübung, in der es um die Kollokationspartner der Verben *do* und *make* geht (*Wordmaster* B5, S. 52). Hier ist aus einem Angebot von 29 Möglichkeiten zu wählen. Geübt werden dabei u.a. Kollokationen wie *do business, do a room, do the housework* und *make a mistake, make a speech, make a suggestion.* Schließlich sei noch ein

[60] In (61) geben wir die zu übersetzenden dt. Sätze sowie die erwarteten englischen Kollokationen wieder; letztere finden sich jedoch nicht in der Aufgabenstellung.

Beispiel für einen Übungstyp angeführt, bei dem es um das mündliche Üben von Kollokationen geht. Die Aufgabe in (64) (*Wordmaster* B5, S. 30) besteht darin, aus den gegebenen Konsonantengruppen (alle Vokale sind weggelassen) mögliche Kollokationspartner zu den Verben *work*, *attend*, *go* und *do* zu rekonstruieren. Für *attend* z.B. ergeben sich die Kollokationen *attend* + *course / meeting / concert / university / college / high school / classes*.

(63) Making collocations

Make as many collocations as possible by combining nouns or noun phrases with verbs. You'll certainly know more verbs than there are in the list. Add as many as you like. Make sure, however, that the combinations are common collocations. If you are not sure, ask your teacher or use a dictionary.

Example:

ein **Buch** aufschlagen / lesen / ausleihen / gern lesen ... open / read / borrow / enjoy reading a **book**

a book – a bottle – a box – a can – a crime – a criminal – a door – a fault – a gate – a hooligan – a letter – a meeting – a mistake – a murderer – a museum – a nice evening – a party – a robber – a smuggler – a thief – a window – all your money – books on a shelf – children under 6 – civil rights – cold drinks – customers – dinner – flowers – holidays – industry – a murder – the climate – the time playing cards – the truth – words

affect – arrange – be afraid of – commit – correct – have – open – spend – surprise – tell – ...

(64) Collocations: Fast reading game

WORK	fr a lrg frm – fr a gd cs – ll dy – fr £ 50 a wk – hrd
ATTEND	a crs – a mtng – a cncrt – nvrsty – cllg – hgh schl – clsss
GO	fr a wlk – fshng – t hsptl – t chrch – n hldy – n a jrny – dwn th strs – brd
DO	a fvr – wtht brkfst – yr hmwrk – th hswrk – vrythng n yr pwr – grt dmg

Oben hatten wir bereits erwähnt, daß die *Wordmaster*-Hefte neben Wortschatzübungen, Worträtseln und Wortspielen auch "Tips und Tricks" zum Wortschatzlernen enthalten. In *Wordmaster* B3 und B4 werden z.B. Anleitungen gegeben, wie Schüler selbst ein Wortschatzquiz bzw. ein Wortschatzrätsel herstellen können; in *Wordmaster* B5 finden sich darüberhinaus Hinweise zum Anlegen einer Wortschatzkartei. Welche Typen von Wortkarten dazu erstellt werden können, wird in *Wordmaster* B6 erläutert; hier finden sich auch Beispiele für *collocation cards* (vgl. (65) (*Wordmaster* B6, S. 67)). Außerdem weist Vettel (1994: 66) die Schüler ausdrücklich darauf hin, daß Kollokationslernen wichtig ist: "Kollokationen werden immer mehr als wichtige Bausteine für das Erlernen einer Sprache gesehen".

(65)

501 Collocation card – accept *(Vorderseite)*
1. dankbar / mit Freuden / gern **annehmen**
2. ein Geschenk / ausländisches Geld / Reiseschecks / ein Angebot **annehmen**
3. Die Verantwortung **übernehmen** / den Tadel *auf sich* **nehmen**
4. eine Erklärung **akzeptieren / sich** mit einer Erklärung **zufriedengeben / sie gelten lassen**
5. Sie **ließen** die Gründe für ihre Verspätung **gelten**.
6. Einwanderer **aufnehmen** / einen Bewerber **annehmen** / jn. als Kellnerin **annehmen / einstellen**

501	*(Rückseite)*
1. **accept**	with thanks / with pleasure / willingly
2. **accept**	a present / foreign money / traveller's cheques / an offer
3. **accept**	the responsibility / the blame
4. **accept**	an explanation
5.	They **accepted** her reasons for being late.
6. **accept**	immigrants / an applicant / sb. as a waiter

4.3.2 Kollokationsschulung bei der Textarbeit

In unserer ZWISCHENBILANZ zum Abschnitt 2.2.1 hatten wir u.a. festgestellt, daß der Arbeit an und mit Texten große Bedeutung für das Kollokationslernen zukommt. Mit Textarbeit ist hier jedoch nicht die bloße Lektüre und inhaltliche Rezeption von Texten gemeint, sondern ein bewußtes und formorientiertes Lesen[61]. Da Kollokationen aufgrund ihrer unauffälligen Üblichkeit (Hausmann 1984) bei der 'normalen' Lektüre vom Lerner nicht wahrgenommen werden, werden sie zwar meist verstanden, aber nicht für produktive Zwecke gelernt (vgl. oben, Abschnitt 4.1.2). Zöfgen (1989: 193) vermutet, daß die Ursache für

[61] Vgl. Börner (1986: 31).

das Gefälle zwischen rezeptiver und produktiver Kollokationskompetenz bei Fremdsprachenstudierenden u.a. "in der Fokusbildung auf ein ganz bestimmtes methodisches Prinzip liegt, bei dem Lesen immer auf den Gesamtsinn des Textes fixiert ist und dessen Wurzeln bis in eine frühe Phase des schulischen FUs zurückzuverfolgen sind". Er erörtert methodische Möglichkeiten der universitären Wortschatzarbeit und plädiert (1989: 187) für "selbstgesteuertes Wortschatzlernen"; dazu müßte in Lexikveranstaltungen u.a. auch die Vermittlung von Lerntechniken zum Gegenstand des Unterrichts gemacht werden. Als besonders wichtig stellt er dabei die Fähigkeit des Lerners zum "kollokationsentdeckenden Lesen" heraus, ohne jedoch selbst Vorschläge dazu zu machen, wie eine solche Arbeitstechnik konkret aussehen könnte.

Hauptziel des kollokationsentdeckenden Lesens ist die bewußte Aufmerksamkeitslenkung auf die in authentischen Texten vorhandenen Wortverbindungen. Konkrete Vorschläge für diese Technik der Wortschatzarbeit, die nicht nur im universitären Fremdsprachenunterricht anwendbar ist, sondern gleichermaßen in der Sekundarstufe II, stammen u.a. von Götz (1976a-b) und Kugler (1980) (vgl. unten). Beide demonstrieren ihre jeweiligen Vorgehensweisen an englischen Zeitungstexten. Ein Vorschlag für die Möglichkeit, literarische Texte[62] im Sinne des kollokationsentdeckenden Lesens zu nutzen, findet sich in Bahns/Sibilis (1992).

4.3.2.1 Götz

Im Zusammenhang mit seinen Ausführungen über *Stilistik und Idiomatik im Englischunterricht* stellt Götz (1976a-b) eine Lerntechnik vor, mit der fortgeschrittene Fremdsprachenlerner zu einer Verbesserung ihrer stilistischen Kompetenz (1976a: 29) bzw. ihrer Kollokationskompetenz gelangen können. Bei dieser "Stil-Lern-Methode" (1976a: 29), die offenbar sowohl für den Unterricht in der gymnasialen Oberstufe wie für den Selbstunterricht von Universitätsstudierenden fremdsprachlicher Fächer als geeignet angesehen wird, handelt es sich um eine bestimmte Technik hinsichtlich der Auswertung von authentischen Texten. So wie Götz die Methode skizziert, führt sie insbesondere zu einer Verbesserung des schriftlichen Gebrauchs der Fremdsprache; grundsätzlich sei sie jedoch – bei entsprechender Abwandlung – für alle Bereiche des Sprachwissens und -könnens anwendbar (1976b: 473).

Ausgangspunkt ist jeweils ein authentischer Text in der Zielsprache, der "als sprachliche Autorität" angesehen wird (1976b: 474). Bei dem Beispieltext (vgl.

---

[62] Vgl. auch Hackenbroch-Krafft/Schumann (1993), die erläutern, wie literarische Texte generell für die Wortschatzarbeit genutzt werden können; dabei legen sie u.a. Wert auf Übungen, "die die Aufmerksamkeit für Kollokationen schulen" (1993: 341).

(66); Götz 1976a: 30), an dem er die Methode illustriert, handelt es sich um einen Text aus der Kommentarkolumne des *Daily Telegraph* (aus dem Jahre 1973). Nachdem der fragliche Text rezipiert worden ist, sollte er mit der "Methode der 'spontanen Alternativformulierung' angegangen werden" (1976a: 30). Die Hauptaufgabe des Lerners besteht dabei darin, sich selbst zu fragen und zu prüfen, ob er das im vorliegenden Text Ausgedrückte ebenso hätte formulieren können oder ob er in der Lage gewesen wäre, den fraglichen Inhalt in einer Alternativformulierung wiederzugeben. "Ist eine Eigenformulierung nicht möglich, dann wird die betreffende Einheit exzerpiert[63], desgleichen, wenn eine abweichende Eigenformulierung möglich ist" (1976b: 474). So wird der Text in einer besonderen Weise auf seine sprachlich vorbildhaften Formulierungen hin analysiert, wodurch die Aufmerksamkeit insbesondere auf über das Einzelwort hinausgehende größere sprachliche Fügungen gelenkt wird. Aus dem Beispieltext hält Götz die Fügungen in (67) (1976a: 31) für notierenswert. Unter diesen exzerpierten Fügungen werden sich zweifelsohne stets eine ganze Reihe von lexikalischen Kollokationen finden – im vorliegenden Fall beispielsweise *doubt an assertion, issue a communiqué, deepen understanding and friendship, bland language (of a communiqué), mark an advance (from), include a section, call bluntly (for), challenge a position* u.a. Götz (1976a: 31) schlägt vor, die exzerpierten Fügungen in ein großformatiges Vokabelheft einzutragen und "in Abständen durchzulesen"; vom einmaligen Auswendiglernen rät er ab, da dies dazu verleite, die Dinge, die man sich auf diese Weise eingeprägt habe, als "erledigt" zu betrachten.

(66) STILL FRIENDS WITH PEKING

Despite the lack of much apparent progress over the question of Formosa, there is no reason to doubt the assertion in the joint communiqué issued yesterday after Dr Kissinger's visit to Peking. This said that the exchanges "have deepened understanding and friendship between the two peoples." On Formosa, officials travelling with Dr Kissinger, who is now in Tokyo, have been indicating that the bland language of the communiqué does in fact mark an advance from the communiqué issued after President Nixon's visit. This is true. The Nixon communiqué included a section in which China called bluntly for the removal of American forces from the island, and said its liberation was a matter in which no other country had a right to interfere.

The present one merely records that the United Stated "does not challenge" the position that all Chinese on either side of the Taiwan Strait maintain there is but one China and that Formosa is part of China. Normalisation of relations, said the Chinese, can be realised only on the basis of confirming

63 In Götz (1976a: 30/31) heißt es an dieser Stelle, die Ausgangsformulierungen seien *einzuprägen*; einzig sinnvoll ist natürlich beides – exzerpieren *und* einprägen.

this principle. Clearly, China would have legitimate grounds for concern if there were an immediate prospect of Formosa falling under Russian domination. Rather than that, Peking would probably rather have a continued American presence, though this could not be admitted.

(67) (much) apparent progress over the question of; no reason to doubt an assertion; issue a (joint) communiqué; this said that; deepen understanding and friendship between peoples; officials have been indicating that; bland language of a (political) communiqué; mark an advance from; include a section; call bluntly for; a matter in which no one has a right to interfere; (not) to challenge a position; maintain (that); normalisation of relations; realise something on the basis of; legitimate grounds for concern; immediate prospect of ...ing; Russian domination; Peking would probably rather have; this cannot be admitted.

4.3.2.2 Kugler

Gewisse Ähnlichkeiten mit dem Analyse- und Exzerpierverfahren von Götz weist die sog. *Headword Technique* (im folgenden: HT) auf, die Kugler (1980) in seinem Beitrag zur Wortschatz- und Textarbeit auf der Mittel- und Oberstufe (vgl. Untertitel des Aufsatzes) erläutert. Ziel des vorgestellten Verfahrens ist es, den lexikalischen Bestand der Textvorlagen für die Erweiterung des aktiven Wortschatzes der Schüler zu nutzen (1980: 48); die bisher gängige Praxis in dieser Hinsicht hält Kugler für äußerst unbefriedigend und ineffektiv[64].

Ausgangspunkt bei Kuglers HT ist ebenfalls der authentische nicht-annotierte Text; wie bei Götz handelt es sich bei dem Beispieltext, an dem Kugler sein Verfahren demonstriert, um einen Zeitungsartikel aus der englischsprachigen *quality press* (vgl. (68)[65]; Kugler 1980: 48/9). Die Schüler sollen durch das angewendete Verfahren dazu gebracht werden, die im Text vorhandenen Formulierungen bewußter wahrzunehmen, wodurch ein erster Schritt zur Memorierung getan ist.

---

[64] Diese Praxis beschreibt Kugler (1980: 48) wie folgt: "Der Text wird vorgelegt und gelesen; die unbekannten Wörter werden in der Fremdsprache erklärt; die Schüler notieren, meist unmittelbar auf dem Textblatt, nicht etwa die einsprachige Erklärung, sondern die deutsche Entsprechung; der Text wird zusammengefaßt, analysiert, interpretiert, diskutiert; ein Teil der Schüler aber ist aufgrund der mangelhaften Wortschatzarbeit nicht in der Lage, das Gespräch über die Vorlage auf einem dem Text angemessenen lexikalischen Niveau oder mit einem der Aufgabenstellung entsprechenden qualifikationsspezifischen Vokabular zu führen; die Textbesprechung wird abgeschlossen; die "neuen" Wörter sind, von wenigen Themabegriffen abgesehen, bald vergessen; der nächste Text wird ausgeteilt ...".

[65] Der Text stammt aus der *International Herald Tribune* vom 19. August 1977.

(68) "West Germans Debate Limits As Autobahn Death Rises / Earlier Curbs Expired In 1974

Faced with an increasing superhighway death rate on top of Europe's highest traffic toll, West Germans have reopened a sharp political debate. The question is whether the federal government should reimpose a speed limit on the vast network of autobahns as it did during the Middle East oil embargo four years ago.
While every other European country and the United States have maintained speed limits for both fuel conservation and safety, the Germans, in March 1974, dropped their temporary slowdown. Motorists are free to drive as fast as they dare on the busy autobahns except in areas posted with special limits. (...) 'German drivers are again driving as fast and as aggressively as they did before the oil crisis,' a popular magazine concluded recently. (...) Still, the most the government has proposed is a 60-mile-an-hour limit on local roads (...) The federal traffic experts wanted to reduce the local speed limit to 50 miles an hour but were afraid of antagonizing the powerful auto lobby, which had campaigned against the emergency speed limit of 1973 and 1974 with the slogan: 'Free citizens support free driving.' Traffic Minister Kurt Gscheidle said the government will consider imposing an autobahn speed limit following a current experiment with a 'recommended' maximum of 130 kilometres (78 miles) an hour."

Im Detail besteht die HT aus den folgenden Verfahrensschritten: Ein inhaltlich zentraler Begriff des fraglichen Textes wird als *headword* vorgegeben; dabei kann es sich um ein Substantiv oder um ein Verb handeln. Die Auswahl eines geeigneten *headword* obliegt zunächst der Lehrkraft; sobald die Lerner mit der Arbeitstechnik vertraut sind, sollten sie auch selbst in der Lage sein, geeignete *headwords* auszuwählen. Nach der Festlegung des *headword* erhalten die Schüler den Auftrag, aus dem Text diejenigen Wörter, Phrasen und größeren Satzteile herauszusuchen, die links bzw. rechts vom vorgegebenen *headword* stehen und die mit ihm – wie Kugler (1980: 49) es zunächst nennt – "textabhängige Wortverbände" bilden; später spricht Kugler dann mit Bezug auf die fraglichen Textelemente durchgängig von *Kollokationen*. Die von den Lernern auf diese Weise im Text "entdeckten" Kollokationen sollen anschließend in besonderer Weise zusammengestellt werden: Kugler schlägt vor, sie auf einem DIN A 4 Blatt im Querformat in Form einer Art mehrspaltiger Substitutionstafel festzuhalten (vgl. (69); Kugler 1980: 49).

Wie aus dem Beispiel ersichtlich, enthält die Aufstellung in ihrer zentralen Spalte (*headword*) nicht nur das für diesen Beispieltext ausgewählte *headword speed-limit*, sondern auch einige Synonyme und Antonyme (z.B. *curb*, *slowdown*, *free driving*). Die sich hier manifestierende paradigmatische Komponente (vertikale Dimension) ist in Kuglers HT zwar auch vorhanden; "sie tritt aller-

(69)

Verb	*Adj./Attrib.*	*Headword*	*Prepos. Phrase*	*Verb*	*Prepos. Phrase*
(re)impose	a	speed limit	on the (vast network of) autobahns		
			during the oil embargo crisis		
maintain		speed limits	for fuel conservation		
			for safety		
drop	a temporary	slowdown			
propose	a 60-mile-an-hour	limit	on local roads		
reduce	the local	speed limit	to 50 m.p.h		
campaign against	the emergency	speed limit	with the slogan ...		
	a recommended	maximum	of 130 km-per-hour	(is to) go into effect	in (May)
				take effect	on (May 1)
	earlier	curbs		expired	
support		free driving			

dings an die zweite Funktionsstelle", da die Methode in erster Linie die Aufgabe hat, "Wortverbindungen auf der Kollokationsebene zusammenzustellen" (1980: 51). Dabei handelt es sich vorwiegend um die Strukturtypen V+N (*impose* + *speed limit*), N+V (*speed limit* + *expire*), Adj+N (*temporary* + *speed limit*) (1980: 49).

Über die Technik des Exzerpierens von sprachlich interessantem Material hinaus geht Kugler auch auf einige Lerntechniken ein, die der Lerner bei seiner Arbeit mit Aufstellungen wie (69) anwenden könnte. Hier schlägt er das Abdecken verschiedener Spalten vor, wobei die Aufgabe für den Lerner dann darin besteht, die abgedeckten Elemente auf der Basis der sichtbaren Kollokationspartner zu rekonstruieren. So käme z.B. das Abdecken der Verbspalte links[66] vom Substantiv der Frage nach den Verben gleich, die das Substantiv als Objekt haben können.

Zusätzlich skizziert Kugler noch einige mögliche Aufgaben- und Frageformen für Tests, Übungsarbeiten und Klausuren. Hier scheinen ihm besonders Lückentexte zur Überprüfung der Lernleistung geeignet zu sein. Daneben nennt Kugler als weitere mögliche Aufgabenstellung die direkte Frage nach Kollokationspartnern eines vorgegebenen *headword*. Ist das *headword* ein Verb, könnte nach den mit ihm kollokierenden Objekten oder Adverbien gefragt werden; ist das *headword* ein Substantiv, bietet sich die Frage nach mit ihm kollokierenden Adjektiven an (1980: 50).

---

[66] Hier hat Kugler (1980: 50) offensichtlich rechts und links bzw. Objekt und Subjekt verwechselt, wenn er schreibt, daß das Abdecken der Verbspalte rechts vom Substantiv gleichzusetzen sei mit Fragen nach Verben, die das Substantiv als Objekt nehmen können. Die Verben, zu denen das *headword*-Substantiv *speed limit* Objekt sein kann (nämlich *(re)impose*, *maintain*, *drop*, etc.) stehen in der Tafel links vom *headword*.

5 Eine Typologie der Kollokationsübungen

In Abschnitt 4.2.3 hatten wir das Vorhandensein von umfangreichen und vielfältigen Übungsmaterialien als eine der Voraussetzungen für Fortschritte bei der fremdsprachlichen Kollokationsschulung genannt und anhand dreier Kollokationsübungsbücher einige charakteristische Typen und Formen von (schriftlichen) Kollokationsübungen vorgestellt. Innerhalb des vorliegenden Kapitels soll nun eine gewisse Systematisierung der Gestaltungsmöglichkeiten solcher Kollokationsübungen versucht werden[1]. Die vorgelegte Übungstypologie strebt keine Vollständigkeit an, sondern beschränkt sich auf den Kernbereich dessen, was an Übungsformen für eine *schriftliche* Bearbeitung vorgeschlagen worden ist.

Daß Kollokationsübungen auch zur *Überprüfung* von Kollokationskenntnissen eingesetzt werden können, ist einsichtig. Bahns (1993b: 36) skizziert darüber hinaus einige Möglichkeiten der *mündlichen* Überprüfung. Da wir auf solche mündlichen Formen der Übung bzw. Überprüfung von Kollokationskenntnissen im vorliegenden Kapitel nicht weiter eingehen, sei an dieser Stelle noch kurz auf einen Vorschlag für eine mündliche Kollokationsübung hingewiesen, die sich bei Korosadowicz-Strużyńska (1980: 117) findet und die dort "quick translation" genannt wird: Die Lehrkraft nennt in der L1 zuvor zusammengestellte Äquivalente von Kollokationen zu einem bestimmten Stichwort der Zielsprache. Die Schüler sollen möglichst spontan und automatisiert die entsprechenden Kollokationen zu den vorgegebenen L1-Äquivalenten in der Zielsprache nennen. Zur Illustration gibt die Autorin einige Wendungen mit dem Substantiv *walk* (*go for a walk*, *take a dog for a walk*, *have a walk*, *take a walk*, etc.). Auf der Basis der von der Lehrkraft genannten polnischen Entsprechungen sollen die Lerner mit den englischen Kollokationen antworten.

Kapitel 5 hat drei größere Abschnitte: In Abschnitt 5.1 werden einige Vorüberlegungen angestellt, die zum einen die terminologische Unterscheidung zwischen *Übung* und *Aufgabe* betreffen (Abschnitt 5.1.1), zum anderen die Typologie von Kollokationsübungen zu anderen Arten fremdsprachlicher Übungstypologien in Beziehung setzen (Abschnitt 5.1.2) und zum dritten begründen, warum wir eine Typologie von Kollokationsübungen für nützlich halten (Abschnitt 5.1.3). Abschnitt 5.2 präsentiert dann die mit vielen Beispielen illustrierte Übungstypologie, wobei zwei Grundtypen von Übungen unterschieden werden, nämlich *Zuordnungsübungen* (Abschnitt 5.2.1) und *Suchübungen*

[1] Dabei gehen wir hier weit über Bahns (1993c) hinaus; dort werden lediglich einige Übungsbeispiele präsentiert und nach den enthaltenen Strukturtypen geordnet.

(Abschnitt 5.2.2). Ausgewählte Aspekte einzelner Übungstypen werden in Abschnitt 5.3 aus didaktisch-methodischer Sicht diskutiert; dabei geht es um Möglichkeiten der Steuerung von Lösungen (Abschnitt 5.3.1), um Argumente für eine Begrenzung des Umfangs insbesondere von *Mehrfach-Zuordnungsübungen* (Abschnitt 5.3.2) sowie um die sinnvolle graphisch-formale Gestaltung von Kollokationsübungen (Abschnitt 5.3.3).

5.1 Vorüberlegungen

5.1.1 Übung *vs.* Aufgabe

Eine der Vorüberlegungen, die wir der hier beabsichtigten Typologie von Kollokationsübungen voranstellen wollen, ist einem eher kleineren terminologischen Problem gewidmet. Daß eine umfassende Theorie der Arbeits- und Übungsformen im fremdsprachlichen Unterricht sich in erheblichem Maße mit terminologischen Fragen befassen müßte, wird überall dort deutlich, wo erste Schritte in eine solche Richtung getan werden: So sieht sich beispielsweise Schwerdtfeger (1989: 187) genötigt, gleich zu Beginn ihres Überblicks über Arbeits- und Übungsformen klarzustellen, daß die im Sprachgebrauch der Fremdsprachendidaktik oft als Synonyme verwendeten Begriffe *Arbeitsform* und *Übungsform* nicht das gleiche bezeichnen. Recht drastisch beschreibt Segermann (1992: 1) die terminologischen Probleme, die bei der Erstellung einer Typologie des fremdsprachlichen Übens anzugehen sind:

> "Der Übungsbereich ist von jeher in Theorie und Praxis gleichermaßen vernachlässigt worden. In keinem fremdsprachendidaktischen Teilgebiet herrscht so viel terminologischer Wirrwarr – ein Spiegelbild der sachlichen Unklarheiten – wie hier".

Wir wollen und können hier nur auf einen Einzelaspekt dieses "terminologischen Wirrwarrs" eingehen. In der fremdsprachendidaktischen Literatur finden sich zwei Begriffe für die Aktivitäten, die Lerner im Rahmen des Übungsgeschehens ausführen, nämlich *Übung* und *Aufgabe*[2]. Neuner/Piepho (1994: 4) stellen bezüglich der Verwendung dieser beiden Begriffe in der deutsch- und englischsprachigen Fachliteratur eine "Unschärfe und zum Teil Widersprüchlichkeit" fest[3]. Es gibt allerdings hier und da Versuche, die beiden Begriffe

---

[2] Im Englischen wäre eine vergleichbare Unterscheidung durch das Begriffspaar *exercise* (Übung) und *task* (Aufgabe) gegeben.

[3] Beispiele, mit denen sich diese Feststellung illustrieren läßt, finden sich in einigen Kurztexten (Krumm 1994: 56) über Bücher zum Thema "Aufgaben und Übungsgeschehen", dem das Heft 10 der Zeitschrift *Fremdsprache Deutsch* gewidmet ist: Zum Buch von Neuner/Krüger/Grewer (1981) heißt es dort, diese "*Übungs*typolgie" zeige "an leicht auf eigene

Übung und *Aufgabe* zu differenzieren (z.B. Jenfu 1994; Neuner 1994); dabei wird unter *Übung* die Art von Lerneraktivität verstanden, die dem Memorieren sprachlicher Phänomene aus den Bereichen Grammatik, Wortschatz, Aussprache und dgl. dient. Übungen lassen sich als *eindimensional* (Jenfu 1994: 14) charakterisieren, da in ihnen meist nur ein bestimmter Aspekt (z.B. die Anwendung einer bestimmten Regel) geübt wird; sie schaffen in gewissem Sinne erst die Voraussetzungen für die Bewältigung von *Aufgaben*. Aufgaben sind *mehrdimensionale* Aktivitäten, bei deren Bearbeitung sprachliche, inhaltliche, pragmatische und interkulturelle Kompetenzen zusammenwirken müssen. Aufgaben dienen der Entwicklung und Verbesserung der kommunikativen Kompetenz in ihrer ganzen Komplexität. Nodari (1994: 39) sieht den wesentlichen Unterschied zwischen Aufgaben und Übungen darin, daß für erstere kein einheitliches oder "richtiges" Resultat erwartet werden könne, da für die Lerner beim Bearbeiten von Aufgaben unterschiedliche Herangehens- und Vorgehensweisen möglich seien. Übungen dagegen werden nach einer bestimmten, meist vorgegebenen Vorgehensweise bearbeitet (Jenfu 1994: 14); bei ihnen ist normalerweise eine Entscheidung möglich, ob die gefundene Lösung *richtig* oder *falsch* ist.

Im Sinne dieser terminologischen Differenzierung wären die in Abschnitt 5.2 vorgestellten Lerneraktivitäten als *Übungen* zu bezeichnen, da sie dem Memorieren eines einzelnen sprachlichen Aspektes dienen, nämlich dem Memorieren von Kollokationen. Außerdem ist bei der überwiegenden Mehrzahl von Kollokationsübungen eine Entscheidung über richtig oder falsch möglich. Dies gilt nicht nur für die *Zuordnungsübungen*, sondern ebenso für die *Suchübungen* (vgl. unten), wobei bei letzteren allerdings mit der Möglichkeit mehrerer richtiger Lösungen gerechnet werden muß.

Doch trotz dieser recht eindeutigen Zuordnung der in 5.2 präsentierten Lerneraktivitäten zur Gruppe der Übungen werden wir gelegentlich von *Aufgaben* reden, und zwar vornehmlich aus Gründen der stilistischen Variation. Außerdem benutzen wir *Aufgabe* im Sinne von *Aufgabenstellung*: So kann bei einer bestimmten Übungsform (wie etwa der Suchübung) die Aufgabe darin bestehen, zu einem gegebenen Kollokationsbestandteil ein passendes Partnerelement zu suchen.

Lehrmaterialien zu übertragenden *Aufgaben*mustern", "wie der Aufbau von Kommunikationsfähigkeit ... durch systematisches Üben entwickelt werden kann". Im Zusammenhang mit der Vorstellung des Buches von Doyé (1988) spricht Krumm davon, daß "jede Testaufgabe ja auch als *Übungsaufgabe* eingesetzt werden" könne (Hervorhebungen nicht im Original – J.B.).

5.1.2 Fremdsprachliche Übungstypologien

Es kann und soll nicht Aufgabe des vorliegenden Abschnittes sein, über die vielfältigen Ansätze zur Erstellung von Übungssystematiken bzw. Übungstypologien für den Fremdsprachenunterricht zu berichten[4]. Wir wollen hier lediglich die Typologie von Kollokationsübungen in den Kontext umfassenderer Systematisierungen stellen.

Fremdsprachliche Übungstypologien lassen sich u.E. auf der Basis ihrer Reichweite auf unterschiedlichen Stufen ansiedeln. Übungstypologien der *ersten Stufe* wären in diesem Verständnis solche Typologien, die das gesamte Übungsgeschehen im Fremdsprachenunterricht in den Blick nehmen. Als eine solche Typologie wäre beispielsweise die Systematik von Segermann (1992) anzusehen, die sich nicht auf ein einzelnes sprachliches Subsystem oder eine Fertigkeit beschränkt, sondern umfassend angelegt ist: Segermann behandelt insgesamt sieben Typengruppen, wobei es sich bei den Typengruppen 1-3 um "Übungen zur Festigung der sprachlichen Subsysteme" handelt, und die Typengruppen 4-7 den "Übungen zur Entwicklung der Kommunikationsfähigkeiten"[5] gewidmet sind. Im einzelnen handelt es sich dabei um die folgenden Typengruppen:

- Typengruppe 1: Klanggestalt und Schriftbild
- Typengruppe 2: Lexik
- Typengruppe 3: Morpho-Syntax
- Typengruppe 4: Hörverstehensfähigkeit
- Typengruppe 5: Leseverstehensfähigkeit
- Typengruppe 6: Gesprächsfähigkeit
- Typengruppe 7: Schriftliche Ausdrucksfähigkeit

Systematisierungsvorschläge, die sich auf *ein* sprachliches Subsystem bzw. auf *eine* sprachliche Fähigkeit oder Fertigkeit beschränken, könnten als Übungstypologien der *zweiten Stufe* betrachtet werden. Beispiele hierfür sind die Beiträge von Beile (1987) und Scherfer (1989), die sich auf den Bereich Lexik/Wortschatz konzentrieren; eine Typologie der Hörverstehensübungen findet sich in Ur (1984); ein Inventar von Übungsformen zum Leseverstehen präsentiert Stiefenhöfer (1989).

Da unser Interesse der Wortschatzarbeit gilt, gehen wir kurz auf die Typologien von Beile (1987) und Scherfer (1989) ein. Beile (1987: 65/66) erläutert und illustriert die folgenden 14 Typen von Wortschatzübungen anhand von Beispielen aus englischen Lehrwerken der Sekundarstufe I:

- Einsetzübung

---

4 Überblicke solcher Art finden sich u.a. in Beile (1979) und Segermann (1992).

5 Vgl. Inhaltsverzeichnis bei Segermann (1992).

- Zuordnungsübung
- Bildgesteuerte Übung
- Lernspiele: Kreuzworträtsel, Puzzlespiel, Quiz
- Übung zur Aussprache und Schreibweise
- Definitionsübung
- Übung zu Wortfamilie und Wortfeld
- Übung zu Wortrelationen: Antonym, Kompositum, Kollokation
- Kontrastive Übung
- Interlinguale Übung
- Übung zur metaphorischen Sprache
- Wortbildungsübung
- Wörterbuchübung
- Umschreibung bei Äquivalenzlosigkeit

Beiles Übungstypologie ist relativ einfach strukturiert, da alle 14 Typen auf der gleichen Ebene angesiedelt sind: Typen, deren Charakteristikum eine bestimmte Übungs*form* ist (Einsetzübung, Zuordnungsübung), stehen auf einer Ebene mit Typen, die über den sprachlichen Übungs*inhalt* definiert sind (Übung zu Wortfamilie und Wortfeld, Übung zur metaphorischen Sprache). Dies hat zur Folge, daß einzelne Übungen mehr als einem Typ zugerechnet werden können[6].

Eine etwas komplexere Typologie von Wortschatzübungen legt Scherfer (1989) vor. Er unterscheidet auf einer ersten Ebene die folgenden fünf Typen:

1. Das Memorieren zweisprachiger Vokabelgleichungen (Paarassoziationslernen)
2. Das Memorieren einsprachiger Vokabellisten
3. Das Memorieren der Vokabeln in typischen syntaktischen Kontexten
4. Kognitive Wortschatzübungen
5. Situativ-pragmatische Wortschatzübungen.

Bei 1.-3. handelt es sich nicht um Wortschatzübungen (im engeren Sinne), sondern um mögliche Arten des Einprägens. Zu Typ 5 macht Scherfer (1989: 185) weder nähere Angaben noch gibt er Beispiele; es wird lediglich festgestellt, daß in situativ-pragmatischen Wortschatzübungen "die Interrelation von kommunikativer Intention und Gesprächssituation" modelliert wird und daß die Schüler Entscheidungen darüber treffen, "welche Sprechhandlungen sie ausführen und in welche sprachliche Form sie diese jeweils kleiden wollen". Für die breite Palette von Übungen, die dem Typ 4 zuzurechnen sind, gibt Scherfer zwei mögliche Ordnungsgesichtspunkte vor, und zwar zum einen die *sprachwissen-*

[6] So ist Beiles Beispielübung (1987: 76) zu den stehenden Vergleichen (*as old as the hills, as black as night*) sowohl "Zuordnungsübung" als auch "Übung zu Wortrelationen: Antonym, Kompositum, Kollokation".

schaftliche Sicht und zum anderen die *gedächtnispsychologische* Sicht. Sprachwissenschaftliche Ordnungsprinzipien wären beispielsweise (1989: 194):

- Wortfamilie/morphologische Felder
- Homophonie/Homographie/Homonymie
- semantische Oppostitionen
- semantische Kontraste
- Hyponymie
- Synonymie
- Wortfelder
- Sachfelder
- stilistische Felder.

Aus gedächtnispsychologischer Sicht können Wortschatzübungen die folgenden Arten menschlichen Denkens erfordern und somit aktivieren:

- begrifflich abstrahierendes Denken
- taxonomisches Denken
- freisteigende oder gelenkte Assoziationen
- analogisches Denken
- schließendes Denken.

Wo in Scherfers Typologie die uns interessierenden Kollokationsübungen anzusiedeln wären, läßt sich nicht eindeutig festlegen; im Gegensatz zu Beile findet sich bei Scherfer das Stichwort *Kollokation* nicht. Syntagmatische Bezüge zwischen Wortschatzelementen werden allerdings beim "Memorieren der Vokabeln in typischen syntaktischen Kontexten" sowie – laut Scherfer – bei Übungen, die "schließendes Denken" aktivieren, berücksichtigt.

Unser kurzer Blick auf die Typologien von Beile und Scherfer hatte jedoch nicht das Ziel, diese auf Vollständigkeit zu prüfen; die Beiträge sollten lediglich als Beispiele für eine Typologie der zweiten Stufe dienen. Wenn wir uns im folgenden auf Kollokationsübungen konzentrieren, so bewegen wir uns auf einer *dritten Stufe*; Kollokationsübungen sind *ein* Typ von Wortschatzübungen, Wortschatzübungen sind *ein* Typ von fremdsprachlichen Übungen. Unsere Absicht in 5.2 ist es, die Vielfalt möglicher Formen von Kollokationsübungen zu demonstrieren; auf eine Unterscheidung zwischen Übungs*typ* und Übungs*form* verzichten wir dabei[7].

---

[7] Auf die terminologischen Probleme in diesem Bereich ist oben (Abschnitt 5.1.1) bereits hingewiesen worden; vgl. auch Schwerdtfeger (1989: 188): "Die Terminologie, mit der die Vorlagen bezeichnet werden, an denen sich Üben vollziehen soll, ist unscharf und widersprüchlich. Das Verständnis von *Übungsform*, *Übungstyp* und schließlich *Übungstypologie* wird von jedem Autor unterschiedlich gedeutet".

5.1.3 Der Nutzen einer Typologie der Kollokationsübungen

Bei einer Sichtung der vorhandenen Übungsmaterialien für das Kollokationslernen wird man feststellen, daß das Angebot bisher weder qualitativ noch quantitativ den Erfordernissen einer systematischen Kollokationsschulung im Englischunterricht entspricht. Daher ergibt sich als eine zentrale Forderung die Erarbeitung eines breiten Angebots von Übungsmaterialien für das Kollokationstraining, wobei auf eine möglichst große Vielfalt von Übungsformen zu achten ist. Die in Abschnitt 5.2 vorgelegte Typologie von Kollokationsübungen betrachten wir als eine Orientierungsmöglichkeit für potentielle Autoren von Übungsmaterialien; ihr Nutzen könnte u.E. darin bestehen, der Gefahr zu begegnen, daß durch ein zu monotones Angebot an Übungsformen eher Rückschritte als Fortschritte im kollokationalen Lernen im Englischunterricht eintreten.

Um die Gefahr der Monotonie im Übungsangebot deutlich zu machen, sei etwas ausführlicher auf die Übungsformen bei Breitkreuz (1989) und Flower/Berman (1989) eingegangen. Dabei muß jedoch betont werden, daß es sich sowohl bei Breitkreuz wie bei Flower/Berman generell um überaus verdienstvolle Beiträge zur Förderung der Wortschatzarbeit unter dem Gesichtspunkt der Kollokation handelt; Kritik ist lediglich im Hinblick auf die etwas eintönige Form der vorgeschlagenen Kollokationsübungen angebracht.

Wie in Abschnitt 2.2.3.3 dargestellt, bemüht sich Breitkreuz (1989) zunächst um eine Klärung der Begriffe *Kollokation* und *Kollokationsfeld* und erörtert dann Aspekte einer Methodik kollokationalen Lernens im Englischunterricht. Anschließend illustriert er seine Vorstellungen anhand eines speziellen Typs von Kollokationen, nämlich *group terms* (*a flock of sparrows*) und *collective nouns* (*a bundle of banknotes*). Dazu stellt er nicht nur einige sprachliche und fachdidaktische Überlegungen an, sondern macht auch ganz konkrete Vorschläge für Übungen zu diesem Kollokationstyp.

Breitkreuz präsentiert insgesamt sieben Übungen zum Training von Kollokationen des Strukturtyps N_1+of+N_2. Die ersten vier Übungen (1989: 63/64) befassen sich mit "animals in group collocations" (z.B. *a pack of wolves*), "people in group collocations" (z.B. *a panel of experts*), "concrete nouns in collective collocations" (z.B. *a block of flats*), und "abstract nouns in collective collocations" (z.B. *a chain of events*) und haben alle die Form wie (70).

(70) The order of the following group terms has been mixed up. Arrange them correctly according to their usual collocations.

a) a (school)	of elephants
b) a (herd)	of dolphins
c) a (flight)	of puppies
d) a (litter)	of birds
e) a (colony)	of partridges
f) a (covey)	of ants

Die Aufgabe besteht hier also in der korrekten *Zuordnung* der vorgegebenen Kollokationspartner. Bei den anderen drei Übungen zum gleichen Kollokationstyp geht es darum, *falsche* Kollokationen von *korrekten* zu unterscheiden. Bei zwei dieser Übungen ist die *Basis* gegeben und mehrere Kollokatoren stehen zur Auswahl (vgl. (71)); in der dritten Übung ist ein *Kollokator* gegeben, und drei Basen stehen zur Auswahl, von denen eine eine falsche Kollokation ergeben würde (z.B. *a swarm of* ... (*insects*, *hornets*, *trees*) – *a swarm of insects*, *a swarm of hornets* sind korrekt, **a swarm of trees* ist falsch).

(71) Which group terms or collective nouns collocate with the options in brakkets? Cross out the options which you think are wrong.

a) a ... of admirers (wave, circle, clique)
b) a ... of accidents (series, succession, fury)
c) a ... of air (breath, stream, tribute)
d) a ... of actors (cast, company, staff)
e) a ... of trouble (bucket, heap, load)
f) a ... of flowers (bunch, hand, spray)

Diese beiden von Breitkreuz vorgeschlagenen Übungstypen sind zweifellos geeignet für das kollokationale Lernen im Englischunterricht. Dennoch läßt sich fragen, ob nicht eine größere Vielfalt der Übungsformen nötig und möglich ist; für Breitkreuz (1989: 65) ist dies "mit Sicherheit" der Fall – welche Übungsformen dies sein könnten, erfahren wir von ihm jedoch bedauerlicherweise nicht.

Ebenso beschränkt wie bei Breitkreuz ist die formale Vielfalt der Kollokationsübungen in den drei Wortschatzübungsbüchern von Flower/Berman (1989). Die Bücher enthalten eine Vielzahl der verschiedensten Wortschatzübungen, von denen ein vergleichsweise großer Anteil von fast 20% den sog. *word partnerships* gewidmet ist. Bezogen auf das Gesamtspektrum der Übungen ist durchaus eine formale Vielfalt vorhanden; schaut man sich jedoch nur die Übungen zu den Kollokationen bzw. *word partnerships* an, so fällt die Eintönigkeit der Übungsform ins Auge – von den insgesamt 35 Übungen zu den *word partnerships* in den drei Bänden von *Build your vocabulary* weisen nicht weniger als 33 die Form auf, die wir schon bei vier der Breitkreuz-Übungen (vgl. (70)) kennengelernt haben: Gegeben sind jeweils eine gleiche Anzahl von Basen und Kollokatoren, die in passender Weise (1:1) einander zugeordnet werden müssen (vgl. (72); Flower/Berman Bd. 1, 1989: 74).

(72) Match the adjective on the left with a noun on the right. Use each word once only.

1. crowded	a. accident
2. dark	b. bed
3. deep	c. bus
4. fair	d. climate
5. fatal	e. cloud
6. flat	f. difficulty
7. great	g. food
8. mild	h. hair
9. single	i. river
10. tasty	j. tyre

Gefüllt wird diese Übungsform entweder mit Adj+N- oder V+N-Kombinationen. Eine leichte Variation erfährt die fragliche Form in zwei Fällen durch die Verbindung mit einer Übung zur Wortbildung; an der grundsätzlichen Form der 1:1-Zuordnungsübung ändert sich jedoch nichts (vgl. (73); Flower/Berman Bd. 2, 1989: 72).

(73) Form a verb from the noun or adjective on the left and write it in the space provided. Next match the verb you have formed with an appropriate noun on the right. Use each word once only.

1. computer	....	a. a kitchen
2. emphasis	....	b. a point
3. identity	....	c. a road
4. memory	....	d. a skirt
5. modern	....	e. the soup
6. pure	....	f. a system
7. short	....	g. a telephone number
8. thick	....	h. a thief
9. wide	....	i. water

Bei den beiden Übungen, die nicht 1:1-Zuordnungsübungen sind, handelt es sich zum einen um die Aufgabe, aus einer Menge von 16 vorgegebenen Adjektivkollokatoren diejenigen auszuwählen, die mit vier gegebenen Substantiven kombinierbar sind (vgl. (74); Flower/Berman Bd. 2, 1989: 83). Auch dies ist eine Zuordnungsaufgabe, wobei jedoch durch die Möglichkeit der Zuordnung mehrerer Kollokatoren zu einer Basis (*cool/fizzy/non-alcoholic/soft/strong + drink*) bzw. eines Kollokators zu mehreren Basen (*comfortable + car/cushion*; *soft + cushion/drink*) der Schwierigkeitsgrad deutlich höher liegt als bei der 1:1-Zuordnung.

(74) From the list below choose adjectives that can form common word partnerships with each of the nouns. In some cases an adjective can go with more than one noun. You do not have to fill every space provided.

bumpy	fast	main	sports
busy	fizzy	noisy	strong
comfortable	foam	non-alcoholic	vintage
cool	inflatable	soft	winding

1. car	2. cushion
....	....
....	....
....	....
....	....
....	....
3. drink	4. road
....	....
....	....
....	....
....	....
....	....

Zum anderen ist es eine Aufgabe, bei der es um einen Typ der *grammatical collocations* (im Sinne von Benson) geht. Zwölf Adjektive sollen mit der jeweils passenden von vier vorgegebenen Präpositionen kombiniert werden (z.B. *afraid + at*, *for*, *of* oder *to*); anschließend sind mit diesen Adj+Präp-Kombinationen zwölf Lückensätze zu ergänzen (vgl. Flower/Berman, Bd. 1, 1989: 60). Diese wenigen Variationen können jedoch den Eindruck der Monotonie hinsichtlich der Übungsformen von *Word-Partnerships*-Übungen bei Flower/Berman nicht verwischen – fast 95% der fraglichen Übungen sind kontextlose 1:1-Zuordnungsübungen. Daß es sich bei dieser Übungsform zweifellos um eine wichtige und zugleich typische Form der Kollokationsübung handelt, ist unbestreitbar; ebenso unbestreitbar dürfte aber sein, daß das Übungsangebot vielfältiger sein muß und sein kann. Dies soll im folgenden Abschnitt demonstriert werden.

5.2 Die Übungstypologie

In der im folgenden vorgestellten Typologie von Kollokationsübungen wird versucht, die wesentlichen Typen bzw. Formen von Übungen, die dem Kollokationslernen dienen, zu beschreiben und zu illustrieren. Dabei beschränken wir uns auf solche Übungen, die *ausschließlich* dem genannten Lernziel verpflichtet sind; die große Menge der Wortschatzübungen, die grundsätzlich einem anderen Lernziel dienen, in denen aber auch Kollokationen "mitgeübt" werden, kann hier nicht berücksichtigt werden. Zur Illustration sei jedoch ein Beispiel für eine solche Übung angeführt. Das eigentliche Lernziel in (75) (ENGLISH H4 Workbook, S. 46) ist – neben dem Einschleifen der Struktur *the* + Adj (Superlativ) + N + *I've ever* – das Training der *Past-Participle*-Formen der angegebenen sieben Verben; mitgeübt werden aber gleichzeitig V+N-Kollokationen wie *watch a football match*, *wear a coat*, *take photos*.

(75) Finish these sentences.
(Muster) This is the best dinner I've ever eaten.

1. This is the most exciting football match	drink
2. That's the loudest record	hear
3. This is the longest letter	read
4. It's the warmest coat	take
5. This is the best book	watch
6. This is the best wine	wear
7. These are the best photos	write

Eine weitere Einschränkung unserer Typologie beruht auf der Unterscheidung zwischen *kontextlosen* und *kontextualisierten* Kollokationsübungen; die Vielfalt der Übungsformen werden wir an kontextlosen Beispielen demonstrieren. Als *kontextlos* bezeichnen wir solche Übungen, in denen die zu trainierenden Kollokationen *nicht* in Satzkontexte eingebettet sind. Erste Illustrationen solcher kontextlosen Übungen waren sämtliche in 5.1.3 angeführten Beispiele aus Breitkreuz (1989) und Flower/Berman (1989) sowie die in Abschnitt 4.2.3.1.2 zitierten Übungen. Bei vielen der in Abschnitt 5.2 präsentierten Beispielen für kontextlose Übungen ist jedoch auch eine Einbindung in einen Satzkontext möglich. So können beispielsweise Adj+N-Kollokationen wie in (72) (Abschnitt 5.1.3) ohne weiteres in Sätze eingebettet werden – in (76) (Thomas 1989: 56) sind acht Lückensätze sowie acht Adjektive vorgegeben, mit denen die Lücken zu füllen sind, wobei sich die Wahl des Adjektivs nach dem auf die Lücken folgenden Substantiv richtet. Bei richtiger Lösung von (76) ergeben sich so beispielsweise Adj+N-Kollokationen wie *thin air*, *blank amazement*, *broad daylight*, *blind devotion*.

Kontextualisierte Übungen sind nicht nur in der Form der Zuordnungsübung möglich, bei der beide Kollokationsbestandteile vorgegeben sind und lediglich einander zugeordnet werden, sondern auch als Suchübung[8], bei der die in die Lücken einzusetzenden Kollokationsbestandteile selbständig gesucht werden müssen. In (77) (Benson/Benson/Ilson/Young 1991: 24) geht es um Adv+Adj-Kollokationen, wobei lediglich die in den Lückensätzen enthaltenen Adjektive vorgegeben sind, während passende Adverbien vom Lerner selbständig zu finden sind.

(76) Certain nouns are often preceded, in the same way as the adjectives above, by adjectives (or sometimes by nouns used as adjectives) to emphasize their completeness and convey the meaning of 'extreme' or 'total'. Put each word from the following list in its correct place in the sentences below.

thin	all-out	dire	blank
blind	bitter	rock	broad

(a) We'll never give up the struggle. We'll fight to the ________ end.
(b) He was never seen again. He just seemed to disappear into ________ air.
(c) Those starving people are in ________ need of food.
(d) I had last heard of her in Australia 20 years before. When she walked in, I looked at her in ________ amazement.
(e) Crime is very prevalent there. People are robbed in the street in ________ daylight.
(f) The fighting is escalating rapidly. Soon it will be ________ war.
(g) Prices have been falling rapidly. When they reach ________–bottom, I'll buy.
(h) His followers' attitude to him was nothing short of ________ devotion.

(77) Use the BBI to find an adverb that collocates with the adjectives in the following sentences.

1 These companies are __________ competitive with each other.
2 The Tokyo area is __________ populated.
3 They were __________ addicted to drugs. They needed help.
4 With her training and experience, she was __________ qualified for the position.
5 It is __________ cold this morning.
6 The ground was frozen __________.
7 When he came out of the shower, he was __________ wet.
8 We will do everything that is __________ possible.

8 Vgl. die beiden Haupttypen in den Abschnitten 5.2.1 bzw. 5.2.2.

9 Your discovery is a __________ interesting one.
10 He ran across the stage ________ naked.
11 My mother is a __________ educated woman.
12 You should be __________ ashamed of yourself.

Wie oben schon mehrfach angedeutet, werden wir zwei Haupttypen von (kontextlosen) Kollokationsübungen unterscheiden, nämlich *Zuordnungsübungen* (Abschnitt 5.2.1) und *Suchübungen* (Abschnitt 5.2.2). Eine weitere (auch terminologische) Differenzierung ist vornehmlich bei den Zuordnungsübungen sinnvoll und notwendig (vgl. dort).

5.2.1 Zuordnungsübungen

Da es sich bei Kollokationen – nach dem in dieser Arbeit zugrundegelegten Verständnis des Kollokationsbegriffes – um Zweierkombinationen handelt, ist die erste und quasi 'natürlichste' Übungsform für diesen Wortschatzbereich die *Zuordnungsübung*. In ihrer abstrakten Form ließe sich die Zuordnungsübung wie folgt beschreiben: Elemente der Klasse A (A_1 ... A_n) und Elemente der Klasse B (B_1 ... B_n) sind getrennt vorgegeben und müssen in korrekter Weise (A_1+B_1 ... A_n+B_n) einander zugeordnet bzw. miteinander kombiniert werden.

Grundsätzlich sind zwei Realisierungen der Zuordnungsübung denkbar, und zwar a) eine Form, bei der in den Klassen A und B jeweils eine *identische* Anzahl von Elementen vorgegeben ist und jedes Element mit *einem* und *nur einem* Partnerelement zu kombinieren ist; diese Form nennen wir *1:1-Zuordnungsübung* (vgl. Abschnitt 5.2.1.1); b) eine Form, bei der die Anzahl der Elemente in den Klassen A und B *unterschiedlich* ist, und jedem Element der Klasse A (oder B) *mehrere* Elemente der jeweils anderen Klasse zuzuordnen sind; diese Form nennen wir *Mehrfach-Zuordnungsübung* (vgl. Abschnitt 5.2.1.2).

Die 1:1-Zuordnungsübung war die typische Form der Übungen zu den *word partnerships* bei Flower/Berman (1989) (vgl. (72)) und von vier der sieben Übungen bei Breitkreuz (1989) (vgl. (70)). Ein erstes Beispiel einer Mehrfach-Zuordnungsübung ist (78) (Brown 1974: 4). Hier läßt sich beispielsweise *intense* sowohl mit *feelings* wie mit *heat* kombinieren, und *narrow* kollokiert mit *road* und mit *bridge*.

(78) For each adjective choose the 2 or 3 (not more) nouns from this list that you think would collocate (go together with) most usefully. Write these out, e.g. *a narrow bridge*. (...)

1 intense 2 narrow 3 sealed 4 political 5 limited
6 related 7 various

feelings, a road, an envelope, a situation, a number, an idea, reasons, heat, a bridge, a letter, geography, money, by marriage, ways, a tube, knowledge.

5.2.1.1 1:1-Zuordnungsübungen

Wie oben erläutert, sind 1:1-Zuordnungsübungen dadurch charakterisiert, daß die Zahl der vorgegebenen Elemente der Klassen A und B identisch ist, wobei jedes Element mit einem und nur einem kollokierenden Partnerelement zu kombinieren ist. Diese Übungsform kann – ebenso wie alle weiteren – mit verschiedenen Inhalten gefüllt werden; d.h. es können prinzipiell sämtliche Strukturtypen von lexikalischen Kollokationen Übungsgegenstand sein[9]. In der Mehrzahl der vorfindlichen Kollokationsübungen geht es um die Strukturtypen V+N ((79); Flower/Berman Bd. 1, 1989: 36) sowie Adj+N ((80); Brough 1994: 52). Mit Abstand folgen Übungen zu den Strukturtypen N+V ((81); Flower/Berman Bd. 3, 1989: 66) sowie N_1+of+N_2 ((82); Breitkreuz 1989: 64). Übungen, in denen es um Kollokationen der Typen V+Adv oder Adv+Adj geht, sind eher selten.

(79) Match the verb on the left with a noun on the right. Use each word once only.

1. ask	a. a bicycle
2. climb	b. a boat
3. drink	c. a car
4. drive	d. a cigarette
5. eat	e. a cup of coffee
6. fly	f. a mountain
7. light	g. a plane
8. ride	h. a question
9. sail	i. a sandwich
10. tell	j. a story

9 Die ganze Breite der möglichen *inhaltlichen* Füllung der unterschiedlichen Übungs*formen* wird nur an dieser Stelle demonstriert. Im folgenden geht es darum, die Vielfalt der möglichen Übungs*formen* zu illustrieren, ohne auf die inhaltliche (strukturelle) Vielfalt zu achten.

(80) Wir wollen wieder einmal unsere Verkupplungskünste verfeinern. Welches Adjektiv paßt man besten zu welchem Substantiv?

1. windy	a. rose
2. high-heeled	b. stockings
3. warm	c. book
4. tasty	d. street
5. illustrated	e. weather
6. nylon	f. car
7. red	g. animal
8. fast	h. boots
9. crowded	i. welcome
10. furry	j. meal

(81) Match the noun on the left with a verb on the right. Use each word once only.

1. a bee	a. barks
2. a bird	b. bleats
3. a cat	c. buzzes
4. a dog	d. clucks
5. a duck	e. croaks
6. a frog	f. grunts
7. a hen	g. hisses
8. a horse	h. hoots
9. a lion	i. mews
10. an owl	j. neighs
11. a pig	k. quacks
12. a sheep	l. roars
13. a snake	m. twitters

(82) The order of the following group terms has been mixed up. Arrange them correctly according to their usual collocations.

a) a (cake)	of stars
b) a (cluster)	of soap
c) a (mug)	of trees
d) a (clump)	of beer
e) a (block)	of stairs
f) a (flight)	of flats

Darüber hinaus finden sich verschiedentlich *Word-Partnership*-Übungen in der fraglichen Form, die über das Inventar der Bensonschen Strukturtypen von lexikalischen Kollokationen hinausgehen. Dabei handelt es sich beispielsweise um Übungen zur Bildung von Substantivkomposita ((83); Beile 1987: 76) oder um Übungen zu Zwillingsformeln ((84); Brough 1994:14).

(83) Find the pairs. (...) Example: *Sunday afternoon*

1. Sunday	a) story
2. birthday	b) stop
3. exercise	c) case
4. lemonade	d) afternoon
5. ghost	e) salad
6. chocolate	f) party
7. model	g) hero
8. pencil	h) bag
9. plastic	i) plane
10. fruit	j) book
11. bus	k) ice–cream
12. folk	l) bottle

(84) Auch Wörter brauchen manchmal Gesellschaft. Welche der folgenden Ausdrücke lassen sich zu einem gängigen Paar verbinden?

1. salt	*and*	a. earth
2. bed	*and*	b. sour
3. milk	*and*	c. breakfast
4. sweet	*and*	d. gentlemen
5. TV	*and*	e. paper
6. knife	*and*	f. death
7. life	*and*	g. fork
8. pen	*and*	h. sugar
9. ladies	*and*	i. radio
10. heaven	*and*	j. pepper

5.2.1.2 Mehrfach-Zuordnungsübungen

Wie oben (Abschnitt 5.2.1) bereits festgestellt, läßt sich als weiterer Typus von Zuordnungsübung die Mehrfach-Zuordnungsübung unterscheiden, deren Hauptcharakteristikum darin besteht, daß die Anzahl der vorgegebenen Elemente der Klassen A und B unterschiedlich ist und daß auf diese Weise Mehrfach-Zuordnungen nicht nur möglich, sondern in der Aufgabenstellung auch gefordert sind.

Bei Mehrfach-Zuordnungsübungen kann es sich sowohl um die Zuordnung einer größeren Menge von Kollokatoren zu einer kleineren Anzahl von Kollokationsbasen handeln als auch um die Zuordnung einer größeren Menge von

Basen zu einer kleineren Anzahl von Kollokatoren. Kollokatoren als "Ausgangspunkt" finden sich z.B. in (78), wo den sieben vorgegebenen Adjektiven jeweils zwei bis drei aus einer Menge von 16 Substantiven zugeordnet werden sollen. Kollokationsbasen sind der "Ausgangspunkt" in (74) (vgl. oben Abschnitt 5.1.3), wo vier Substantive vorgegeben sind, zu denen passende Kollokatoren aus einer Menge von 16 Adjektiven ausgewählt werden sollen.

Im folgenden werden wir zwei Varianten der Mehrfach-Zuordnungsübung unterscheiden, und zwar a) die *freie* Variante, bei der die Elemente der beiden Klassen ungeordnet vorgegeben sind, und b) die *vorstrukturierte* Variante, bei der den einzelnen Elementen der beiden Klassen bereits eine Reihe von Partnerelementen der jeweils anderen Klasse zugeordnet sind, wobei die Aufgabe darin besteht zu entscheiden, welche der auf diese Weise vorgegebenen Kombinationen zulässig/zielgerecht bzw. unzulässig/nicht-zielgerecht sind. Beispiele für diese beiden Varianten der Mehrfach-Zuordnungsübung sind (78) (freie Variante) und (71) (vorstrukturierte Variante) (vgl. oben Abschnitte 5.2.1 bzw. 5.1.3).

5.2.1.2.1 Freie Variante

Bei derjenigen Form der Mehrfach-Zuordnungsübung, die hier als *freie* Variante bezeichnet wird, sind zwei (meist unterschiedlich umfangreiche) Wortlisten vorgegeben, deren Elemente zu Kollokationen zusammengestellt werden sollen. Hinsichtlich ihrer Wortklassenzugehörigkeit sind die Elemente der beiden Listen in der weitaus überwiegenden Zahl der vorfindlichen Übungen dieses Typs in sich homogen. In (85) (MWYN, S. 101) sind beispielsweise einerseits 15 Adjektive und andererseits 20 Substantive vorgegeben, deren gegenseitige Kollokierbarkeit (in Form von Adj+N-Kollokationen) zu prüfen ist. Einige der sich nach einem flüchtigen Blick auf das Material anbietenden Adj+N-Kollokationen wären beispielsweise *native+language* (a1+b7), *wrong+result* (a3+b4), *competent+lawyer* (a5+b8), *standing+ovation* (a7+b5) oder *wily+ salesman* (a15+b20). Kombinationen wie **competent+road* (a5+b17) oder **conceited+passport* (a10+b13) dagegen sind ebenso schnell und leicht als unzulässige Kombinationen zu identifizieren.

(85) Which adjectives collocate with which nouns?

a 1 native 2 original 3 wrong 4 valid 5 competent 6 hysterical 7 standing 8 dangerous 9 utopian 10 conceited 11 superficial 12 tangible 13 over-anxious 14 serene 15 wily

b 1 age 2 treatment 3 approach 4 result 5 ovation 6 speaker 7 language 8 lawyer 9 training 10 custom 11 form 12 answer 13 passport 14 character 15 mother 16 evidence 17 road 18 proposals 19 driver 20 salesman

Eine systematische, vollständige Bearbeitung dieser Aufgabe würde allerdings die Prüfung aller insgesamt 300 theoretisch möglichen Adj+N-Kombinationen auf ihren Kollokationsstatus hin erfordern, d.h. es wäre zu entscheiden, welche dieser Kombinationen tatsächlich normgerecht wären und welche nicht. Wenn wir die Zahl der für die Lösung zu prüfenden Kombinationen einer Aufgabe dieses Typs als ihren *Umfang* definieren, so zeigt sich in dieser Hinsicht eine erhebliche Bandbreite: Während der Umfang von Beispiel (86) (Gairns/Redman 1986: 39) lediglich 20 beträgt (5 Adjektive, 4 Substantive), erreicht eine Übung wie (87) (Vettel 1993b: 20) einen Umfangswert von 2730 (30 Verben, 91 Substantive). Inwieweit hier eine *Umfangsbegrenzung* sinnvoll wäre, wird in Abschnitt 5.3 erörtert.

(86) Look at the circles below. Do you know which adjectives you can use with the nouns in the boxes? Cross out the ones which you think are not correct:

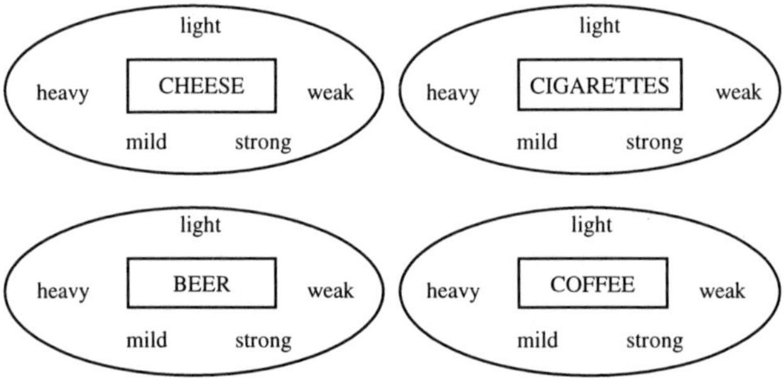

(87) Making collocations

This exercise can be done in a group or with a partner. The idea is to find as many collocations as possible by combining nouns with verbs. If you know more verbs than there are in the list, add them. Make sure that your combinations are *common* collocations. If you are not sure, ask your teacher or use a dictionary.

accident – advice – answer – apology – aspirin – baby – battle – bill – bread – break – breakfast – cake – church – clues – cold – competition – conditions – cough – customer – description – dinner – disaster – drink – earthquake – exam – excuse – expert – fight – flu – food – game – glasses – guests – hair – headache – heart – help – homework – hunger – information – interview – island – job – key – lawyer – letter – match – message – mistake – money – news – oil well – order – pain – part – peace – pension – photo – picture – place – plan – position – present – prize – race – restaurant – reward – room – salary – scholarship – skin – sleep – solution – sorrow – standard of living – sugar – suggestion – summary – support – tax – tea – test – time – tragedy – visitor – wages – war – warning – way back – work – working conditions

apply for appreciate ask for avoid be cause discover do without earn expect fail feel find give have improve lose make need offer pass pay receive send serve sign suffer from take transplant win

Eine besondere formale Gestaltung der Mehrfach-Zuordnungsübung liegt in Form der auszufüllenden *collocational grids* vor (vgl. (88); TWYN, S. 71). Wie wir in Abschnitt 4.2.3.1.2 gesehen haben, ist dies einer der Standard-Übungstypen in TWYN und MWYN. Auch hier besteht die Aufgabe darin zu entscheiden, welche der theoretisch möglichen Kombinationen zielsprachenkonform sind; diese sind dann im Gitter durch ein Pluszeichen im entsprechenden Gitterfeld zu kennzeichnen. Grundsätzlich lassen sich alle Mehrfach-Zuordnungsübungen in diese Gestaltungsform übertragen. Für Beispiel (86) würde dies aussehen wie in (86a); für Beispiel (87) wäre allerdings der Platzbedarf ungleich größer als in der jetzigen Form (zu den Vor- bzw. Nachteilen der verschiedenen formalen Gestaltungsmöglichkeiten von Zuordnungsübungen generell vgl. unten, Abschnitt 5.3). Grundsätzlich können – wie mit 1:1-Zuordnungsübungen – auch mit Mehrfach-Zuordnungsübungen alle Strukturtypen von lexikalischen Kollokationen geübt werden. Beispiele für Adj+N-Kollokationen sind (78), (85), (86); V+N-Kollokationen werden in (87) und (88) trainiert. Als ein Beispiel für eine Mehrfach-Zuordnungsübung zu N_1+of+N_2-Kollokationen sei (89) (TWYN, S. 196) (vgl. S.155) angeführt.

(88)

	sb's offer	sb's attention	sb's permission	an invitation	a request	a lover
spurn						
decline						
refuse						

(86a)

	cheese	cigarettes	beer	coffee
heavy				
light				
mild				
strong				
weak				

5.2.1.2.2 Vorstrukturierte Variante

Das wesentliche Charakteristikum der vorstrukturierten Variante der Mehrfach-Zuordnungsübung besteht darin, daß einem Kollokationsbestandteil (Kollokationsbasis oder Kollokator) bereits mehrere potentielle Partner zugeordnet sind, von denen jedoch nicht alle tatsächlich mit dem vorgegebenen Element kombinierbar sind; die Aufgabe des Lerners besteht darin, zulässige von unzulässigen Partnern zu unterscheiden. Ein einfaches Beispiel auf der Basis des Strukturtyps V+N ist (90) (Brough 1994: 42), bei dem einem vorgegebenen Verb (Kollokator) drei bzw. vier Substantive (Kollokationsbasen) zugeordnet sind, von denen eines *nicht* mit dem Verb kombiniert werden kann.

(90) Nicht jedes der Substantive kann das angegebene Verb ergänzen. Streichen Sie jeweils die Ausnahme durch.

1. shut	the door, one's suitcase, the television
2. catch	a ball, a cold, the wind, a thief
3. drive	a bus, a car, a bicycle, a lorry
4. cancel	a flight, an appointment, an aircraft
5. cross	a field, a box, a path, the border
6. take	a tram, a plane, a bus, the railway

(89)

		cattle	geese	deer	goats	elephants	lions	dogs	sheep	birds	wolves	fish	ants	bees	monkeys	horses	buffalo
flock																	
herd																	
pack																	
troop																	
swarm	of																
pride																	
colony																	
gaggle																	
shoal																	

(91a)

		blood	stations	heads	rockets	applause	tears	painters	planes	whales	lorries	musicians	outlaws	insects	hornets	trees	excuses	sweets	pearls
sea																			
salvo																			
school	of																		
band																			
swarm																			
string																			

Der spezielle Charakter der vorstrukturierten Variante der Mehrfach-Zuordnungsübung wird deutlich, wenn wir eine der in Abschnitt 5.1.3 diskutierten Übungen von Breitkreuz in Form eines *collocational grid* aufbereiten. Bei Breitkreuz (1989: 64) findet sich die Übung in der Form wie in (91), während (91a) (vgl. S. 155) die gleiche Übung in der Form des *collocational grid* wiedergibt. Ein Vergleich von (91), (91a) und (89) zeigt, daß die vorstrukturierte Variante die leichtere Variante der Mehrfach-Zuordnungsübung ist, da bei ihr die Lösung in bestimmter Weise eben vorstrukturiert ist: Während in (89) die Kollokierbarkeit von z.B. *swarm* mit allen 16 Substantiven der horizontalen Achse des *grid* geprüft werden muß, ist in (91) lediglich die Prüfung der Kombinierbarkeit von *swarm* mit drei Substantiven (*insects*, *hornets*, *trees*) erforderlich. Auf diese Weise wird der Umfang der Aufgabe begrenzt; in (91) sind insgesamt lediglich 18 theoretisch mögliche N_1+of+N_2-Kombinationen zu prüfen, während es in (89) 144 Kombinationen sind. In der Form (91a) hätte (91) einen Umfang von 108.

(91) Which nouns collocate with the following group terms or collective nouns? Cross out the incorrect options.

a) a sea of	(blood, stations, heads)
b) a salvo of	(rockets, applause, tears)
c) a school of ...	(painters, planes, whales)
d) a band of	(lorries, musicians, outlaws)
e) a swarm of	(insects, hornets, trees)
f) a string of ...	(excuses, sweets, pearls)

Eine der vergleichsweise seltenen Übungen, die auf dem Strukturtyp V+Adv basieren, ist Beispiel (92) (Benson/Benson/Ilson/Young 1991: 44/45). Hier ist zu entscheiden, welches von zwei gegebenen Adverbien (z.B. *forcefully/sincerely*) mit dem fraglichen Verb (z.B. *appreciate*) eine V+Adv-Kollokation eingehen kann. Auch dieses Beispiel ließe sich in die *grid*-Form transponieren (92a) (vgl. S. 158); in dieser Form weist die Übung jedoch einen deutlich höheren Schwierigkeitsgrad und einen größeren Umfang auf als in der vorstrukturierten Form (92).

Eine Übungsform, die Charakteristika sowohl der 1:1-Zuordnungsübung wie der (vorstrukturierten Variante der) Mehrfach-Zuordnungsübung aufweist, ist in (93) (Brough 1994: 74) illustriert. Wie bei 1:1-Zuordnungsübungen ist *ein* Element (hier: ein Verb als Kollokator aus der Gruppe von 10 Verben) genau *einem* Partnerelement (hier: einer Gruppe von drei Substantiven als Kollokationsbasen) zuzuordnen (vgl. oben Beispiele (70), (72)-(73), (79)-(82)). Eine Verwandtschaft mit der Mehrfach-Zuordnungsübung ist insofern gegeben, als es sich hier nicht um ein einzelnes zuzuordnendes Substantiv handelt; einem Kollokator werden hier also mehrere Kollokationsbasen zugeordnet (vgl. oben Beispiele (85), (87), (88)).

(92) In each of the following pairs of verb+adverb phrases, only one of the phrases is an acceptable collocation. Use the BBI to identify the acceptable collocations, then underline them. Note that the other phrase in each pair is generally unacceptable in ordinary usage.

1 anchor firmly
anchor potently
2 appreciate forcefully
appreciate sincerely
3 argue heatedly
argue mightily
4 protest highly
protest vigorously
5 recommend highly
recommend deeply
6 apologize highly
apologize humbly
7 arrange tastefully
arrange strongly
8 forbid categorically
forbid highly
9 invite vehemently
invite cordially
10 resent bitterly
resent wonderfully
11 turn sharply
turn deeply
12 appreciate highly
appreciate deeply

(93) Welches Verb aus dem Kasten kann jeweils durch die angegebenen Substantive ergänzt werden?

collect	accept	knit	train	count
run	mend	spend	build	tell

1.________ houses, ships, aircraft
2. ________ money, an offer, the truth
3. ________ numbers, calories, sheep
4. ________ an animal, a team, an employee
5. ________ a story, a joke, a lie
6. ________ a race, a mile, a marathon
7. ________ stamps, coins, postcards
8. ________ time, money, energy
9. ________ a jumper, a scarf, a woolly hat
10.________ a bicycle, socks, a broken vase

(92a)

	firmly	potently	forcefully	sincerely	heatedly	mightily	highly	vigorously	deeply	humbly	tastefully	strongly	categorically	vehemently	cordially	bitterly	wonderfully	sharply
anchor																		
appreciate																		
argue																		
protest																		
recommend																		
apologize																		
arrange																		
forbid																		
invite																		
resent																		
turn																		

5.2.2 Suchübungen

Während bei den Zuordnungsübungen beide Kollokationspartner vorgegeben sind und einander lediglich korrekt zugeordnet werden müssen, besteht bei den Suchübungen die Aufgabe darin, zu einem vorgegebenen Kollokationsbestandteil einen (oder mehrere) Kollokationspartner selbständig und ohne weitere Vorgaben zu finden. Ein Beispiel für die Grundform der Suchübung ist (94) (Redman/Ellis 1990: 27).

(94) Write down three things you can ...

1 win: money, a game, a competition
2 run:
3 miss:
4 catch:
5 run ouf of:
6 lose:
7 make:
8 do:

In Suchübungen kann es sich bei den vorgegebenen Elementen sowohl – wie in (94) – um Kollokatoren als auch um Kollokationsbasen handeln (vgl. unten (98)). Auf der Basis der uns zugänglichen Übungsmaterialien läßt sich konstatieren, daß die häufigere "Suchrichtung" der beiden grundsätzlichen Möglichkeiten die Richtung Kollokator (gegeben) ⇒ Kollokationsbasis (gesucht) ist. Sehr viele Beispiele für diese Übungsform finden sich in TWYN und MWYN; unterschiedliche Strukturtypen enthalten beispielsweise (95) (V gegeben ⇒ N_{Obj} gesucht; TWYN, S. 32); (96) (Adj gegeben ⇒ N gesucht; MWYN, S. 18); (97) (V gegeben ⇒ N_{Subj} gesucht; TWYN, S. 31). Ein Beispiel für die umgekehrte Suchrichtung (Basis ⇒ Kollokator) auf der Grundlage des Strukturtyps Adj+N ist (98) (TWYN, S. 152).

(95) What can you .....?

1 dismantle 2 trigger off 3 absorb 4 fear 5 harness 6 irrigate
7 destroy 8 publish 9 gauge 10 forestall

(96) In each case provide two or three nouns that can collocate with the following:

1 an undernourished ... 2 a scathing ... 3 a former ... 4 a fully-fledged ... 5 a casual ... 6 an overwhelming ... 7 a substantial ... 8 an odd ... 9 a wide-ranging ... 10 a financial ...

(97) What are the things that can .....?

1 flourish 2 worsen 3 leak 4 taste 5 smother 6 baffle 7 quake 8 endanger 9 infest 10 clear up 11 perish 12 last

(98) Add appropriate adjectives to the following words:

1 ..... power 2 ..... existence 3 ..... victim 4 ..... flight 5 ..... experience 6 ..... road signs 7 ..... attempt 8 ..... workload 9 ..... pace 10 ..... safety clothing 11 ..... murderer 12 ..... phenomenon

Die Form der Suchübung kann darüber hinaus hinsichtlich der Menge der zu suchenden Elemente variieren. Eine Art 1:1-Suchübung liegt da vor, wo zu jedem der vorgegebenen Elemente lediglich *ein* möglicher Partner zu suchen ist. Ist mehr als ein möglicher Partner zu suchen, finden sich in der Aufgabenstellung folgende Varianten:

a) es wird eine präzise Anzahl genannt (vgl. (94);
b) es wird eine ungefähre Anzahl[10] genannt (vgl. (96));
c) es wird eine unbestimmte Mengenangabe[11] oder keinerlei Mengenangabe gemacht (vgl. (98)).

Während bei den bisher betrachteten Übungsbeispielen der Ausgangspunkt jeweils ein einzelnes Element war, zu dem ein oder mehrere Partnerelement(e) gesucht werden sollten, gibt es daneben auch vereinzelt Beispiele für eine Übungsform, bei der von Wortpaaren oder Gruppen von Wörtern ausgehend ein oder mehrere mögliche Partnerelement(e) zu suchen sind. Diesen Übungstyp mögen die Beispiele (99) (gegeben zwei Substantivbasen; gesucht ein – gemeinsamer – Adjektivkollokator; Vettel 1990: 8), (100) (gegeben zwei bzw. drei Adjektiv- bzw. Verbkollokatoren; gesucht mehrere Substantivbasen; MWYN, S. 154) und (101) (gegeben Gruppen von drei bis fünf Adjektiven; gesucht eine – gemeinsame – Substantivbasis; Brough 1994: 62/63) illustrieren.

---

[10] Vgl. TWYN S. 111 ("one or two"), S. 153 ("two or three"), S. 177 ("three or four").
[11] Vgl. TWYN S. 114 ("a few").

(99) Find adjectives for the nouns.

chocolate \ / ice-cream → *sweet*

grass \ / beans → ______

fire \ / summer → ______

pigs \ / cheese → ______

gold \ / jewels → ______

sun \ / light → ______

(100) In each case, provide a few collocations in which all the given words can occur.

EXAMPLE:

fiddle with / twiddle with / fidget with } some keys / a pencil / a necklace

1 infringe/break 2 scatter/strew 3 diverse/multiple/multifarious
4 morbid/unwholesome 5 send out/emit 6 weak/feeble
7 impede/hamper 8 bear/endure/put up with

(101) Welches Substantiv verbindet man jeweils mit folgenden Adjektivgruppen?

1. fried, boiled, scrambled, poached ______
2. straight, wavy, curly, grey, greasy ______
3. hot, tasty, three-course, fattening ______
4. fizzy, alcoholic, refreshing, hot ______
5. loud, relaxing, disco, classical ______
6. slow, intercity, high-speed ______
7. expensive, five-star, 20-storey ______
8. German-English, two-volume, pocket ______
9. medium, rare, fillet, grilled ______
10. hard, comfortable, double, guest ______

5.3 Didaktisch-methodische Diskussion einzelner Übungstypen

Bei der Präsentation und Illustration der Übungstypen in Abschnitt 5.2 haben wir bereits vergleichende Bemerkungen zum Schwierigkeitsgrad einzelner Übungen gemacht. Es versteht sich von selbst, daß nicht alle Übungstypen bzw. Übungsformen für sämtliche Lernersprachenniveaus geeignet sind. Darüber hinaus gibt es eine Reihe weiterer Aspekte, die vor einem Einsatz von Kollokationsübungen im Wortschatzunterricht aus didaktisch-methodischer Sicht zu berücksichtigen sind. Drei solcher Aspekte werden im vorliegenden Abschnitt angesprochen:

- die Art der "Steuerung" von 1:1-Zuordnungsübungen (Abschnitt 5.3.1);
- die Frage des Umfangs bestimmter Übungstypen (Abschnitt 5.3.2);
- die graphisch-formale Gestaltung von Kollokationsübungen (Abschnitt 5.3.3).

5.3.1 Steuerung der Lösung

Ein wesentlicher Unterschied zwischen den beiden Formen der Zuordnungsübung besteht darin, daß die 1:1-Zuordnungsübung *geschlossen* ist, während die Mehrfach-Zuordnungsübung als *offen* bezeichnet werden kann. Dadurch, daß 1:1-Zuordnungsübungen "aufgehen", hat der Lerner bis zu einem gewissen Grad die Möglichkeit, selbst zu erkennen, ob er die Zuordnungen korrekt durchgeführt hat oder nicht. Bei Mehrfach-Zuordnungsübungen dagegen ist der Lerner stets auf *Feedback* von außen (Lehrkraft oder Antwortschlüssel) angewiesen. Der geschlossene Charakter bringt es mit sich, daß 1:1-Zuordnungsübungen sorgfältiger konstruiert werden und gewisse Elemente der "Steuerung" der Lösung enthalten müssen. Ein simples Element der Steuerung ist die Übungsanweisung, die vorgegebenen Elemente jeweils nur in *einer einzigen* Kombination zu verwenden (vgl. die Anweisung "Use each word once only" bei Flower/Berman 1989). Daneben muß jedoch auch darauf geachtet werden, daß der Lerner falsche Zuordnungen möglichst selbst erkennen kann. Ein Beispiel dafür, wie in diesem Sinne die Lösung einer Übung 'intern' gesteuert werden kann, ist (102) (Flower/Berman 1989, Bd. 3, S. 73). Das hier einbezogene Adjektiv *dangerous* hat zweifellos einen relativ weiten Kollokationsradius; daher dürfte nicht nur die hier 'geplante' Kombination mit *drugs* möglich und zielgerecht sein, sondern ebenso Verbindungen wie z.B. *dangerous + behaviour* oder *dangerous + deeds*. Sollte ein Lerner jedoch zunächst eine dieser beiden Lösungen für die gesuchte halten, so bliebe, wenn wir annehmen, daß die anderen Kombinationen 'planmäßig' zusammengesetzt werden, im ersten Fall (*dangerous + behaviour*) schließlich die Kombination *outrageous + drugs* und im zweiten Fall (*dangerous* + *deeds*) die Kombination *courageous* + *drugs* übrig – beides eher ungewöhnliche Kombinationen, die den Lerner vermutlich stutzig machen würden, so daß er eine Überprüfung seiner Lösung vornehmen würde, die ihn dann zur geplanten Lösung führt.

(102) Match each adjective on the left with a noun on the right. Use each word once only.

1. courageous	a. achievement
2. dangerous	b. behaviour
3. horrendous	c. ceremony
4. infectious	d. deeds
5. industrious	e. disaster
6. luxurious	f. disease
7. nutritious	g. drugs
8. outrageous	h. food
9. religious	i. student
10.tremendous	j. surroundings

5.3.2 Übungsumfang

Die Anzahl der in eine 1:1-Zuordnungsübung einbezogenen Elemente kann variieren. Eine logische Untergrenze sind zwei Elemente pro Klasse; didaktisch sinnvoll dürften allerdings erst Übungen ab vier Elementen sein. Eine theoretische Obergrenze der Zahl der Elemente pro Klasse gibt es nicht; aus Gründen der Überschaubarkeit der Aufgabe sollte jedoch u.E. nicht über zehn Elemente hinausgegangen werden. Hier bietet sich eine simple Abstufung des Umfangs in Abhängigkeit vom Lernerniveau an: 1:1-Zuordnungsübungen für die Unterstufe sollten im Normalfall weniger Items enthalten als Übungen für die Oberstufe.

Daß die Frage des Übungsumfangs bei Mehrfach-Zuordnungsübungen weitaus wichtiger ist und kritischer beurteilt werden muß als bei 1:1-Zuordnungsübungen, ist in Abschnitt 5.2.1.2.1 angedeutet worden. Um die Übersichtlichkeit und damit die "Handhabbarkeit" von Mehrfach-Zuordnungsübungen zu gewährleisten, scheint uns eine Umfangsbeschränkung dringend geboten. Ein Beispiel für eine Übung, die wir in dieser Hinsicht für nicht mehr sinnvoll halten, ist (87) (vgl. oben). Auch wenn Vettel in der Aufgabenstellung Gruppen- bzw. Partnerarbeit vorschlägt, kann ein systematischer Lösungsversuch nur darin bestehen, jedes der dreißig Verben nacheinander "in den Kopf zu nehmen" und so die Substantivliste nach möglichen Kombinationspartnern abzusuchen. Daß dies spätestens nach dem dritten Verb zu Ermüdungserscheinungen und damit zu Desinteresse führen wird, ist u.E. unvermeidlich[12]. Oben ist bereits erwähnt worden, daß auf diese Weise insgesamt 2730 potentielle V+N-Kollokationen zu prüfen sind.

Bei der von uns für sinnvoll gehaltenen Umfangsbeschränkung geht es allerdings in diesem Fall nicht um die Festlegung einer Höchstzahl von Elementen in den bereits gegebenen Wortklassen wie bei den 1:1-Zuordnungsübungen. Hier plädieren wir vielmehr für eine Begrenzung in der Zahl der zu prüfenden Kollokationen. Wie wir gesehen haben, ergibt sich der Umfang einer Mehrfach-Zuordnungsübung aus der einfachen Multiplikation der Anzahl der Elemente der vorgegebenen Wortklassen. In Abhängigkeit vom Kompetenzniveau der jeweiligen Lernergruppe halten wir Aufgaben mit Umfangswerten zwischen 20 und 100 für angemessen. In diesem Sinne kann eine Übung mit zwei Elementen in der einen Klasse (z.B. *do* und *make*) und 30 Elementen in der anderen Klasse ebenso sinnvoll sein wie eine andere Aufgabe mit einerseits sechs und andererseits zehn Elementen – bei beiden wären jeweils 60 theoretisch mögliche Kombinationen zu prüfen.

5.3.3 Formale Gestaltung

Bei der Illustration der Übungstypen in Abschnitt 5.2 hatten wir am Beispiel der Mehrfach-Zuordnungsübung gesehen, daß derselbe Übungstyp formal unterschiedlich gestaltet sein kann. Die freie Variante der Mehrfach-Zuordnungsübung beispielsweise kann in Form des Kollokationsgitters oder in Form zweier Wortlisten gegeben sein (vgl. oben (89) bzw. (85)). Fragt man sich, ob eine dieser beiden Formen vorzuziehen ist, so ergibt sich eine Antwort, sobald man sich vergegenwärtigt, worin – im physikalischen Sinne – die 'Tätigkeit' des Lerners besteht, der die entsprechenden Aufgaben lösen will. Im Falle des Kollokationsgitters hat der Lerner lediglich an den richtigen Stellen Kreuze bzw. Pluszeichen zu machen; im Falle der vorgegebenen Wortliste dagegen müssen für eine Lösung die möglichen Wortkombinationen niedergeschrieben werden. Daß dieses eigenhändige Niederschreiben einem Einprägen der fraglichen Kollokationen weitaus mehr dient als das bloße Ankreuzen, dürfte unbestritten sein.

Aus dieser Sicht heraus halten wir auch die graphisch-formale Gestaltung der 1:1-Zuordnungsübungen bei Flower/Berman für nicht besonders lernfördernd. Als Lösung ergibt sich in (103) (Flower/Berman 1989, Bd. 1, S. 36) eine nichtssagende zehnfache Zahl-Buchstabenkombination, die womöglich bei einem Vergleich der Lösungen sogar noch laut durch das Klassenzimmer gerufen

---

[12] Daran kann auch der evtl. beabsichtigte Wettbewerbscharakter ("find as many collocations as possible") nichts ändern; wer möglichst viele Kollokationen finden will, muß möglichst systematisch vorgehen.

wird. Eine weitaus sinnvollere Gestaltung solcher Übungen sehen wir in einer Form wie (104). Hier wird der Lerner dazu gebracht, die gesuchten Kollokationen niederzuschreiben (vgl. oben), und bei einem Lösungsvergleich sind die Kollokationen noch einmal zu hören.

(103) Match the verb on the left with a noun on the right. Use each word once only. Write your answers in the boxes.

1.	ask	a.	a bicycle
2.	climb	b.	a boat
3.	drink	c.	a car
4.	drive	d.	a cigarette
5.	eat	e.	a cup of coffee
6.	fly	f.	a mountain
7.	light	g.	a plane
8.	ride	h.	a question
9.	sail	i.	a sandwich
10.	tell	j.	a story

1	
2	
3	
4	
5	
6	
7	
8	
9	
10	

(104) Match the ten verbs with one (and only one) of the nouns. Write out the combinations in the space provided, in the order of the verbs.

1. ask 2. climb 3. drink 4. drive 5. eat 6. fly 7. light 8. ride 9. sail 10. tell

a bicycle – a boat – a car – a cigarette – a cup of coffee – a mountain – a plane – a question – a sandwich – a story

1. ________ ________
2. ________ ________
3. ________ ________
4. ________ ________
5. ________ ________
6. ________ ________
7. ________ ________
8. ________ ________
9. ________ ________
10. ________ ________

6 Kollokationen und die Forschung zum mentalen Lexikon

Betrachtet man die Fremdsprachendidaktik in ihrer gesamten Breite, so gibt es eine ansehnliche Zahl von Referenzwissenschaften, deren Forschungsergebnisse in didaktisierter Form in den Fremdsprachenunterricht eingehen. So ist bei Doyé/Heuermann/Zimmermann (1988) u.a. von der Beziehung der Fremdsprachendidaktik zur Sprachwissenschaft und Literaturwissenschaft, zur Psychologie und Soziologie, zur Psycholinguistik und zur Medienwissenschaft sowie zur Erziehungswissenschaft und zur Allgemeinen Didaktik die Rede. Fragt man sich, welche der genannten Referenzwissenschaften in der Vergangenheit die größte Bedeutung für die Wortschatzarbeit im Fremdsprachenunterricht gehabt haben, so sind hier in erster Linie bestimmte Teilbereiche der Sprachwissenschaft sowie der Psychologie zu nennen. Aus der Lernpsychologie (Ebbinghaus 1885, Miller 1956, u.a.) ist eine Reihe von Erkenntnissen zum Lernen, Behalten, Erinnern und Vergessen von Wörtern in die didaktisch-methodische Konzeption fremdsprachlicher Wortschatzarbeit eingegangen. Die Teildisziplin der Sprachwissenschaft, die die größte Relevanz für das fremdsprachliche Wortschatzlernen hat, ist zweifellos die Lexikologie. Zu nennen sind hier in erster Linie die von der Lexikologie bereitgestellten Einsichten zu den *sense-relations* (Synonymie, Polysemie/Homonymie, Hyponymie, Antonymie; vgl. Palmer 1976). Diese Bedeutungsbeziehungen spielen eine zentrale Rolle bei verschiedenen Arten der Bedeutungserklärung neuer Vokabeln (vgl. Doyé ^{5}1980: 39-53) sowie in Typologien von Wortschatzübungen (vgl. oben, Abschnitt 5.1.2).

Während sich die Wortschatzdidaktik somit bis Anfang der 70er Jahre im wesentlichen an den Erkenntnissen von Lernpsychologie und Lexikologie orientierte, sind in den letzten 20 bis 30 Jahren nach und nach weitere Disziplinen als Referenzwissenschaften in das Blickfeld der Wortschatzdidaktiker geraten. Zu nennen wären hier in erster Linie die *Spracherwerbsforschung*, die *Sprachlehr- und -lernforschung*, sowie die *Kognitive Linguistik*. Erkennbare Auswirkungen auf die unterrichtliche Praxis der Wortschatzarbeit, wie sie für die "traditionellen" Referenzwissenschaften der Wortschatzdidaktik oben angedeutet worden sind, haben diese drei Disziplinen bisher jedoch nicht gehabt; solche Prozesse benötigen erfahrungsgemäß einen längeren Zeitraum.

Das größte Interesse von seiten der Wortschatzdidaktik wird vermutlich der Kognitiven Linguistik entgegengebracht werden. Dies erklärt sich ganz einfach daraus, daß Fragen des Wortschatzes – in Form der Erforschung des mentalen Lexikons – im Zentrum des Interesses der Kognitiven Linguistik stehen, während Wortschatzerwerb und Wortschatzlernen bisher keine Schwerpunkte innerhalb der Zweitsprachenerwerbsforschung bzw. der Sprachlehr- und -lernforschung gewesen sind[1]. Aus diesem Grunde halten wir eine Beschäftigung mit der Forschung zum mentalen Lexikon im Rahmen der vorliegenden Studie für erforderlich.

Im Abschnitt 6.1 referieren wir zunächst einige allgemeine Einsichten, die die Forschung zum mentalen Lexikon erbracht hat. Anschließend (Abschnitt 6.2) stehen solche Aspekte dieses Forschungsgebiets im Vordergrund, die einen Bezug zu den Kollokationen aufweisen. Dabei geht es in Abschnitt 6.2.1 um die unterschiedlichen Typen von assoziativen Verbindungen, die im mentalen Lexikon zwischen Einzelwörtern bestehen. Die Möglichkeit der Existenz von Kollokationsregeln, die im Kontext der Kognitiven Semantik von Scherfer (1994) in die Diskussion eingebracht worden ist, wird in Abschnitt 6.2.2 erörtert. Im Abschnitt 6.2.3 stellen wir Vermutungen darüber an, wie Kollokationen im mentalen Lexikon repräsentiert sein könnten. Der abschließende Abschnitt 6.3 befaßt sich mit möglichen Konsequenzen, die sich aus der Forschung zum mentalen Lexikon für das Kollokationslernen ergeben könnten.

6.1 Allgemeine Aspekte des mentalen Lexikons

Daß Fragen und Probleme der Struktur des mentalen Lexikons in den letzten zwei bis drei Jahrzehnten in der Kognitiven Linguistik eine zentrale Rolle gespielt haben, ist oben bereits erwähnt worden. Dabei lag der Schwerpunkt des Interesses allerdings zunächst weitgehend beim mentalen Lexikon des monolingualen Sprechers (vgl. Aitchison 1987), während Fragestellungen zur Funktionsweise des mentalen Lexikons bei bilingualen Sprechern erst allmählich stärkere Beachtung fanden (vgl. Schreuder/Weltens 1993). Das mentale Lexikon des Fremdsprachenlerners (als besondere Kategorie des bilingualen Sprechers) ist erst in allerjüngster Zeit in das Blickfeld der Kognitiven Linguistik geraten (vgl. Börner/Vogel 1994a). Gesicherte Kenntnisse über das mentale Lexikon, sei es das des monolingualen Sprechers oder das des bi- bzw. multilingualen Sprechers, sind allerdings bisher offenbar nicht in befriedigendem Maße vorhanden: "Ein mentales Lexikon steht jedem Menschen zur Verfügung. Doch trotz intensiver psycholinguistischer Forschung in den vergangenen 30

---

[1] Betrachtet man die Sprachlehr- und -lernforschung dort, wo sie sich für Fragen des fremdsprachlichen Wortschatzunterrichts interessiert, so dürften sich am ehesten Konsequenzen für die Bedeutungserklärungsverfahren neueinzuführender Vokabeln ergeben (vgl. Henrici/Kostrzewa/Zöfgen 1991; De Florio-Hansen 1994). – Zur Analyse des L2-Wortschatzerwerbs im Rahmen der Zweitsprachenerwerbsforschung vgl. Wode (1987) und Wode *et al.* (1992).

Jahren ist die Struktur dieser lexikalischen Datenbank nur in groben Zügen bekannt" (Handke 1994: 90). Während sich Handke mit seiner etwas enttäuschenden Bilanz auf die Erforschung des mentalen Lexikons des monolingualen Sprechers bezieht, gibt es über die Struktur des mentalen Lexikons von Fremdsprachenlernern praktisch keine Erkenntnisse, da die entsprechende Forschung nach Scherfer (1994: 191) noch ganz am Anfang steht.

Um Sprache verarbeiten zu können, d.h. um Äußerungen verstehen und selbst produzieren zu können, muß der (monolinguale) Sprecher u.a. über eine Datenbank verfügen, in der die lexikalischen Einheiten seiner Sprache festgehalten sind und bei Bedarf zur Verfügung gestellt werden können (Handke 1994: 90). Diese dauerhafte Speicherung lexikalischer Elemente erfolgt im Langzeitgedächtnis; demnach kann der Teil des Langzeitgedächtnisses, in dem die lexikalischen Einheiten und die Menge der sie spezifizierenden Informationen (s.u.) gespeichert sind, als *mentales Lexikon* bezeichnet werden. Über die interne Struktur und die Arbeitsweise des mentalen Lexikons sowie über die Art und Menge der dort zu jeder lexikalischen Einheit gespeicherten Informationen gibt es eine Reihe von mehr oder weniger differenzierten Modellvorstellungen. Unterschiedliche Disziplinen wie Linguistik, Psycholinguistik oder Neuropsychologie, die sich mit der Thematik befassen, betonen jeweils spezifische Aspekte (Raupach 1994: 22). Bezüglich des mentalen Lexikons des monolingualen Sprechers scheinen jedoch die folgenden Punkte weitgehend akzeptierte Basisannahmen zu sein:

1. Die einzelnen Einträge im mentalen Lexikon bestehen jeweils aus einem Zugriffselement (*access unit*) und der lexikalischen Spezifikation. Das Zugriffselement stellt die Verbindung zwischen dem (gesprochenen oder geschriebenen) Eingangssignal und der lexikalischen Spezifikation her; die lexikalische Spezifikation ist die Menge der linguistischen Informationen, die mit einem Lexikoneintrag gekoppelt sind (Handke 1994: 91).
2. Zu jedem Lexikoneintrag gehört eine Reihe von Informationen, die sich den verschiedenen sprachlichen Strukturebenen zuordnen lassen. In diesem Zusammenhang werden stets die folgenden Informationsebenen[2] genannt (Scherfer 1994: 192; Handke 1994: 93; Raupach 1994: 21):
   - "phonologische bzw. graphematische Informationen (Phonemstruktur, Silben- und Akzentstruktur, Intonationsmuster);
   - morphologische Informationen (Flexionsmuster, Derivations- und Kompositionsschemata);
   - syntaktische Informationen (Wortklassen, Valenz, Kasus);

---

[2] Darüber hinaus können offenbar weitere Informationsarten vorhanden sein, deren Charakter jedoch noch nicht spezifiziert ist (Raupach 1994: 21; Scherfer 1994: 192).

- semantisch-lexikalische Informationen (Sinnrelationen, semantische Merkmale, Ähnlichkeit, Kontrast)" (Börner/Vogel 1994b: 4).

3. "Die jeweiligen Informationen sind im mentalen Lexikon nicht voneinander unabhängig mental repräsentiert, sondern weisen eine bestimmte Strukturierung auf" (Scherfer 1994: 193). Über die Art der Strukturierung bestehen offenbar noch divergierende Vorstellungen; allgemeiner Konsens herrscht lediglich darüber, daß das mentale Lexikon keine alphabetische Strukturierung (wie etwa das prototypische Wörterbuch) aufweist. Auf relativ breite Akzeptanz ist in diesem Zusammenhang das Netzwerkmodell[3] gestoßen, das vor allem auf der Basis der Evidenz aus Assoziationsexperimenten entwickelt worden ist. Welche Arten von Verbindungen zwischen den Einheiten/Einträgen im mentalen Lexikon bestehen, wird in Abschnitt 6.2.1 erläutert.
4. Zusätzlich zu den Informationseinheiten enthält das mentale Lexikon operative Regeln, die die Bildung von Formen und Inhalten ermöglichen (Börner/Vogel 1994b: 4). So sind z.B. neben den Einheiten der morphologischen Ebene (Affixe, Wortstämme) auch Regeln der Komposition und Derivation im mentalen Lexikon gespeichert. Scherfer (1994: 194) nennt als weitere Typen lexikalischer Regeln – in Anlehnung an Schwarze/Wunderlich (1985: 14) sowie an Schwarze (1979) – Redundanzregeln und Polysemieregeln sowie einen Regeltyp, für den er den Terminus *Kollokationsregel* vorschlägt[4].

Auch zur Struktur des mentalen Lexikons von Sprechern zweier (oder mehrerer) Sprachen bzw. von Fremdsprachenlernern gibt es derzeit offenbar mehr offene Fragen als definitive Antworten. Lange Zeit war die Diskussion von einer Fragestellung beherrscht, die der Theorie der Zweisprachigkeit entstammt: Sind die beiden Sprachsysteme, über die ein bilingualer Sprecher verfügt, in einer Einheit integriert (*compound bilingualism*) oder sind sie voneinander getrennt gespeichert (*coordinate bilingualism*). Welche Art von Bilingualismus bei einem bilingualen Individuum vorliegt, hängt von der Art ab, wie die Sprachen erlernt wurden: "Koordinierter Bilingualismus liegt vor, wenn die Sprachen in verschiedenen Kontexten erlernt wurden, z.B. im Elternhaus und dann im Ausland;

---

[3] McCarthy (1990: 38-41) vergleicht die "dictionary metaphor" mit den "word-webs" (Aitchison 1987: 72) und kommt zu dem Schluß, "'webs' or 'nets' might be better metaphors for how information is attached to words in the mental store, but the total model for the place of any word in the lexicon will have to be three-dimensional, ..." (1990: 41).

[4] "Redundanzregeln geben Informationen an, die auf Grund anderer Informationen vorhergesagt werden können. So sei z.B. im Deutschen für ein Wort wie *Milchmann* vorhersagbar, daß es auf dem ersten Bestandteil zu betonen und ein maskulines Nomen ist (weil *Mann* ein maskulines Nomen ist)" (Scherfer 1994: 194). – Polysemieregeln machen Aussagen über regelhafte Aspekte der Mehrfachbedeutung. – Was Scherfer unter dem Terminus *Kollokationsregel* verstanden wissen will, wird in Abschnitt 6.2.2 erörtert.

alles andere führt zu 'zusammengesetztem' Bilingualismus" (Klein ^{2}1987: 24). Diese von Weinreich (1953) sowie Ervin/Osgood (1954) in die Diskussion eingebrachte Unterscheidung ist seitdem in vielfältiger Weise kritisiert und modifiziert worden. Nach Raupach (1994: 30) ist die Gegensätzlichkeit der Positionen schon bald abgemildert worden; heute spreche man nicht mehr von einer Dichotomie, sondern von einem 'multidimensionalen Kontinuum'[5]. Bezüglich der Frage, ob insbesondere das mentale Lexikon des Fremdsprachenlerners sprachübergreifend oder nach Sprachen getrennt organisiert sei, scheinen neuere Abhandlungen die Hypothese zu stützen, "daß Lexeme der Ausgangssprache in irgendeiner Weise mit Wörtern der Zielsprache verknüpft werden und so ein komplexes Lexikon bilden" (Scherfer 1994: 195). Die etwas unbefriedigende Formulierung "in irgendeiner Weise ... verknüpft" zeigt an, daß auch in dieser Hinsicht längst noch nicht alle Fragen beantwortet sind. Im Gegenteil – gesichert ist derzeit offenbar lediglich die Einsicht, daß die Frage, ob der bilinguale Sprecher über ein einziges Lexikon oder über zwei separate Lexika verfügt, eine unangemessene Simplifizierung darstellt. Stattdessen müßte beispielsweise differenzierter gefragt werden, "at which levels do languages share representations, and at which levels are representations linked to each" (Schreuder/Weltens 1993: 6)[6].

Daß für Modellierungsversuche zum bilingualen mentalen Lexikon bzw. zum mentalen Lexikon in der Lernersprache auf (mehr oder weniger) gesicherte Erkenntnisse bzw. Modelle zurückgegriffen wird, die die Forschung zum mentalen Lexikon des monolingualen Sprechers erbracht hat, ist verständlich[7]. Diese Vorgehensweise findet sich z.B. bei de Bot (1992) sowie bei Börner/Vogel (1994b). De Bot nimmt als Ausgangspunkt seiner Überlegungen das Sprachproduktionsmodell von Levelt (1989), in dem das mentale Lexikon eine zentrale Rolle spielt, und macht Vorschläge, in welcher Weise es zu einem Produktionsmodell für den bilingualen Sprecher adaptiert werden könnte. Dabei macht er u.a. folgende Annahmen, die für unsere weitere Diskussion (vgl. Abschnitt 6.2.3) relevant sein können:

---

[5] Hier verweist Raupach auf Albert/Obler (1978: 225).

[6] Vgl. auch de Groot (1993: 29), die für das bilinguale Lexikon eine gemischte Struktur annimmt: "In a mixed-system different types of representational structures coexist (e.g., coordinate and compound structures, but other hybrids are also possible)".

[7] Vgl. aber, was McCarthy (1990: 34) unter Verweis auf Channell (1988) hier zu bedenken gibt: "What we should not necessarily assume is that the mind organizes the lexicon of a second language in the same way as it does its first, nor that the processes of comprehension and production necessarily operate on the same mental bases".

- Auch bei bilingualen Sprechern gibt es nur *ein* Lexikon, in dem lexikalische Elemente der beiden verschiedenen Sprachen gemeinsam gespeichert werden (de Bot 1992: 1; vgl. oben).
- Nicht nur Wörter können Einträge im mentalen Lexikon sein, sondern ebenso "idioms and phrases" (de Bot 1992: 10).

Börner/Vogel (1994b: 7) beschreiben den Ausgangspunkt ihrer Überlegungen wie folgt: Man wisse zwar bisher vergleichsweise wenig über das mentale Lexikon des L2-Lerners; da man jedoch über die Lernersprache eine Reihe gesicherter Erkenntnisse besitze, könne man aus ihnen Fragen entwickeln, die Aufschluß darüber geben, in welcher Weise Modellierungen des mentalen Lexikons monolingualer Sprecher verändert bzw. erweitert werden müßten. Als Charakteristika der Lernersprache, die in einem Modell des mentalen Lernerlexikons Berücksichtigung finden müssen, nennen Börner/Vogel u.a.:

- Lücken im Wortschatz der Lernersprache
- Variabilität und Instabilität der Lernersprache
- Dynamik der Lernersprache.

In diesem Zusammenhang entwickeln die Autoren insgesamt 23 Fragen, die im Rahmen eines Modells des mentalen Lernerlexikons zu beantworten wären. Des weiteren sprechen sie ein Charakteristikum an, das für unseren Diskussionszusammenhang von besonderem Interesse ist. Sie weisen auf ein zentrales Lernproblem für Fremdsprachenlerner hin, das in der Lernersprachenforschung schon seit längerem bekannt sei, nämlich die "breite Grauzone von Wendungen, Kollokationen, Formulierungen oberhalb des frei kombinierbaren Wortes, aber unterhalb des festen idiomatischen Ausdrucks" (1994b: 16). Hier wäre die Frage zu diskutieren, in welcher Weise diese Elemente im mentalen Lernerlexikon gespeichert sind (vgl. Abschnitt 6.2.3).

6.2 Kollokationale Aspekte des mentalen Lexikons

Der Erwerb und die (rezeptive wie produktive) Verwendung von (lexikalischen) Kollokationen haben in der Forschung zum mentalen Lexikon bisher nicht sonderlich große Aufmerksamkeit erfahren. Für den Bereich der Forschung, der sich mit dem monolingualen Sprecher befaßt, läßt sich diese Nicht-Beachtung vermutlich dadurch erklären, daß für monolinguale Sprecher Erwerb und Verwendung von Kollokationen unproblematisch sind: Während bei vielen Idiomen die Frage gestellt werden kann, ob und wie sie verstanden/interpretiert werden (ob tatsächlich ganzheitlich und im übertragenen Sinne) (vgl. z.B. Irujo 1986; Swinney/Cutler 1979; Ueda 1991), gibt es bei Kollokationen keine zweite Verständnisebene. Da bei ihnen die Summe der Bedeutungen der beiden Glieder

der Gesamtbedeutung entspricht, bieten sie keinerlei Verständnisprobleme für Muttersprachler. Auch bei der produktiven Verwendung von Kollokationen durch monolinguale Sprecher lassen sich offensichtlich keine Auffälligkeiten und kaum Fehler bemerken, so daß "die lexikalisch-syntagmatischen Relationen des Lexikons nicht oder kaum ins Blickfeld" der L1-orientierten Psycholinguistik geraten sind (Börner/Vogel 1994b: 17). Dies gilt nicht nur für die Forschung zum vollkompetenten monolingualen L1-Sprecher, sondern ebenso für die Forschung zum L1-Erwerb.

Ganz anders liegen die Dinge jedoch, wenn man sich dem L2-Erwerb bzw. dem Fremdsprachenlernen zuwendet. Hier sind Kollokationen (und andere Typen von sprachlichen Halbfertigprodukten) in der Tat ein Problem, da die spezifische Formulierung von Wendungen, Kollokationen und *lexical phrases* in vielen Fällen von Sprache zu Sprache unterschiedlich ist. Probleme für den L2-Lerner ergeben sich in erster Linie hinsichtlich der Produktion; rezeptiv sind (lexikalische) Kollokationen auch für Fremdsprachenlerner im allgemeinen problemlos zu bewältigen (vgl. oben, insbesondere Abschnitt 4.1.2). Aus diesem Grund wäre es für Fortschritte im Bereich der fremdsprachenunterrichtlichen Kollokationsschulung überaus wichtig, daß sich die Forschung zum mentalen Lexikon des Fremdsprachenlerners weitaus intensiver den Fragen des Erwerbs und der Verwendung von "Formulierungen" zuwendet. Börner/Vogel (1994b: 17) halten diesen Bereich der Lernersprachenforschung für gut geeignet, "der Forschung zum mentalen Lexikon neue Fragen zu stellen und neue Impulse zu geben", so daß "der Austausch an Einsichten und Problemen zwischen der Forschung zum mentalen Lexikon und der Lernersprachenforschung nicht auf einer Einbahnstraße abläuft".

Dennoch sind bereits heute einige Zusammenhänge erkennbar, in denen sich die Forschung zum mentalen Lexikon mit Kollokationen befaßt:

(1) Einer der vier Hauptverbindungstypen zwischen Wörtern im mentalen Lexikon des monolingualen Sprechers, die durch Assoziationsexperimente ermittelt worden sind, ist die "Kollokationsverbindung" (vgl. Abschnitt 6.2.1).

(2) Viele der konzeptuellen Metaphern, die die Kognitive Semantik ermittelt hat, werden durch Kollokationen realisiert (z.B. *save time* auf der Basis der Metapher TIME IS MONEY: vgl. Lakoff/Johnson 1980: 7). Scherfer (1994: 194) sieht in diesen Denkmetaphern ein mögliches Organisationsprinzip des mentalen Lexikons und spricht in diesem Zusammenhang von *Kollokationsregeln* (vgl. Abschnitt 6.2.2).

(3) Daß es sich bei den Einträgen im mentalen Lexikon in erster Linie und in der Mehrzahl um Wörter handelt, ist unbestritten. Darüber hinaus wird vermutet, daß auch Idiome ganzheitlich gespeichert sind. Völlig offen ist dagegen die

Frage, in welcher Weise Kollokationen im mentalen Lexikon repräsentiert sind (vgl. Abschnitt 6.2.3).

6.2.1 *Collocation* als assoziativer Verbindungstyp

Eine häufig verwendete Untersuchungsmethode, mit der die auf den monolingualen Sprecher konzentrierte Forschung zum mentalen Lexikon Aufschluß über dessen Struktur und insbesondere über die Verbindungen zwischen den Einträgen zu erlangen versuchte, ist das klassische Assoziationsexperiment, in dem die Probanden auf ein Stimuluswort mit der Nennung des Wortes reagieren müssen, das ihnen am schnellsten einfällt. Auf ein Stimuluswort wie *butter* finden sich als Responses beispielsweise Wörter wie *bread*, *yellow*, *soft*, *fat*, *food*, *knife*, *cheese* (Aitchison 1987: 74). Aus diesen klassischen Assoziationsexperimenten lassen sich zunächst die folgenden drei Ergebnisse verallgemeinern:
1. Die Responsewörter stammen fast immer aus dem gleichen semantischen Feld (Sachfeld) wie das Stimuluswort. So finden sich z.B. zum Stimulus *needle* Antworten wie *thread*, *pin(s)*, *eye* und *sew*, während Wörter wie z.B. *nail* oder *poker*, die ähnliche Gegenstände wie *needle* bezeichnen (nämlich dünne, spitze Objekte) normalerweise nicht genannt werden.
2. Wenn das Stimuluswort zu einem Wortpaar gehört (wie z.B. *husband/wife*, *big/small*), so wird auf den einen Partner meist mit dem anderen geantwortet.
3. Erwachsene antworten überwiegend mit einem Wort derselben Wortklasse (Aitchison 1987: 73).

Dem Einsatz von Assoziationsexperimenten zur Erforschung der Struktur des mentalen Lexikons liegt die Annahme zugrunde, daß Stimuluswort und Responsewort in irgendeiner Weise miteinander verbunden sind. Mit dieser Methode können wohl Informationen über Einzelverbindungen zweier Wörter erlangt werden; nach Aitchison ist allerdings zu bedenken, daß beide Wörter wiederum ihrerseits in einem Geflecht von weiteren Beziehungen stehen, das mit dieser Methode kaum vollständig erforscht werden kann. Bei der Analyse der häufigsten Responsewörter in Wortassoziationsexperimenten zeichnen sich folgende vier Verbindungstypen als die wichtigsten ab (Aitchison 1987: 74/75):
1. *Co-ordination*
2. *Collocation*
3. *Superordination*
4. *Synonymy*.

Aitchison illustriert diese vier Typen zunächst mit Beispielen aus den Ergebnissen zu Assoziationstests mit den Stimuluswörtern *butterfly*, *hungry*, *red*, *salt*, für die sie jeweils die 10 häufigsten Responsewörter auflistet, und geht anschließend ausführlicher auf die vier Typen ein. Da wir uns hier auf die *collo-*

cational links konzentrieren wollen, seien zuvor – ohne weitere Erläuterungen – die drei übrigen Typen kurz illustriert (vgl. Aitchison 1987: 75-83):

- Beispiele für *co-ordination* aus dem oben genannten Material wären *salt* ⇒ *pepper, butterfly* ⇒ *moth, red* ⇒ *blue*; weitere Beispiele: *hot – cold, left – right, yesterday – today – tomorrow, rice crispies – cornflakes.*
- Beispiele für *superordination* sind *butterfly* ⇒ *insect* und *red* ⇒ *colour*; des weiteren gehören zu dieser Kategorie Beziehungen wie zwischen *lark* ⇒ *bird, dog* ⇒ *animal.*
- Für *synonymy* gibt es im oben genannten Material lediglich das Beispiel *hungry* ⇒ *starved*; weitere Beispiele wären *pursue – chase, terrible – horrible.*

In ihrer Erläuterung der Kategorie *collocation* macht Aitchison (1987: 78) deutlich, daß die sog. *collocational links* ein relativ breites Spektrum an Phänomenen abdecken:

- "words which are optionally, but commonly, associated: *fresh-faced youths, buxom barmaids, rude adolescents, unruly hair*";
- "habitual connections or clichés: *agonizing decision, filthy lucre, bright and early, hale and hearty*";
- "idioms (...): *keep tabs on, fall into place, call it a day*".

Bezüglich der Entwicklung des mentalen Lexikons im L1-Erwerb stellt Aitchison (1987: 95) fest, daß für Kinder *collocational links* Priorität zu besitzen scheinen, während sich der Verbindungstyp *co-ordination* erst später herausbildet. Dies zeigt sich wiederum in Wortassoziationsexperimenten: Jüngere Kinder antworten auf *table* mit *eat*, auf *dark* mit *night*, auf *send* mit *letter* und auf *deep* mit *hole*[8], während typische Antworten von Erwachsenen auf diese Stimuli grundsätzlich anders aussehen: *table* ⇒ *chair, dark* ⇒ *light, send* ⇒ *receive, deep* ⇒ *shallow.*

6.2.2 Scherfers Kollokationsregeln

In Abschnitt 6.1 hatten wir im Kontext der Erörterungen zum mentalen Lexikon des Fremdsprachenlerners u.a. die Position von Scherfer (1994) dargestellt, der im Rahmen seiner Überlegungen zu einer Theorie des Vokabellernens und -lehrens eine Reihe von Arten lexikalischer Regeln nennt; für eine dieser Regelarten schlägt Scherfer den Terminus *Kollokationsregel* vor. Kollokationsregeln sieht Scherfer in einem engen Verhältnis zu den "Denkmetaphern" im Sinne von Lakoff/Johnson (1980); dies ergibt sich aus Scherfers Beispiel sowie aus

[8] Das Beispiel *table – eat* läßt sich allerdings nicht in die Bensonsche Strukturtypologie von (lexikalischen) Kollokationen einordnen – *table* kann weder Subjekt noch Objekt zu *eat* sein.

seinem Verweis auf den Beitrag von Radden (1994). Im einzelnen erläutert Scherfer (1994: 194) die Rolle von Kollokationsregeln wie folgt:

> "Eine weitere lexikalische Regel, für die ich den Terminus **Kollokationsregel** vorschlage, organisiert das mentale Lexikon in (mehr oder weniger direkter) Relation zu bestimmten universellen oder kulturspezifischen Denkmetaphern. Die Existenz der Denkmetapher *Zeit ist ein kostbares, meßbares Gut* (vgl. Lakoff/Johnson 1980) beispielsweise würde das frz. Lexem *temps* für das Vorkommen in solchen Kontexten wie z.B. *demander du temps, économiser du temps, gagner du temps, gaspiller du temps, répartir son temps, perdre du temps* etc. auszeichnen und im Lexikon eine entsprechende Struktur anlegen. Ließe sich die Existenz von lexikalischen Kollokationsregeln empirisch genauer nachweisen und ihre Wirkungsweise präziser beschreiben, dann müßte man von der bisher geltenden Annahme abrücken, nach der Kollokationen idiosynkratische lexikalische Informationseinheiten seien, für deren Erwerb es keine generellen Prinzipien gibt."

Wenn wir Scherfer hier recht verstehen, würde sich aus der Existenz von Kollokationsregeln eine Erleichterung des Erwerbs von (lexikalischen) Kollokationen ergeben. Wir wollen versuchen, die Überlegungen, die hinter dieser Annahme stehen, etwas ausführlicher darzulegen.

(1) Ausgangspunkt ist die (vermutete) Existenz von universellen oder kulturspezifischen Denkmetaphern wie sie bei Lakoff/Johnson (1980) zu finden sind. Ein vielfach zitiertes Beispiel ist das auch von Scherfer angeführte, nämlich das metaphorische Konzept TIME IS MONEY[9]. In der Sprache zeigt sich die Existenz derartiger metaphorischer Konzepte darin, daß beim Reden über TIME solche Ausdrucksweisen verwendet werden, wie sie ebenfalls beim Reden über MONEY üblich sind. Lakoff/Johnson (1980: 7/8) führen hierfür die folgenden Belege an:

> You're *wasting* my time.
> This gadget will *save* you hours.
> I don't *have* the time to *give* you.
> How do you *spend* your time these days?
> That flat tire *cost* me an hour.
> I've *invested* a lot of time in her.
> I don't *have enough* time to *spare* for that.
> You're *running out* of time.
> You need to *budget* your time.
> *Put aside* some time for ping pong.
> Is that *worth your while*?
> Do you *have* much time *left*?
> He's living on *borrowed* time.

---

[9] Lakoff/Johnson (1980: 9) benutzen das am weitesten spezifizierte Konzept TIME IS MONEY, um das Gesamtsystem zu bezeichnen; dieses Gesamtsystem schließt die aus TIME IS MONEY ableitbaren allgemeineren Konzepte TIME IS A LIMITED RESOURCE und TIME IS A VALUABLE COMMODITY ein.

You don't *use* your time *profitably*.
I *lost* a lot of time when I got sick.
Thank you for your time.

(2) Der Bezug zu den uns interessierenden Kollokationen wird deutlich, wenn wir uns einige der in diesen Beispielen vorhandenen V+N-Kollokationen näher anschauen: *waste time*, *save time*[10], *spend time*, *invest time*, *put aside time*, *lose time*. Alle diese V+N-Kollokationen sind ebenso mit der Basis *money* möglich: *waste / save / spend / invest / put aside / lose money*. Scherfer führt eine vergleichbare Liste mit französischen V+N-Kollokationen an; aufgrund der Existenz der Metapher TIME IS MONEY auch im Französischen dürfen wir annehmen, daß die angeführten Verben nicht nur mit *temps*, sondern ebenso mit *argent* kollokieren: *demander du temps / de l'argent*, *économiser du temps / de l'argent*, *gagner du temps / de l'argent*, *gaspiller du temps / de l'argent*, *répartir son temps / son argent*, *perdre du temps / de l'argent*.

(3) Die von Scherfer in die Diskussion gebrachte Kollokationsregel wäre u.E. nun im vorliegenden Fall in folgender Weise zu verstehen: Sprachliche Ausdrucksweisen (in unserem Falle V+N-Kollokationen), die mit *money* bzw. *argent* möglich sind, sind ebenso mit *time* bzw. *temps* möglich.

(4) Aus dieser "Regelhaftigkeit" von (V+N-)Kollokationen mit *argent/temps* ergäbe sich für einen Lerner des Französischen als L2 eine Lernerleichterung insofern, als aus der Kenntnis der fraglichen V+*argent*-Kollokationen sowie der zusätzlichen Kenntnis[11] der Existenz der TIME-IS-MONEY-Metapher die entsprechenden V+*temps*-Kollokationen ableitbar wären und nicht gesondert gelernt werden müßten.

Im folgenden wollen wir *gegen* die Annahme argumentieren, es gäbe Kollokationsregeln (im oben explizierten Sinne[12]), die das Kollokationslernen erleich-

---

[10] Im Beleg bei Lakoff/Johnson als *save hours*; wir verwenden aus Gründen der Einheitlichkeit die allgemeinere Form *save time*.

[11] Dabei dürfte es im Prinzip unerheblich sein, ob einem solchen Lerner die Existenz der TIME-IS-MONEY-Metapher am Beispiel der Fremdsprache oder der Muttersprache bewußt gemacht wird: Wenn wir unsere Diskussion auf die drei Sprachen Englisch, Französisch, Deutsch beschränken, so dürfte sich die fragliche Metapher in allen drei Sprachen niederschlagen. Sie ist zwar nicht universell, sondern kulturspezifisch (Lakoff/Johnson 1980: 9), aber in dieser Hinsicht kann man vermutlich von einer gemeinsamen nordamerikanisch-westeuropäischen Kultur ausgehen.

[12] Da Scherfer (1994) zum Thema Kollokationsregel leider nicht mehr sagt als oben zitiert, ist eine Interpretation seiner Position erforderlich. Bei der hier vorgenommenen Interpretation kann es sich daher durchaus um eine Fehlinterpretation handeln, so daß die Gegenargumentation ins Leere laufen würde. Da aber – wie wir unten sehen werden – auch Radden (1994: 85) in einer Weise für den Einsatz kognitiver Erklärungsmuster bei der Wortschatzvermitt-

tern könnten. Dabei bewegen wir uns mit unserer Argumentation auf unterschiedlichen Ebenen.

(1) Auf einer sehr allgemeinen Ebene halten wir die (sprachliche) Gültigkeit bzw. Reichweite einzelner Metaphern für eher begrenzt. Dies sei an einem Beispiel demonstriert, das sich bei Radden (1994: 85) findet. Radden schlägt vor, "das räumliche Bildschema von VORN-und-HINTEN mit dem Betrachter als Referenzpunkt" für die Wortschatzvermittlung im DaF-Unterricht zu nutzen. Nach diesem Schema – so Radden – werden "Dinge, die vor dem Betrachter liegen, in dem der Sprache zugrundeliegenden Alltagsmodell als positiv eingestuft: ... . Dinge, die hinter dem Betrachter liegen, werden dagegen als negativ beurteilt ...". Raddens Beispielbelege für VORN ⇒ positiv sind *Vorteil*, *Vorzug*, *Vorrang*, *Vorrat* sowie *prefer*, *progressive* und *forward-looking*; als Beispiele für HINTEN ⇒ negativ führt er *Rückfall*, *Hintergedanke*, *backsight* und *backward-looking* an.

Zweifellos läßt sich die von Radden reklamierte "positive Einstufung" für *Vorteil*, *Vorzug*, *Vorrang* und *Vorrat* nachvollziehen; daraus jedoch eine Art Regel machen zu wollen und ein der Sprache zugrundeliegendes Modell der Art VORN ⇒ positiv zu konstruieren, erscheint uns mehr als gewagt angesichts der in jedem Wörterbuch problemlos zu findenden 'Gegenbeispiele' wie

- *Vorahnung* ("das Gefühl, daß etw. (*mst* Unangenehmes) passieren wird")[13]
- *Vorbehalt* ("e-e Einschränkung, die e-e sonst positive Einstellung zu j-m/etw. abschwächt ≈ Bedenken")
- *Vorfall* ("ein Ereignis, das *mst* als negativ empfunden wird")
- *Vorurteil* ("e-e feste, *mst* negative Meinung über Menschen und Dinge, von denen man nicht viel weiß od. versteht")
- *Vorwand* ("e-e Begründung für ein Verhalten, die nicht der Wahrheit entspricht ≈ Ausrede")
- *Vorwurf* ("e-e Äußerung, mit der man j-m deutlich sagt, welche Fehler er gemacht hat ≈ Vorhaltung, Tadel").

(2) Auch die Regelhaftigkeit bzw. Gültigkeit der TIME-IS-MONEY-Metapher ist begrenzt; hier sehen wir – bezogen auf die oben angeführten V+N-Kollokationen – z.B. folgende Grenzen: (a) Auch wenn in der nordamerikanisch-westeuropäischen Kultur ZEIT als "kostbares, meßbares Gut" angesehen wird, gibt es viele Dinge (Tätigkeiten), die man zwar mit GELD, nicht aber mit ZEIT machen kann: Mit *argent* und *temps* kollokieren *gagner*, *gaspiller*, *perdre*,

---

lung argumentiert, die gemeinsame Züge mit unserer Interpretation Scherfers hat, dürften wir mit unserem Verständnis von *Kollokationsregel* so falsch nicht liegen.

[13] Bedeutungsangaben bei diesem und den folgenden Beispielen nach *Langenscheidts Großwörterbuch Deutsch als Fremdsprache*.

répartir u.a.; V+*argent*-Kollokationen wie *dépenser de l'argent* ('Geld ausgeben'), *changer de l'argent* ('Geld (in eine andere Währung) wechseln'), *placer de l'argent* ('Geld anlegen'), *retirer de l'argent* ('Geld abheben')[14] haben jedoch keine Parallelkollokationen im Bereich *temps*. (b) Während die 'Gegenbeispiele' in (a) prinzipiell, d.h. für alle infragekommenden Sprachen, Gültigkeit besitzen dürften, gibt es darüber hinaus sprachspezifische Gegenbeispiele. Im Englischen kollokieren *spend*, *waste*, *save*, *lose* u.a. sowohl mit *money* wie mit *time*; Entsprechendes gilt für das Deutsche. Die daneben durchaus konzipierbare Verbindung von *steal / stehlen* mit GELD und ZEIT ist jedoch nur im Deutschen, nicht aber im Englischen möglich (vgl. (105)).

(105) (i) Er hat mir mein Geld gestohlen.
(ii) Er hat mir meine Zeit gestohlen.
(iii) He stole my money.
(iv) *He stole my time.

Das englische Äquivalent zu dt. *jdm die Zeit stehlen* wäre nicht *steal sb's time*, sondern *waste sb's time*.

(3) Doch auch wenn wir von der Gültigkeit der TIME-IS-MONEY-Metapher ausgehen und uns nur auf die bei Lakoff/Johnson (1980) bzw. Scherfer (1994) genannten Beispiele für V+N-Kollokationen beschränken, zeigt eine detaillierte Analyse, daß das fremdsprachliche Kollokationslernen mit Kollokationsregeln, die aus Einsichten der Kognitiven Semantik abgeleitet sind, wahrscheinlich nicht gefördert werden kann.

Das Operieren mit kognitiven Erklärungen im fremdsprachlichen Wortschatzunterricht und insbesondere bei der Kollokationsschulung würde vermutlich die Hypothese der Transferierbarkeit von Kollokationen (vgl. oben, Abschnitt 4.2.4.2) verstärken. Nehmen wir an, einem L2-Lerner (mit Englisch als L1) wird die sprachliche Wirkung der TIME-IS-MONEY-Metapher im Englischen und Deutschen an Beispielen wie in (106) demonstriert.

(106) lose money / time = Geld / Zeit verlieren
save money / time = Geld / Zeit sparen
waste money / time = Geld / Zeit verschwenden, vergeuden

Auf dieser Basis könnte sich der Lerner berechtigt fühlen, mit *spend money / time* analog zu verfahren. Hier sind jedoch im Deutschen unterschiedliche Verben erforderlich, nämlich (Geld) *ausgeben* und (Zeit) *verbringen*, was zu Kol-

[14] Französische Kollokationen und deutsche Übersetzungen nach *Langenscheidts Kontextwörterbuch Französisch-Deutsch*.

lokationsfehlern wie **Zeit ausgeben* oder **Geld verbringen* führen könnte. In ähnlicher Weise könnte ein L2-Lerner des Englischen (mit Deutsch als L1) auf der Basis des im Deutschen durchaus möglichen *Geld / Zeit stehlen* im Englischen **steal s.o.'s time* (statt *waste s.o.'s time*) produzieren (vgl. oben).

Vergleichbare Verhältnisse (und damit Fehlergefahren) finden sich auch im Sprachenpaar Französisch-Deutsch. Während für die Kollokationen in (107) vollständige Äquivalenz besteht, muß der L2-Deutsch-Lerner (mit Französisch als L1) für *gagner de l'argent / du temps* zwei unterschiedliche Verben lernen, nämlich *(Geld) verdienen* und *(Zeit) gewinnen.*

(107) économiser son argent / son temps = mit seinem Geld / seiner Zeit sparsam umgehen
gaspiller de l'argent / du temps = Geld / Zeit verschwenden, vergeuden
répartir son argent / son temps = sich das Geld / die Zeit einteilen

6.2.3 Die Repräsentation von Kollokationen im mentalen Lexikon

Im Zusammenhang mit der Diskussion zum mentalen Lexikon dürften die Antworten auf folgende Fragen von einiger Relevanz für den methodischen Umgang mit Kollokationen im Fremdsprachenunterricht sein:

- Wie sind Kollokationen im mentalen Lexikon des monolingualen bzw. des ausgewogen-bilingualen Sprechers repräsentiert?
- Wie entwickelt sich die Repräsentation von Kollokationen im mentalen Lexikon des Fremdsprachenlerners?

Daß es auf diese Fragen noch keine zufriedenstellenden Antworten geben kann, ergibt sich aus unseren bisherigen Ausführungen im vorliegenden Kapitel. In diesem Abschnitt wollen wir daher lediglich einige Überlegungen anstellen, die deutlich machen, wie komplex die Fragestellungen sind. Dabei verwenden wir zur Illustration die englische Adj+N-Kollokation *heavy smoker* sowie ihr deutsches Äquivalent *starker Raucher.*

Wie ist im mentalen Lexikon des monolingualen Sprechers des Englischen eine Kollokation wie *heavy smoker* repräsentiert? Zunächst einmal können wir davon ausgehen, daß die beiden Bestandteile der Kollokation, das Adjektiv *heavy* und das Substantiv *smoker*[15] unabhängig voneinander, aber in Verbindung mit entsprechenden anderen Adjektiven bzw. anderen Substantiven gespeichert sind. So dürften im Falle von *heavy* Verbindungen bestehen a) zu anderen Adjektiven, die physikalische Dimensionen beschreiben (*big*, *tall*, *long*, etc.); b) zu anderen *intensifying adjectives* (wie *deep*, *high*, *strong*); c) zu an-

[15] Die Frage, ob *smoker* noch erst aus *smoke + er* gebildet werden muß oder schon als Substantiv zur Verfügung steht, bleibt hier unberücksichtigt.

tonymen Adjektiven (vor allem *light*). Von *smoker* aus dürften Verbindungen existieren zu anderen *nomina agentis* wie *drinker*, *eater*, *sleeper* sowie zu *non-smoker*. Ob zwischen *heavy* und *smoker* eine Verbindung im Sinne des *collocational link* (vgl. oben, Abschnitt 6.2.1) besteht, so daß in einem Assoziationsexperiment auf das Stimuluswort *smoker* möglicherweise mit *heavy* und auf *heavy* vielleicht mit *smoker* reagiert werden würde, ist vermutlich vom Einzelfall abhängig. Es dürfte durchaus Individuen geben, bei denen eine solche Verbindung existiert, wobei von Fall zu Fall Abstufungen hinsichtlich der Stärke des *collocational link* zwischen diesen beiden Wörtern bestehen könnten.[16]

Aus diesen Überlegungen ließe sich also eine erste Hypothese zur mentalen Repräsentation von Kollokationen ableiten: Die Bestandteile der Kollokation sind als Einzellexeme getrennt gespeichert. Beide stehen für sich in einem Geflecht von Beziehungen verschiedener Art zu anderen Lexemen. Dieses Geflecht von Beziehungen ist zu einem gewissen Teil bei allen Sprechern einer Sprache weitgehend identisch, zu einem nicht geringen Teil aber auch individuell unterschiedlich. Unbestritten ist die Annahme, *daß* zwischen einzelnen Lexemen auch *collocational links* existieren; zwischen welchen Lexemen diese Art von Verbindung besteht, läßt sich nicht generell beantworten. Individuelle Unterschiede in dieser Frage hinsichtlich einer bestimmten Wortverbindung (wie z.B. *heavy* + *smoker*) können zum einen die grundsätzliche Existenz oder Nicht-Existenz eines *collocational link* zwischen den beiden Einzellexemen und zum anderen – bei Vorhandensein eines *collocational link* – dessen jeweilige Stärke betreffen.

Eine zweite Hypothese geht – bezüglich der Speicherung der Einzellexeme – von den gleichen Annahmen wie die erste Hypothese aus: Die Bestandteile der Kollokation sind getrennt gespeichert und jeweils in ein Netzwerk von Beziehungen zu anderen Lexemen eingebunden. Die Annahme eines *collocational link* zwischen den beiden fraglichen Einzellexemen (als *ein* Bestandteil dieses Netzwerks) ist jedoch nicht erforderlich; stattdessen wird die Existenz eines gesonderten Eintrags für die fragliche Kollokation angenommen, so daß – bezogen auf unser Beispiel – die drei Einheiten a) *heavy*, b) *smoker*, c) *heavy smoker* im mentalen Lexikon gespeichert sind.

Eine solche Annahme einer gesonderten, zusätzlichen Speicherung der Kollokation als weitere lexikalische Einheit neben den beiden Einzellexemen hätte erhebliche Bedeutung für die Modellierung des mentalen Lexikons. Dabei läßt

[16] Bei einem Lungenfacharzt etwa, der seine Patienten regelmäßig nach deren Rauchgewohnheiten fragt, kann von einem möglicherweise starken *collocational link* ausgegangen werden, während bei einem 'normalen' Raucher vermutlich eine relativ schwach ausgeprägte kollokationale Verbindung besteht. Ebenso ist der Fall eines Sprechers denkbar, bei dem ein *collocational link* zwischen *heavy* und *smoker* nicht vorhanden ist.

sich diese Hypothese nicht auf Kollokationen beschränken; betroffen ist ein weitaus größerer Bereich sprachlicher Ausdrücke:

> "Die breite Grauzone von Wendungen, Kollokationen, Formulierungen oberhalb des frei kombinierbaren Wortes, aber unterhalb des festen idiomatischen Ausdrucks, die als Eckwerte semantischer Autonomie beide mit eigener stabiler Bedeutung gespeichert werden können" (Börner/Vogel 1994b: 16)[17].

Wären diese Wortkombinationen, von denen es in jeder Sprache offensichtlich eine vergleichsweise große Zahl gibt, separat gespeichert, so wäre das mentale Lexikon nicht länger als – in erster Linie – Wortspeicher zu modellieren; die Dinge würden sich erheblich verkomplizieren, und eine befriedigende Lösung dieses Problems ist offenbar nicht in Sicht:

> "Es ist gleichermaßen unbefriedigend, für diese Formulierungen eine Speicherung ihrer Einzelwörter wie eine Speicherung in toto vorzunehmen. Im ersten Fall würde für viele der gespeicherten Wörter eine insgesamt ungeheure Fülle von Beschränkungen, Präferenzen oder gar Frequenzen der Kookkurrenz-Selektion mitgespeichert werden müssen, ... Im zweiten Fall würde eine vermutlich ebenso ungeheure Fülle von fertigen, gleichwohl durchsichtigen Formulierungen gespeichert werden müssen, deren Formelhaftigkeit oft ja doch erst im Sprachvergleich, also aus der Außenperspektive heraus erkennbar ist" (Börner/Vogel 1994b: 17).

Aber auch wenn die Frage der gesonderten Speicherung von Kollokationen grundsätzlich positiv beantwortet wird, so ist damit noch keineswegs klar, *welche* dieser Wortkombinationen Kandidaten für diese Art der Speicherung sind. Darüber hinaus muß davon ausgegangen werden, daß auch hier durchaus individuelle Unterschiede im gespeicherten Repertoire dieser Einheiten bestehen. Daher läßt sich über die Frage, ob einzelne Individuen *heavy smoker* für die Produktion aus *heavy* und *smoker* zusammensetzen oder als fertige Einheit abrufen, nur in ähnlicher Weise spekulieren wie über die Frage des Vorhandenseins eines *collocational link* und dessen vermutliche Stärke (vgl. oben). Außerdem ist zu bedenken, daß der Übergang von einem starken *collocational link* zwischen zwei an sich getrennt gespeicherten Lexemen *heavy* und *smoker* zu einer gesondert und zusätzlich gespeicherten Kollokation *heavy smoker* fließend sein dürfte und sich Ersteres problemlos zu Letzterem entwickeln könnte.

Nehmen wir den ausgewogen-bilingualen Sprecher mit Deutsch und Englisch in den Blick, so können wir zunächst einmal davon ausgehen, daß für ihn alle oben für den monolingualen Sprecher angestellten Überlegungen ebenso gelten, sofern wir an sein mentales Lexikon für Englisch denken. Neben dem Teil, der für Englisch zuständig ist, existiert im mentalen Lexikon des bilingualen Sprechers eine 'Abteilung', in der die lexikalischen Einheiten des Deutschen gespei-

---

[17] Börner/Vogel verweisen hier auf de Bot (1992: 10).

chert sind. In ihm dürften – *grosso modo* – bezüglich der Repräsentation der Lexeme *stark*, *Raucher* sowie der Kollokation *starker Raucher* ähnliche Verhältnisse gegeben sein wie sie bezüglich *heavy smoker* im Englisch-Teil gelten:

- *Stark* ist (u.a.) gemeinsam mit anderen Adjektiven gespeichert (*schwach*; *schwer* ...).
- *Raucher* ist (u.a.) gemeinsam mit Substantiven wie *Trinker* ..., *Nichtraucher*, etc. gespeichert.
- Es könnte ein *collocational link* zwischen *stark* und *Raucher*[18] existieren. Über die Stärke dieser Verbindung sowie über die Frage, ob ein starker *collocational link* nicht evtl. schon in die gesonderte Speicherung der Kollokation (als Einheit) übergegangen ist, kann auch hier – in Abhängigkeit von individuellen Bedingungen und Voraussetzungen – nur spekuliert werden.

In noch stärkerem Maße sind wir auf Spekulationen angewiesen, wenn wir nach der Art der Verbindung zwischen *heavy*, *smoker* und (evtl.) *heavy smoker* auf der einen und *stark*, *Raucher* und (evtl.) *starker Raucher* auf der anderen Seite fragen. *Daß* im mentalen Lexikon eines bilingualen Sprechers überhaupt Verbindungen zwischen den für die jeweilige Sprache zuständigen Teilen bestehen, ist unbestritten; über die Art und Qualität dieser Verbindungen gibt es derzeit jedoch noch kaum gesicherte Erkenntnisse (vgl. oben, Abschnitt 6.1). Vorrangig zu beantworten wäre u.E. im vorliegenden Kontext die folgende Frage: Wie ist gewährleistet, daß ein bilingualer Sprecher bei Bedarf die jeweils zielgerechten/korrekten Kollokationen *heavy smoker* bzw. *starker Raucher* abrufen und verwenden kann und nicht unübliche Kombinationen wie **strong smoker* und **schwerer Raucher* produziert? Grundsätzlich sehen wir hier zwei Möglichkeiten, die wir abschließend noch andeuten wollen:

a) Die vergleichsweise simpelste Lösung wäre wohl die Annahme einer Verbindung zwischen *heavy smoker* und *starker Raucher*; das würde allerdings voraussetzen, daß in beiden Teilen des bilingualen Lexikons die fraglichen Kollokationen gesondert repräsentiert sind.
b) Finden sich lediglich Einträge für *heavy* und *smoker* im Englisch-Teil sowie für *stark* und *Raucher* im Deutsch-Teil des mentalen Lexikons, müßten Verbindungen zwischen *smoker* und *Raucher* und/oder zwischen *heavy* und *stark* existieren. Im Falle der Kollokationsbasen (*Raucher* bzw. *smoker*) ist dies vergleichsweise unkompliziert. Zwischen beiden Lexemen besteht vollständige Äquivalenz; beide bezeichnen das Konzept "Mensch, der (gewohnheitsmäßig) Tabak (in Form von Zigaretten, Zigarren, Pfeife o.ä.) raucht". Falls darüber hinaus in den beiden Teilen des mentalen Lexikons *collocational*

---

[18] Vermutlich besteht die assoziative Verbindung nicht zwischen *stark* und *Raucher*, sondern eher zwischen *stark* und dem Verbstamm *rauch-*; damit wäre sie auch die Basis für die Adv+V-Kollokation *stark rauchen*.

links zwischen *smoker* und *heavy* einerseits sowie *Raucher* und *stark* andererseits bestehen, wäre die korrekte Abrufung/Verwendung von *heavy smoker* bzw. *starker Raucher* in äquivalenten Kontexten gewährleistet. Im Falle der Kollokatoren sind die Verhältnisse wahrscheinlich erheblich komplexer, da die (u.a. auch kollokational bedingte) Polysemie der beiden Adjektive *heavy* bzw. *stark* ins Spiel kommt. Da – wie mehrfach betont – es sich bei den vorstehenden Überlegungen in großem Maße um Spekulationen handelt, wollen wir hier abbrechen. Solange keine einigermaßen gesicherten Erkenntnisse über die mentale Repräsentation von Kollokationen im mentalen Lexikon des monolingualen und des bilingualen Sprechers vorliegen, sind Spekulationen über die Entwicklung kollokationalen Wissens im Rahmen des fremdsprachlichen Wortschatzunterrichts müßig.

6.3 Konsequenzen für das Kollokationslernen

In unseren Erörterungen in Abschnitt 6.2 ist an verschiedenen Stellen deutlich geworden, daß derzeit weder die Kognitive Linguistik generell noch die Forschung speziell zum mentalen Lexikon Ergebnisse bereitstellen, aus denen die Fremdsprachendidaktik Konsequenzen für die Theorie und Praxis der Wortschatzarbeit und der Kollokationsschulung herleiten könnte. Daß die Erwartungen in dieser Hinsicht sowieso nicht allzu hoch angesetzt werden dürfen, spricht Radden (1994: 84) ziemlich deutlich aus:

> "Das Erkenntnisinteresse der kognitiven Linguistik ist selbstverständlich ein anderes als das der Fremdsprachendidaktik. Von daher ist auch nur bedingt eine Übertragung kognitivlinguistischer Erkenntnisse auf den Bereich des fremdsprachlichen Wortschatzerwerbs zu erwarten. Zweifellos ist ein großer oder vielleicht sogar der größte Teil des Wortschatzes einer Sprache arbiträr und durch kognitive Prinzipien nicht erklärbar."

Auch Scherfer (1994: 194) ist in seiner Formulierung der Folgerungen, die sich aus der Existenz von Denkmetaphern für das Kollokationslernen ergeben könnten, äußerst vorsichtig:

> "Ließe sich die Existenz von lexikalischen Kollokationsregeln empirisch genauer nachweisen und ihre Wirkungsweise präziser beschreiben, dann müßte man von der bisher geltenden Annahme abrücken, nach der Kollokationen idiosynkratische Informationseinheiten seien, für deren Erwerb es keine generellen Prinzipien gibt."

Daß wir Scherfers dennoch durchscheinenden Optimismus in dieser Hinsicht nicht teilen, dürfte in Abschnitt 6.2.2 deutlich geworden sein.

Die Wichtigkeit einer *assoziativen Vernetzung* des Wortschatzes für längerfristiges Behalten ist seit langem bekannt. Vor nunmehr fast 30 Jahren hat z.B. Töpfer (1967) bereits Vorschläge für eine "assoziative Festigung des Wortschatzes"[19] gemacht. Betrachtet man diesen Beitrag (und spätere ähnliche Beiträge) jedoch näher, so wird ein gravierendes Manko der Vorschläge für die assoziative Vernetzung des Wortschatzes deutlich – die *collocational links* spielen dabei meist eine untergeordnete oder gar keine Rolle. Der Beitrag von Töpfer soll uns hier zur Illustration dienen; in ihm zeigt sich die Überbetonung einer paradigmatischen Verankerung des Einzelwortes bei gleichzeitiger fast völliger Vernachlässigung[20] der syntagmatischen lexikalischen Bezüge. Bei Töpfer finden sich u.a. folgende Vorschläge für die Gruppierung des Wortschatzes auf der Basis der assoziativen Bezüge der (a) Kontiguität, (b) Polarität, (c) Affinität:

a) *grass, flower, bush, fence, house, tree, clouds, sky*;
few, a few, some, several, many, a lof of, lots of;
b) *dull – interesting; to love – to hate; boy – girl*;
c) *travel, journey, voyage, trip, tour, excursion, expedition*;
look, book, cook, foot;
class, grass, ask, task, fast, last, park, dark.

Wie sehr die methodischen Vorschläge Töpfers den Bedingungen und Erfordernissen der Sprach*produktion* zuwiderlaufen, wird deutlich, wenn man sich das Grundprinzip seiner "Wortschatzverankerung" (als zweiter Phase der Wortschatzarbeit nach der Wortschatzvermittlung) vergegenwärtigt (1967: 38):

> "Nachdem das Textstück möglichst einsprachig eingeführt ist, das Einzelwort also innerhalb eines konkreten Sinnzusammenhanges erlebt und erfaßt wurde, wird es nunmehr aus seinem angestammten Platz – aus dem Kontext – gelöst und in eine neue (abstrakte) Ordnung gestellt. Das Einzelwort erscheint in einer ganz bestimmten Wortgruppe wieder."

Für Zwecke der Sprachproduktion sind Wörter in abstrakten Ordnungen wenig hilfreich; sie *aus ihren Kontexten* – und damit von ihren Kollokationspartnern – *zu lösen*, läuft der erforderlichen Kollokationsschulung zuwider. Eine assoziative Festigung des Wortschatzes muß in erster Linie *collocational links* schaffen und stärken; diesem Ziel können Übungen dienen, wie sie in Kapitel 5 vorgestellt worden sind.

---

19 Vgl. den Titel seines Beitrages.

20 Die einzige Stelle bei Töpfer, wo ansatzweise der syntagmatische Aspekt auftaucht, ist in Zusammenhang mit der Gruppierung von Synonymen; hier heißt es im Anschluß an die Auflistung dreier Synonymengruppen zum Problem der Bedeutungsdifferenzierung: "Man wird gewöhnlich die jeweilige Nuance durch ein Beiwort verdeutlichen" (1967: 42).

7 Prinzipien und Perspektiven der Kollokationsschulung

Eine umfassende Konzeption zu einer Neuorientierung des Fremdsprachenunterrichts, in der das Kollokationsphänomen eine tragende Rolle spielt, hat Lewis (1993) mit seinem *Lexical Approach* vorgelegt. Der *Lexical Approach* ist keine neue revolutionäre bzw. 'alternative' Fremdsprachenlehr-/-lernmethode (wie etwa Suggestopädie o.ä.), sondern lediglich eine Neuakzentuierung bzw. Neubewertung bestimmter traditioneller Bereiche des herkömmlichen Fremdsprachenunterrichts. Während es im herkömmlichen Fremdsprachenunterricht – auch dort, wo kommunikative Kompetenz als oberstes Lernziel postuliert wird – in erster Linie um den Erwerb von Strukturen und grammatischen Regularitäten geht, dominiert in Lewis' *Lexical Approach* statt der Grammatik die Lexis. Sprache wird nicht als System von Strukturen gesehen, das mittels lexikalischer Elemente zu füllen ist; Sprache ist nach Lewis in erster Linie eine Menge lexikalischer Elemente, die nach bestimmten Konventionen miteinander zu kombinieren sind. "Language consists of grammaticalised lexis, not lexicalised grammar" (1993: vi). Was der Fremdsprachenunterricht mit dem Lerner und für den Lerner in erster Linie entwickeln muß, ist dessen "*communicative power*" (1993: 39). Diese *communicative power* kann sich allerdings nur dann entwikkeln, wenn dem Lerner ein ausreichendes Repertoire an lexikalischen Elementen zur Verfügung steht. Daher muß die Arbeit an der Lexis im Vordergrund stehen.

Daß Lewis nicht den Anspruch erhebt, den Fremdsprachenunterricht "neu erfunden" zu haben, wird auch deutlich, wenn er selbst herausstreicht, daß es gewisse Gemeinsamkeiten zwischen seinem *Lexical Approach* und dem *Natural Approach* von Krashen/Terrell (1983) gibt (1993: 23/24). Auch im *Natural Approach* werde die größere Wichtigkeit von Wortschatzkenntnissen gegenüber Grammatikkenntnissen für die Kommunikationsfähigkeit betont. Im *Lexical Approach* wie im *Natural Approach* lassen sich einige Elemente herausstellen, die für die jeweilige Konzeption eine zentrale Rolle spielen. Hier nennt Lewis (1993: 24) z.B.

- "emphasis on listening";
- "importance of vocabulary at all levels, particularly beginners";
- "de-emphasis of structural accuracy";
- "centrality of the meaning of language".

Auch Krashens *Affective Filter Hypothesis* (Krashen 1982: 30) findet bei Lewis Zustimmung. Für seinen *Lexical Approach* sieht er im Zusammenhang mit der affektiven Komponente im Fremdsprachenerwerbsprozeß zwei methodologische Implikationen: (1) Die Lerner sollten vor allen Dingen in den Anfangsstadien nicht dazu gezwungen werden, fremdsprachliche Äußerungen zu produzieren, da dies zu affektiv bedingten Blockierungen führen kann. (2) Ein Übermaß an Korrekturen sollte auf jeden Fall vermieden werden, da dies negative Auswirkungen auf die Sprechbereitschaft der Lerner haben kann. "Teachers should avoid an over-insistence on production in the earliest stages, being willing to wait until students feel comfortable producing English, and at all costs, overcorrection must be avoided" (Lewis 1993: 28). Generell positive Gefühle in bezug auf die zu lernende Sprache und die Lernumgebung sowie ein positives Selbstbild seien die besten Voraussetzungen dafür, daß Erwerbsprozesse in Gang gesetzt werden und daß aus *Input* auch tatsächlich *Intake* wird.

Elementar für den *Lexical Approach* ist ein Verständnis von Wortschatz, das über die Auffassung hinausgeht, Wortschatz sei lediglich eine Menge von Einzelwort-Elementen; darüber hinaus besteht Wortschatz aus einer nicht minder großen und mindestens ebenso wichtigen Menge von *multi-word items*. Diese Mehrwort-Elemente sind im traditionellen Fremdsprachenunterricht und hier insbesondere bei der Wortschatzarbeit bisher weitgehend vernachlässigt worden. Sie spielen jedoch für den Aspekt der Flüssigkeit von Sprachproduktionen eine eminent wichtige Rolle.

In seiner Kategorisierung lexikalischer Einheiten unterscheidet Lewis (1993: 91-95) zunächst generell zwischen Wörtern und Mehrworteinheiten:

> "In contrast to individual words there are many hundreds of thousands of lexical items which are multi-word units, each recognised as having an independent existence, even if they could be further analysed into components" (1993: 92).

Bei den *multi-word items* differenziert er dann *polywords*, *collocations* und *institutionalised expressions* (vgl. Nattinger/DeCarrico 1992). Zu den *polywords*, die häufig auch in Wörterbüchern verzeichnet sind, gehören z.B. die *phrasal verbs* (*put off, look up to*). Als weitere Beispiele nennt Lewis u.a. *record player, all at once, the day after tomorrow*, und er weist darauf hin, daß die Zuordnung einzelner *multi-word items* zu dieser Kategorie keineswegs immer eindeutig ist; das Charakteristikum der *fuzzy edges* gelte jedoch ebenso für die anderen Kategorien. Unter *collocation* faßt Lewis das ganze Spektrum von möglichen Zweiwortkombinationen, "from the totally unexpectedly novel – free collocation – to the rigidly institutionalised or ossified form – fixed collocation" (1993: 93), wobei *fixed collocations* am Übergang zu den *polywords* stehen[1] und *free collocations* im Grunde nicht mehr zu den *multi-word items* zu rechnen sind, da bei ih-

---

[1] Lewis diskutiert hier das Beispiel *continuous assessment*, das er unter den Beispielen für *polywords* anführt, das aber ebensogut als *fixed collocation* interpretiert werden könne (1993: 93).

nen von einer "independent existence" (vgl. oben) nicht mehr die Rede sein kann.

Wie Nattinger/DeCarrico (1992: 36) stellt Lewis heraus, daß Kollokationen – ebenso wie Einzelwörter – pragmatisch unbestimmt sind: "Words and collocations are intimately associated with the *content* of what the language user expresses rather that what the language user is *doing*" (1993: 94). Die pragmatische Funktion dagegen steht bei den *institutionalised expressions* im Vordergrund. Zu dieser Gruppe rechnet er Wendungen wie *not yet, certainly not, just a moment, please*; Satzanfänge wie *Sorry to interrupt, but can I just say ..., That's all very well, but ...*; und schließlich "full sentences, with readily identifiable pragmatic meaning, which can easily be recognised as fully institutionalised" (1993: 94).

Allen diesen unterschiedlichen Kategorien von Mehrwort-Elementen sollte in einem Fremdsprachenunterricht, der sich dem *Lexical Approach* verpflichtet fühlt, größeres Gewicht beigemessen werden. Als besonders wichtige Kategorie von lexikalischen Elementen, die für den *Lexical Approach* als geradezu konstitutiv bezeichnet werden können, hebt Lewis an verschiedenen Stellen immer wieder die Kollokationen hervor. "An important element of the Lexical Approach is the perception of the central role of collocation in language and its meaning generating power" (1993: 82). Die "bedeutungserzeugende Kraft" von Kollokationen wird deutlich, wenn man sich folgende zwei Punkte vergegenwärtigt:

1. Die Bedeutung mancher Lexeme läßt sich ohne Bezugnahme auf ihre Kollokationspartner kaum erklären. Dies hat Hausmann mehrfach an den Beispielen *schütter* und *eingefleischt* deutlich gemacht. Die Bedeutung von *schütter* läßt sich ohne Bezug auf *Haar* kaum erklären; ebenso verhält es sich mit der Bedeutung von *eingefleischt*, bei dessen Bedeutungsbestimmung fast zwangsläufig auf den Kollokationspartner *Junggeselle* zurückgegriffen wird[2]. Lewis (1993: 82) illustriert diesen Aspekt der *meaning generating power* am Beispiel des Verbs *bark*, dessen Bedeutung ohne Rückgriff auf *dog* kaum erklärt werden kann.
2. Auch für die Bedeutungskonstitution von polysemen Adjektiven spielen die Kollokationen, in denen das fragliche Adjektiv auftritt, eine entscheidende Rolle. Wenn ein zweisprachiges Wörterbuch für ein Adjektiv wie *heavy* z.B. die deutschen Äquivalente *schwer*, *schwermütig*, *schwerfällig*, *trüb*, *drükkend*, *heftig* angibt[3], so ergibt sich die aktuelle Bedeutung, die *heavy* im je-

---

[2] Vgl. auch Hausmanns Beispiel *endurci* für die Nicht-Äquivalenzfähigkeit von Kollokatoren; Abschnitt 2.2.3.2.

[3] Vgl. *Langenscheidts Schulwörterbuch Englisch* (1986) s.v. *heavy*.

weiligen Gebrauchszusammenhang hat, in hohem Maße aus dem mit *heavy* zusammen gebrauchten Substantiv.

Da Wortschatz vom Umfang her eine kaum zu überschauende Lernaufgabe darstellt, ist es überaus wichtig, das Lernpensum für den Lerner geordnet aufzubereiten. Auch in diesem Zusammenhang kommt dem Kollokationskonzept eine zentrale Rolle im *Lexical Approach* zu: Zwei mögliche Ordnungsprinzipien von Wortschatz erscheinen Lewis besonders wertvoll, nämlich *Topics/Semantic Fields* einerseits und *Collocation* andererseits. Das Ordnungsprinzip *Topics/Semantic Fields* orientiert sich an den Gegebenheiten der realen Umwelt (außersprachliche Wirklichkeit), während sich *Collocation* als Ordnungsprinzip auf die sprachliche Umwelt bezieht. "Collocation, by concentrating on linguistic environment rather than real world environment, provides the most powerful organizational principle for language teaching" (1993: 119). Bei der Zusammenstellung von Wortschatz nach *Topics* in Sachfeldern[4] sei allerdings die Gefahr groß, daß die Wortklasse Substantiv dominiere. Daher müsse unbedingt darauf geachtet werden, daß neben den Substantiven, die einem bei der Sammlung von Material zu einem bestimmten Sachfeld sofort gegenwärtig seien, auch Wörter anderer Wortklassen Berücksichtigung finden. Hier denkt Lewis in erster Linie natürlich an Adjektive und Verben, mit denen die Substantive Kollokationen eingehen. Die alleinige Berücksichtigung von Substantiven bei der Zusammenstellung von Sachfeldern könne möglicherweise auch einer der Gründe für ein bestimmtes Wortschatzdefizit von *intermediate students* sein, das Lewis beobachtet hat: Viele Lerner dieses Niveaus hätten einen relativ großen Wortschatz von Substantiven, ohne in der Lage zu sein, diese Substantive sinnvoll zu verwenden, da ihnen Verben und Adjektive als Kollokationspartner unbekannt seien. "If we wish to talk about a noun it is precisely *other* word categories which are needed" (Lewis 1993: 102)[5].

Den Unterschied zwischen dem Aufstellen von Substantivlisten zu einem bestimmten *Topic* und dem Aufstellen von Listen mit *lexical items*, die für den Fremdsprachenunterricht sinnvoll sind, illustriert Lewis mit einem Vergleich zwischen Muttersprachenunterricht in der Grundschule und Fremdsprachenunterricht; ersterer habe das Ziel, das Sachwissen der Kinder und ihr Weltverständnis zu erweitern – daher sei es eine sinnvolle Aktivität, z.B. die in einer Küche vorzufindenden Objekte aufzulisten. Hauptziel des Fremdsprachenunterrichts dagegen sei es, den Lernern deutlich zu machen, welche sprachlichen

---

4 Das, was Lewis hier mit *semantic field* bezeichnet, entspricht u.E. weitaus eher dem *Sachfeld* als dem *Wortfeld*.

5 Die Formulierung "to talk about a noun" halten wir für etwas unglücklich; es wird nicht über das Substantiv gesprochen, sondern über das vom Substantiv Bezeichnete.

Elemente mit welchen anderen sprachlichen Elementen zusammengehören – "in other words, it is centrally and intrinsically about collocation" (1993: 119).

Ein weiteres entscheidendes Charakteristikum des *Lexical Approach* liegt auf der Ebene der Methodik und betrifft die Art und Weise des Umgangs mit Texten. "The single most distinctive feature of the Lexical Approach is that it proposes a fundamentally different attitude to the treatment of text" (Lewis 1993: 106). Im *Lexical Approach* fungieren längere fremdsprachliche Texte nicht nur als Transportmittel für interessante Inhalte, sondern sie bilden auch ein reichhaltiges Reservoir, das es in sprachlicher Hinsicht gründlich auszuschöpfen gilt. Dabei kommt der Technik des *chunking* große Bedeutung zu. Unter *chunking* versteht Lewis die Analyse des Textes vor allem mit Blick auf die verschiedenen Arten von *multi-word items* (vgl. oben). Dadurch könne den Lernern bewußt gemacht werden, daß sich Texte nicht aus Einzelwörtern, sondern aus größeren lexikalischen Einheiten zusammensetzen. Die Schwierigkeiten, mit der Technik des *chunking* effektiv umzugehen, seien keineswegs zu unterschätzen; zunächst müßten die Lehrkräfte diese Art der sprachlichen Auswertung von Texten selbst trainieren, um dann die Technik den Lernern vermitteln zu können. Da Lerner eine natürliche Tendenz besäßen, Texte Wort für Wort zu lesen, sei es erforderlich, durch *awareness raising activities* wie eben *chunking* die Aufmerksamkeit auf Texteinheiten oberhalb der Wortebene zu lenken.

Ohne daß wir auf weitere Einzelheiten des *Lexical Approach* eingehen, sollte deutlich geworden sein, welche Rolle dem Kollokationskonzept bei einer Neuorientierung des Fremdsprachenunterrichts, wie Lewis sie hier vorlegt, zukommt. Daß eine solche Konzeption unseren Vorstellungen sehr entgegenkommt, braucht nicht betont zu werden; auf die große Menge möglicher Verweise auf Affinitäten zu dem von uns Dargestellten haben wir hier bewußt verzichtet. Vor dem Hintergrund der Ausführungen von Lewis wird zudem (erneut) erkennbar, daß wir uns in unserer Studie auf den "Kernbereich" dessen konzentriert haben, was unter dem Stichwort *Kollokation* gefaßt werden kann: Über unsere lexikalischen Zweierkombinationen hinaus wären weitere Arten von "Formulierungen", "syntagmatischen Einheiten", "multi-word items" verstärkt in den Wortschatzunterricht einzubeziehen. Wenn in diesem Sinne das Kollokationskonzept zum übergreifenden Prinzip nicht unbedingt des gesamten Fremdsprachenunterrichts, aber zumindest der fremdsprachlichen Wortschatzarbeit werden würde, wäre u.E. schon eine Menge erreicht. Um eine solche Entwicklung zu fördern, wollen wir abschließend vier Leitlinien der Kollokationsschulung formulieren und erläutern, die zugleich eine Zusammenfassung der wesentlichen Punkte unserer Erörterungen darstellen.

(1) Ein "Kollokationsbewußtsein" beim Lerner schaffen

An verschiedenen Stellen haben wir auf den Hauptgrund dafür hingewiesen, daß Kollokationen ein zentrales Lernproblem bei der Wortschatzarbeit darstellen: Aufgrund ihrer "unauffälligen Üblichkeit" werden sie vom Lerner gewissermaßen "übersehen" – da sie nur selten Verständnisprobleme bereiten, stellen sie bei der Lektüre keine Stolpersteine dar. "Schüler erfragen und erkennen gewöhnlich in neuen Texten nur Einzelwörter. Sie übersehen ihre kollokative Einbettung in die bevorzugte sprachliche Nachbarschaft" (Werlich 1986: 36).

Deshalb besteht ein überaus wichtiger Schritt im Rahmen der Kollokationsschulung darin, die Aufmerksamkeit der Lerner auf die Tatsache zu lenken, daß die Kombinationsmöglichkeiten vieler Lexeme begrenzt sind.

> "Während es auf der anfänglichen Stufe des Spracherwerbs vorwiegend darum geht, dem Fremdsprachenlerner die häufigen Kombinationen durch Lehr- und Übungsmaterial anzubieten und verfügbar zu machen, bietet sich für die Stufe des Sprachausbaus – ... – eine Reihe von methodischen Alternativen an, die durch forschendes Lernen charakterisiert sind. Es geht auf dieser Stufe darum, ein 'Kollokationsbewußtsein' bei Lehrenden und Lernenden zu schaffen, und zwar ausgehend von der Kategorie Text" (Geiger 1979: 89).

Die Erzeugung eines Kollokationsbewußtseins beim Lerner ist der Hauptzweck des kollokationsentdeckenden Lesens, das u.E. mit jeglicher Art von Texten möglich und sinnvoll ist.

Ein weiterer methodischer Vorschlag, der ebenfalls der Schaffung eines Kollokationsbewußtseins beim Schüler im Rahmen der Textarbeit dient, findet sich bei Werlich (1986: 36). Er plädiert dafür, daß relevante Kollokationen während der Texterarbeitung von der Lehrkraft an der Tafel festgehalten werden sollten:

> "Die Isolation von Kollokationen während des gesamten Interpretationsgesprächs durch den Lehrer – in Kollokationskolumnen an der Tafel (...) – bietet eine außerordentlich wichtige Lernhilfe sowohl für das Gespräch in dieser einleitenden Spontanphase als auch in allen nachfolgenden Erarbeitungs- und Ergebnisphasen (...)".

Auch auf diese Weise werden Schüler dazu angeleitet, Texte nicht nur inhaltsorientiert, sondern auch formorientiert zu lesen.

Besonders geeignet für das Bewußtmachen des Kollokationsphänomens sind naturgemäß solche Beispiele, an denen gezeigt werden kann, daß die Kollokationspartner eines Wortes in der L1 und der L2 unterschiedlich sein können (vgl. Abschnitt 4.2.4). Daß insbesondere hier Fehlergefahren lauern und auch tatsächlich Fehler gemacht werden, ist in den Abschnitten 4.1.1.3 und 4.1.2 deutlich geworden.

(2) Kollokationslernen ist *rote learning*

Im Verlauf unserer Erörterungen ist mehrfach betont worden, daß ein nennenswerter Lerneffekt hinsichtlich der Kollokationen durch bloßes Rezipieren von Texten nicht erwartet werden kann (vgl. vor allem Abschnitt 4.1.2). Kollokationen werden nicht quasi automatisch mitgelernt, sondern erfordern besondere Lernanstrengungen. Über diese allgemeine Einsicht hinaus, die im Grunde genommen auf alle Aspekte des Fremdsprachenlernens zutrifft, kommt jedoch im Falle der Kollokationen hinzu, daß sich dieser Bereich einem Regellernen entzieht: Gairns/Redman (1986: 37) haben uns in Abschnitt 2.2.2.2 mit der 'bitteren Wahrheit' konfrontiert, daß es keine Kollokationsregeln gibt. Hatte Carstensen (1969: 12) noch gehofft, auf der Basis semantischer Analysen Regeln über Kollokationen ableiten zu können, so dürfte inzwischen weitgehend Konsens darüber bestehen, daß keine Regelhaftigkeit und damit keine Vorhersagbarkeit im Kollokationsverhalten einzelner Lexeme zu erkennen ist. Das Beispiel *take pictures* (statt **make pictures*) kommentiert Roos (1976: 67) folgendermaßen: "This type of lexical choice is unpredictable to the foreign language learner and can only be learned through *memorization*" (meine Hervorhebung – J.B.).

Daß Kollokationen auswendig gelernt werden müssen, ist in vielen Beiträgen immer wieder herausgestellt worden:

- "Es wurde schon erwähnt, daß die "unfreien" Wortverbindungen (= Kollokationen, J.B.) ein spezielles Training und ein gezieltes Memorieren erfordern, da sie sich in jeder Sprache anders darstellen" (Novikov 1976: 73).
- "We should also remember that, contrary to common belief, mere exposure to the target language, however intensive it might be, is not sufficient to achieve lasting learning effect (sic!) in the productive use of conventional syntagms (= Kollokationen, J.B.). They have to be consciously learned and even overlearned since they are a considerable strain on the learner's memory. This is so because conventional syntagms, contrary to syntactic and phonological structures, form an open and unorganized set so that mastering them requires the strategy of rote learning rather than that of meaningful learning" (Marton 1977: 54).
- "Such collocations must be learnt as complete expressions, which are automatically triggered and reproduced. Syntactic or semantic rules cannot be formulated for them" (Lipka 1990: 167).

Wie und wann soll dieses bewußte Einprägen, dieses Auswendiglernen von Kollokationen stattfinden? Eine Antwort auf die Frage nach dem Zeitpunkt dieser Tätigkeit macht deutlich, daß im Grunde genommen im Drei-Phasen-Modell der Wortschatzarbeit von Doyé ([5]1980) eine entscheidende Phase fehlt[6] – nämlich die Einprägungsphase, die nach Segermann (1992: 11) der Übungsphase vorausgehen sollte. Die Frage, wie das Einprägen am sinnvollsten zu geschehen habe, ist bezüglich der (Einzel)-Vokabeln in der Literatur vielfach erörtert worden; die drei grundsätzlichen Möglichkeiten, die sich hier anbieten, charakterisiert Scherfer (1989: 193/4) in Anlehnung an die verschiedenen Aufbereitungsarten von Wortschatz in Lehrbüchern als

- das Memorieren zweisprachiger Vokabelgleichungen (Paarassoziationslernen);
- das Memorieren einsprachiger Vokabellisten;
- das Memorieren der Vokabeln in typischen syntaktischen Kontexten.

Von diesen drei Möglichkeiten ist die – nach Scherfer – am weitesten verbreitete Art des Vokabellernens, nämlich das Lernen englisch-deutscher Wortgleichungen, häufig und heftig kritisiert worden, und zwar vor allem mit dem Argument, daß die völlige inhaltliche Kongruenz zweier Wörter, die durch die Gleichsetzung (*take = nehmen*) suggeriert wird, nur bei wenigen Wörtern tatsächlich vorhanden sei (vgl. auch Doyé [5]1980: 71-74).

Prüfen wir jedoch Kollokationen hinsichtlich der Frage, ob zweisprachige Gleichungen zulässig sind, so bemerken wir einen fundamentalen Unterschied zur Einzelvokabel: Bei Kollokationen stimmen zweisprachige Gleichungen ausnahmslos: *take a photo = ein Foto machen*, *take an exam = eine Prüfung ablegen*, *take responsibility = Verantwortung übernehmen*, *take shape = Gestalt annehmen* etc. Daher spricht hier nichts gegen, aber alles *für* das Lernen von zweisprachigen Kollokationsgleichungen[7].

(3) Kollokationsarbeit von der Basis *und* vom Kollokator aus

Bei der Wiedergabe von Hausmanns Vorschlägen zur Methodik des Kollokationslernens (Abschnitt 2.2.3.2) haben wir gesehen, daß sowohl Basis als auch Kollokator den Ausgangspunkt für systematische Kollokationsarbeit bilden können. Ist einer der beiden Wege vorzuziehen?

Eine dezidierte Meinung zu dieser Frage haben wir nur bei Cop (1990: 40/1) gefunden; sie plädiert für ein Kollokationslernen von der Basis aus:

---

[6] Bei Doyé ([5]1980) fehlt diese Phase nicht wirklich – sie ist lediglich nicht als selbständige Phase charakterisiert, sondern (als "Vokabellernen") Teil der Übungsphase.

[7] Vgl. in diesem Sinne auch Walter (1977: 297): "Gegen die zweisprachige Vokabelgleichung spricht, daß die Wörter isoliert sind und der unterschiedliche Wortinhalt und Anwendungsbereich in L_1 und L_2 nicht berücksichtigt werden. Eine Ausnahme bilden *zweisprachige Kollokationen*" (meine Hervorhebung, J.B.). – Vgl. auch Hausmanns Vorschlag, bei der systematischen Kollokationsarbeit zweisprachig vorzugehen (Abschnitt 2.2.3.2).

"In systematic learning, ..., it seems less complicated to learn a series of collocators which can be used with one or more bases than to try and learn which bases can be used with a certain collocator: this would involve learning the entire polysemy structure of a word which amounts to systematically ploughing through the dictionary article for the word".

Sie illustriert ihre Argumentation mit dem Verb *pursue*; aus einem Wörterbuchartikel zu diesem Kollokator lassen sich – abhängig von der jeweiligen Subbedeutung von *pursue* – u.a. folgende Kollokationen ermitteln: *pursue a fugitive, pursue a desire, pursue a plan/policy, pursue studies/a hobby, pursue a man, pursue a point.* Als lernerschwerend sieht Cop hier offenbar den Umstand, daß diese Kollokationen kein semantisch konstantes Element[8] enthalten: Die Basen gehören unterschiedlichen semantischen Klassen an; der (polyseme) Kollokator ändert seine Bedeutung in Abhängigkeit von der jeweiligen Basis. Die lernerleichternde Konstante ist dagegen gegeben, wenn von einer Basis ausgegangen wird: "The advantage of learning a series of collocators which can be used with a particular base is that the base is a lexical-semantic constant, for example QUESTION" (Cop 1990: 41). Als Beispiele für Kollokationen mit der Basis *question* nennt sie *a moot question*; *raise a question, ponder a question, a question pops up.*

Sowohl bei unseren Erörterungen zum Kollokationsfeld (Abschnitt 3.2) wie bei unserer Typologie von Kollokationsübungen ist durch die vielen Beispiele klar geworden, daß beide Wege der Kollokationsschulung ihre Berechtigung haben und einander ergänzen müssen. Eine Zusammenstellung in Form einer Kollokationskette mit einem Kollokator als Ausgangswort (z.B. *resume one's word, one's studies, courage, power, strength*[9]) ist ebenso sinnvoll wie eine Zusammenstellung in Form eines Kollokationsfeldes, bei dem das Ausgangswort meist eine Kollokationsbasis sein wird. Auch Kollokationsübungen können und sollen sowohl von der Basis wie vom Kollokator ausgehen; in Kapitel 5 haben wir Beispiele für Suchaufgaben in beide Richtungen gesehen: Kollokator ⇒ Basis ("Write down three things you can *win, run, miss, catch,*" etc. – Redman/ Ellis 1990: 27) und Basis ⇒ Kollokator ("Add appropriate adjectives to the following things: *power, existence, victim, flight,*" etc. – TWYN, S. 152).

Lernprobleme, wie Cop sie andeutet, dürften u.E. vor allem dann entstehen, wenn beim Versuch der Systematisierung 'zuviel des Guten' getan wird. Hierbei denken wir z.B. an die (vollständige?) Aufstellung der Kollokationen mit dem Kollokator *bouffée* (vgl. Abschnitt 2.2.3.2), die Hausmann zur Illustration einer systematischen Kollokationsarbeit vom Kollokator aus anführt. Angesichts der 32 N_1+N_2-Kollokationen stellt sich die Frage nach dem didaktisch-methodischen Sinn dieser Kollokationskette: Wer sollte sie lernen? Wie und wann

8 Bei Cop (1990: 41) heißt es: "There is no constant here to facilitate learning".
9 Vgl. LDS s.v. *resume*.

sollte sie gelernt werden? Warum sollte sie gelernt werden? Ist sie überhaupt 'lernbar'? – Hier wäre eine Auswahl unbedingt erforderlich.

Daß Cop (1990: 41) das von ihr angeführte weitere Beispiel für Kollokationsarbeit vom Kollokator aus (vgl. (108)) als verwirrend[10] empfindet, ist durchaus nachvollziehbar. Dies liegt jedoch zum einen an der etwas unübersichtlichen graphischen Darstellung und zum anderen daran, daß nach den Basen zu drei Kollokatoren gleichzeitig gefragt wird. Eine einfache Kollokationskette wie *perform an experiment*, *a test*, *a surgery*, *an operation*, *an autopsy* scheint uns in keiner Weise "complicated to learn" zu sein.

(108)

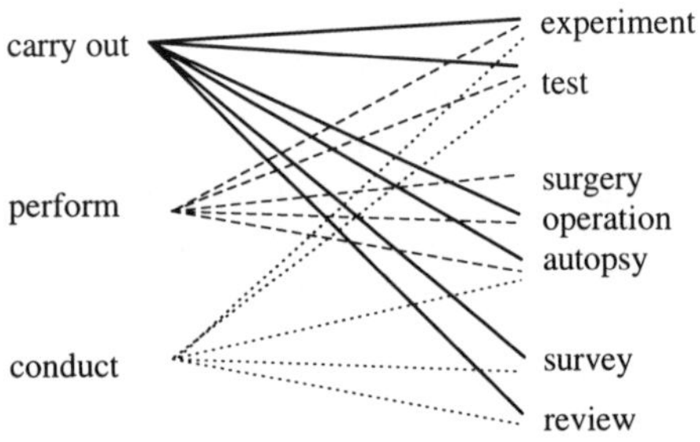

(4) Kollokationsschulung in allen Phasen der Wortschatzarbeit

Bei unserer Literaturschau in Kapitel 2 sind wir an zwei Stellen auf die Frage gestoßen, in welchen Unterrichtsphasen Kollokationslernen zweckmäßigerweise stattfinden sollte. Wir haben gesehen, daß bei Doyé (^{5}1980) lediglich im Abschnitt "Integrierungsphase" von Kollokationen die Rede ist; er schlägt die Zusammenstellung verschiedener Arten von Kollokationsfeldern vor, um Kollokationsfehler zu beheben bzw. zu vermeiden. Eine kritische Sicht dieser Beschränkung auf die Integrierungsphase haben wir bei Breitkreuz (1989) gefunden; er fordert die Einbeziehung kollokationaler Aspekte auch in die Darbietungs- und in die Übungsphase der Wortschatzarbeit.

Unsere Ausführungen sollten deutlich gemacht haben, daß Kollokationsschulung im Englischunterricht nur dann den gewünschten Erfolg haben wird, wenn sie als übergreifendes Prinzip der Wortschatzarbeit begriffen wird, das in jeder Phase zu beachten ist. Für eine Berücksichtigung von Kollokationen in der Einführungs- und Darbietungsphase sind insbesondere Estors Vorschläge zum Einsatz der *Vocab Sheets* relevant. Aber auch ohne *Vocab Sheets* ist eine Ein-

---

10 "This approach can quickly become somewhat bewildering as the following diagram taken from Cowie 1986 shows" (hier folgt (108); Cop 1990: 41).

führung neuer Wortschatzelemente in ihren kollokationalen Bezügen ohne großen zusätzlichen Aufwand für die Lehrkraft möglich; dies hat unsere Analyse des Wörterverzeichnisses eines weitverbreiteten neueren Lehrwerks gezeigt.

Wie Übungsphasen zum Zwecke des Kollokationslernens gestaltet werden können, haben wir in Abschnitt 4.2.3 sowie in Kapitel 5 gesehen. Dabei dürfte klar geworden sein, daß es Kollokationsübungen für praktisch alle Lerner-Niveaus gibt – für den Unterricht mit Anfängern ebenso wie für den universitären Fremdsprachenunterricht. Daß Kollokationen – immer wieder – geübt werden müssen, dürfte angesichts ihrer Fehleranfälligkeit unbestritten sein. In welcher Weise neuere Englischlehrwerke dieser Notwendigkeit in immer stärkerem Maße Rechnung tragen, ist bei der Vorstellung der *Wordmaster-Workbooks* deutlich geworden.

Natürlich muß Kollokationsschulung auch weiterhin ihren Platz in der Integrierungsphase der Wortschatzarbeit haben; es wäre zweifellos kontraproduktiv, sich nun auf die Kollokationsschulung in Darbietungsphase und Übungsphase zu konzentrieren und die Arbeit mit Kollokationsfeldern zu vernachlässigen. Wie die vielen Beispiele von Kollokationsübungen gezeigt haben, steht dort die Einzelkollokation im Vordergrund. Ziel der Kollokationsarbeit muß es aber auch sein, ein einzelnes Ausgangswort mit möglichst vielen seiner wichtigsten Kollokationspartner gebrauchen zu können. Eine unabdingbare Voraussetzung dafür ist die Arbeit mit Kollokationsfeldern in der Integrierungsphase.

8 Literaturverzeichnis

A. Zitierte Literatur

Aitchison, J. (1987), Words in the Mind. An Introduction to the Mental Lexicon. Oxford.

Albert, M.L./L.K. Obler (1978), The Bilingual Brain. New York.

Alexander, R.J. (1987), "Problems in understanding and teaching idiomaticity in English". anglistik & englischunterricht Band 32, 105 – 122.

Arnaud, P.J.L./H. Béjoint (Hrsg.) (1992), Vocabulary and Applied Linguistics. Houndsmill.

Atkinson, R.C. (1975), "Mnemotechnics in second-language learning". American Psychologist 30, 821 – 828.

Bach, G./J.-P. Timm (Hrsg.) (1989), Englischunterricht. Grundlagen und Methoden einer handlungsorientierten Unterrichtspraxis. Tübingen 1989.

Bahns, J. (1987), "Kollokationen in englischen Wörterbüchern". anglistik & englischunterricht Band 32, 87 – 104.

Bahns, J. (1989), "Kollokationen als Korrekturproblem im Englischunterricht". Die Neueren Sprachen 88, 497 – 514.

Bahns, J. (1993a), "Lexical collocations: a contrastive view". English Language Teaching Journal 47, 58 – 63.

Bahns, J. (1993b), "Kollokation kontra Kontext: Wider ein zu weites Verständnis des Kollokationsbegriffs". Praxis des neusprachlichen Unterrichts 40, 30 – 37.

Bahns, J. (1993c), "Word Partnerships – Kollokationsübungen für die Wortschatzarbeit". Zielsprache Englisch 23/3, 7 – 12.

Bahns, J. (im Druck), Kollokationen als lexikographisches Problem. Eine Analyse allgemeiner und spezieller Lernerwörterbucher des Englischen. Tübingen.

Bahns, J./H. Burmeister/Th. Vogel (1986), "The pragmatics of formulas in L2 learner speech: use and development". Journal of Pragmatics 10, 693 – 723.

Bahns, J./M. Eldaw (1993), "Should we teach EFL students collocations?" System 21, 101 – 114.

Bahns, J./U. Sibilis (1992), "Kollokationslernen durch Lektüre". Neusprachliche Mitteilungen 45, 158 – 163.

Baur, R.S. (1990), Superlearning und Suggestopädie. Berlin/München.

Bausch, K.-R./H. Christ/W. Hüllen/H.-J. Krumm (Hrsg.) (1989), Handbuch Fremdsprachenunterricht. Tübingen.

Bebermeier, H. (1992), Begegnung mit Englisch. Frankfurt/M.

Beier, R. (1980), Englische Fachsprache. Stuttgart.

Beile, W. (1979), Typologie von Übungen im Sprachlabor. Frankfurt/M.

Beile, W. (1987), "Wortschatzübungen in englischen Lehrwerken der Sekundarstufe I". anglistik & englischunterricht Band 32, 61 – 86.

Benson, M. (1985a), "Lexical combinability." Papers in Linguistics 18, 3 – 15.

Benson, M. (1985b), "Collocations and idioms". In: R. Ilson (Hrsg.), Dictionaries, Lexicography and Language Learning. Oxford. 61 – 68.

Benson, M./E. Benson (1988), "Trying out a new dictionary". TESOL Quarterly 22, 340 – 346.

Benson, M./E. Benson/R.Ilson (1986a), The BBI Combinatory Dictionary of English. A Guide to Word Combinations. Amsterdam/Philadelphia.

Benson, M./E. Benson/R. Ilson (1986b), Lexicographic Description of English. Amsterdam/ Philadelphia.

Biskup, D. (1992), "L1 influence on learners' renderings of English collocations: a Polish/German empirical study". In: P.J.L. Arnaud/H. Béjoint (Hrsg.), 85 – 93.

Börner, W. (1986), "Methodik oder: Wie lehrt man Sprachenlernen?" In: K.-R. Bausch/H. Christ/W. Hüllen/H.-J. Krumm (Hrsg.), Lehrperspektive, Methodik und Methoden. Arbeitspapiere der 6. Frühjahrskonferenz zur Erforschung des Fremdsprachenunterrichts. Tübingen. 27 – 32.

Börner, W./K. Vogel (Hrsg.) (1993), Wortschatz und Fremdsprachenerwerb. Bochum.

Börner, W./K. Vogel (Hrsg.) (1994a), Kognitive Linguistik und Fremdsprachenerwerb. Das mentale Lexikon. Tübingen.

Börner, W./K. Vogel (1994b), "Mentales Lexikon und Lernersprache". In: W. Börner/K. Vogel (Hrsg.) (1994a), 1 – 17.

Bohlen, A. (^{5}1966), Methodik des neusprachlichen Unterrichts. Heidelberg.

Breitkreuz, H. (1989), "Kollokationales Lernen im Englischunterricht am Beispiel von group terms und collective nouns". In: Pädagogische Hochschule Heidelberg – Institut für Weiterbildung (Hrsg.), Fremdsprachenunterricht im Wandel. Heidelberg. 55 – 66.

Brown, D.F. (1974), "Advanced vocabulary teaching: The problem of collocation". RELC Journal 5, 1 – 11.

Burgschmidt, E./C. Perkins (1985a), Phraseologie: Kollokationen – Phraseme – Idiome. EB-Fehlerkartei Englisch Veröffentlichungen Band 3/1. Braunschweig.

Burgschmidt, E./C. Perkins (1985b), Phraseologie: Kollokationen – Phraseme – Idiome. EB-Fehlerkartei Englisch Veröffentlichungen Band 3/2. Braunschweig.

Bußmann, H. (^{2}1990), Lexikon der Sprachwissenschaft. Stuttgart.

Butzkamm, W. (1989), Psycholinguistik des Fremdsprachenunterrichts. Tübingen.

Carstensen, B. (1969), "Grammatik und Wörterbuch: Kriterien zur Abgrenzung syntaktischer und semantischer Informationen". Neusprachliche Mitteilungen 22, 8 – 17.

Carstensen, B. (1970), "Englische Wortschatzarbeit unter dem Gesichtspunkt der Kollokation". Neusprachliche Mitteilungen 23, 193 – 202.

Carter, R. (1987), Vocabulary. Applied Linguistic Perspectives. London.

Carter, R./M. McCarthy (1988), Vocabulary and Language Teaching. London/New York.

Channell, J. (1981), "Applying semantic theory to vocabulary teaching". English Language Teaching Journal 35, 115 – 122.

Channell, J. (1988), "Psycholinguistic considerations in the study of L2 vocabulary acquisition". In: R. Carter/M. McCarthy, 83 – 94.

Cook, V. (1991), Second Language Learning and Language Teaching. London.

Cop, M. (1990), "The function of collocations in dictionaries". In: T. Magay/J. Zigany (Hrsg.), Proceedings of BudaLEX 1988. Budapest. 35 – 46.

Cowie, A.P. (1986), "Collocational dictionaries – a comparative view". In: M.G. Murphy (Hrsg.), Proceedings of the Fourth Joint Anglo-Soviet Seminar on English Studies. London. 61 – 69.

de Bot, K. (1992), "A bilingual production model: Levelt's 'speaking' model adapted". Applied Linguistics 13, 1 – 24.

De Florio-Hansen, I. (1994), Vom Reden über Wörter. Vokabelerklärungen im Italienischunterricht mit Erwachsenen. Tübingen.
de Groot, A.M.B. (1993), "Word-type effects in bilingual processing tasks: Support for a mixed-representational system". In: R. Schreuder/B. Weltens (Hrsg.), 27 – 51.
Doyé, P. (1971, [5]1980), Systematische Wortschatzvermittlung im Englischunterricht. Hannover.
Doyé, P. (1988), Typologie der Testaufgaben für den Unterricht Deutsch als Fremdsprache. Berlin/München.
Doyé, P./H. Heuermann/G. Zimmermann (Hrsg.) (1988), Die Beziehung der Fremdsprachendidaktik zu ihren Referenzwissenschaften. Dokumente und Berichte vom 12. Fremdsprachendidaktiker-Kongreß. Tübingen.
Ebbinghaus, H. (1885), Über das Gedächtnis. Leipzig. (Nachdruck Darmstadt 1971).
Ellis, R. (1991), Second Language Acquisition and Second Language Pedagogy. Clevedon.
Ervin, S.M./C.E. Osgood (1954), "Second language learning and bilingualism". Journal of Abnormal and Social Psychology 49 (Suppl.), 139 – 146.
Estor, H. (1989), "Spracherwerb statt Wörterkenntnis. *Vocab Sheets*: Kontextuelles Lernen, Behalten und Anwenden von Wortschatz". Praxis des neusprachlichen Unterrichts 36, 387 – 396.
French Allen, V. (1983), Techniques in Teaching Vocabulary. Oxford.
Friederich, W./J. Canavan (1979), Dictionary of English Words in Context. Dortmund.
Gabryś-Biskup, D. (1990), "Some remarks on combinability: Lexical collocations". In: J. Arabski (Hrsg.), Foreign Language Acquisition Papers. Katowice. 31 – 44.
Gairns, R./S. Redman (1986), Working with Words. A Guide to Teaching and Learning Vocabulary. Cambridge.
Geiger, A. (1979), Britischer Kontextualismus und Fremdsprachenunterricht. Berlin.
Glaap, A.-R. (1979), "Idioms im Englischunterricht – kontextualisiert, sachfeldbezogen, kontrastiv". Die Neueren Sprachen 78, 485 – 498.
Gläser, R. (1985), "Idiomatik und Sprachvergleich". Sprache und Literatur in Wissenschaft und Unterricht Heft 56, 67 – 73.
Gläser, R. (1986), Phraseologie der englischen Sprache. Tübingen.
Gnutzmann, C. (Hrsg.) (1988), Fachbezogener Fremdsprachenunterricht. Tübingen.
Gnutzmann, C./J. Turner (Hrsg.) (1980), Fachsprachen und ihre Anwendung. Tübingen.
Götz, D. (1976a), Stilistik und Idiomatik im Englischunterricht. Dortmund.
Götz, D. (1976b), "Textbezogenes Lernen: Aspekte des Fremdsprachenerwerbs fortgeschrittener Lernender". Die Neueren Sprachen 75, 471 – 484.
Götz, D. (1977), "Idiomatik". In: K. Schröder/Th. Finkenstaedt (Hrsg.), 96 – 99.
Gompf, G. (Hrsg.) (1992), Fremdsprachenbeginn ab Klasse 3: Lernen für Europa. Berlin.
Gottschalk, K.-D. (1973), Idiomatik im Englischunterricht auf der Grundlage von Langenscheidts Handwörterbuch. Berlin/München.
Gramley, S./K.M. Pätzold (1985), Das moderne Englisch. Paderborn.
Gülich, E./K. Henke (1979), "Sprachliche Routine in der Alltagskommunikation. Überlegungen zu 'pragmatischen Idiomen' am Beispiel des Englischen und Französischen (I)". Die Neueren Sprachen 78, 513 – 530.
Gutschow, H. (1968), "Der Beitrag des britischen Kontextualismus zur Theorie und Praxis des Fremdsprachenunterrichts". Der fremdsprachliche Unterricht 2, 23 – 39.
Gutschow, H. (1978), Eine Methodik des elementaren Englischunterrichts. Probleme und Arbeitsformen. Berlin.

Hackenbroch-Krafft, I./A. Schumann (1993), "Vom lexikalischen Reichtum literarischer Texte: Wortschatzarbeit als Literaturunterricht". In: J.-P. Timm/H.J. Vollmer (Hrsg.), Kontroversen in der Fremdsprachenforschung. Bochum. 335 – 348.
Halliday, M.A.K./A. McIntosh/P. Strevens (1964), The Linguistic Sciences and Language Teaching. London.
Handke, J. (1994), "Zugriffsmechanismen im mentalen und maschinellen Lexikon". In: W. Börner/K. Vogel (Hrsg.), 89 – 106.
Hartenstein, K. (1992), "Die Vermittlung von Lexem-Kollokationen im Russischunterricht im Lichte der neueren phraseologischen Forschung". Beiträge zur Fremdsprachenvermittlung aus dem Konstanzer SLI Heft 24, 64 – 81.
Hausmann, F.J. (1979), "Un dictionnaire des collocations est-il possible?" Travaux de linguistique et de littérature 17.1, 187 – 195.
Hausmann, F.J. (1984), "Wortschatzlernen ist Kollokationslernen. Zum Lehren und Lernen französischer Wortverbindungen". Praxis des neusprachlichen Unterrichts 31, 395 – 406.
Hausmann, F.J. (1985), "Kollokationen im deutschen Wörterbuch. Ein Beitrag zur Theorie des lexikographischen Beispiels". In: H. Bergenholtz/J. Mugdan (Hrsg.), Lexikographie und Grammatik. Akten des Essener Kolloquiums zur Grammatik im Wörterbuch 28. – 30.6.84. Tübingen. 118 – 129.
Hausmann, F.J. (1987), "Die Vokabularisierung des Lehrbuchs oder: die Wortschatzwende. Präsentation und Vermittlung von Wortschatz in Lehrwerken für den Französischunterricht". Die Neueren Sprachen 86, 426 – 445.
Hausmann, F.J. (1988), "Grundprobleme des zweisprachigen Wörterbuchs". In: K. Hyldgaard-Jensen/A. Zettersten (Hrsg.), Symposium on Lexicography III. Proceedings of the Third International Symposium on Lexicography May 14-16, 1986 at the University of Copenhagen. Tübingen. 137 – 154.
Hausmann, F.J. (1989a), "Praktische Einführung in den Gebrauch des *Student's Dictionary of Collocations*". In: Student's Dictionary of Collocations. Berlin. iv – xv.
Hausmann, F.J. (1989b), "Was ist und was soll ein Kontextwörterbuch?" In: P. Ilgenfritz/N. Stephan-Gabinel/G. Schneider, Langenscheidts Kontextwörterbuch Französisch – Deutsch. Berlin. 5 – 9.
Hausmann, F.J. (1991), "Collocations in monolingual and bilingual English dictionaries". In: V. Ivir/D. Kalogjera (Hrsg.), Languages in Contact and Contrast. Essays in Contact Linguistics. Berlin/New York. 225 – 236.
Hausmann, F.J. (1993), "Was ist eigentlich Wortschatz?" In: W. Börner/K. Vogel (Hrsg.), 2 – 21.
Hellwig, K. (1995), Fremdsprachen an Grundschulen als Spielen und Lernen. Dargestellt am Beispiel Englisch. Ismaning.
Henrici, G./F. Kostrzewa/E. Zöfgen (1991), "Zur Wirkung von Bedeutungserklärungsverfahren auf Verstehen und Behalten. Ergebnisse aus einem empirischen Projekt". Zeitschrift für Fremdsprachenforschung 2, 30 – 61.
Herbst, Th./R. Stoll/R. Westermayr (1991), Terminologie der Sprachbeschreibung. Ein Lernwörterbuch für das Anglistikstudium. Ismaning.
Heuer, H./F. Klippel (1987), Englischmethodik. Problemfelder, Unterrichtswirklichkeit, Handlungsempfehlungen. Berlin.
Hohmann, H.-O. (1986), "Lexikalische Lernarbeit mit dem Lehrbuch". Der fremdsprachliche Unterricht 20, 171 – 180.
Hübner, W. (1933), Didaktik der neueren Sprachen. Frankfurt/M.

Hüllen, W. (1971), Linguistik und Englischunterricht 1. Didaktische Analysen. Heidelberg.
Hussein, R.F. (1990), "Collocations: The missing link in vocabulary acquisition amongst EFL learners". Papers and Studies in Contrastive Linguistics 26, 123 – 136.
Irujo, S. (1986), "Don't put your leg in your mouth: Transfer in the acquisition of idioms in a second language". TESOL Quarterly 20, 287 – 304.
Jenfu, N. (1994), "Aufgabe und/oder Übung? Betrachtungen zu einem Begriffspaar – mit praktischen Beispielen". Fremdsprache Deutsch Heft 10, 14 – 17.
Jones, C./S. Fortescue (1987), Using Computers in the Language Classroom. London.
Jung, U.O.H. (Hrsg.) (1988), Computers in Applied Linguistics and Language Teaching. Frankfurt/M.
Kellermann, E. (1977), "Towards a characterization of the strategy of transfer in second language learning". Interlanguage Studies Bulletin 2, 58 – 145.
Kellermann, E. (1978), "Giving learners a break: native language intuitions as a source of predictions about transferability". Working Papers on Bilingualism 15, 59 – 92.
Kenning, M.J./M.M. Kenning (1983), An Introduction to Computer Assisted Language Teaching. Oxford.
Klein, W. ([2]1987), Zweitspracherwerb. Eine Einführung. Frankfurt/M.
Kleinschroth, R. (1993), Sprachen lernen mit dem Computer. Elektronische Lernpartner und wie man sie nutzt. Reinbek.
Korosadowicz-Strużyńska, M. (1980), "Word collocations in FL vocabulary instruction". Studia Anglica Posnaniensia 12, 109 – 120.
Kranz, D. (1994), Arbeitsmittel der Anglistik. Ein Studienbuch. Berlin.
Krashen, S.D. (1982), Principles and Practice in Second Language Acquisition. Oxford.
Krashen, S.D./T.D. Terrell (1983), The Natural Approach. Language Acquisition in the Classroom. Oxford.
Krumm, H.-J. (1994), "Bücher & Aufsätze zum Thema". Fremdsprache Deutsch Heft 10, 56.
Kugler, W. (1980), "Headword Technique. Ein Beitrag zur Wortschatz- und Textarbeit auf der Mittel- und Oberstufe". Neusprachliche Mitteilungen 33, 48 – 52.
Lakoff, G./M. Johnson (1980), Metaphors We Live By. Chicago.
Legutke, M. (1988), Lebendiger Englischunterricht. Kommunikative Aufgaben und Projekte für schüleraktiven Fremdsprachenunterricht. Bochum.
Leisi, E. ([6]1974), Das heutige Englisch. Heidelberg.
Leisinger, F. (1949), Der elementare Fremdsprachenunterricht. Stuttgart.
Leisinger, F. (1966), Elemente des neusprachlichen Unterrichts. Stuttgart.
Leonhardi, A. (1953), "Vom fließenden Sprechen im neusprachlichen Unterricht". Praxis des neusprachlichen Unterrichts 1, 2 – 4.
Leonhardi, A. (1954a), "Die Idiomatik im neusprachlichen Unterricht". Praxis des neusprachlichen Unterrichts 1, 17 – 18.
Leonhardi, A. (1954b), "Vom Wortschatz zum Sprachschatz". Praxis des neusprachlichen Unterrichts 1, 41 – 43.
Leonhardi, A. (1956), "Von der Sprechübung zur Einsprachigkeit". Praxis des neusprachlichen Unterrichts 3, 33 – 38.
Leonhardi, A. (1964), "Die natürliche Spracheinheit". Praxis des neusprachlichen Unterrichts 11, 17 – 22.
Levelt, W.J.M. (1989), Speaking: From Intention to Articulation. Cambridge, Mass.
Lewis, M. (1993), The Lexical Approach. The State of ELT and a Way Forward. Hove.

Lipka, L. (1990), An Outline of English Lexicology. Lexical Structure, Word Semantics, and Word-Formation. Tübingen.

Loebner, H.-D. (1974), "Neuralgische Punkte der neusprachlichen Wortschatzarbeit". Der fremdsprachliche Unterricht 8, Heft 29, 15 – 27.

Mackey, W.F. (1965), Language Teaching Analysis. London.

Mackin, R. (1978), "On collocations: 'Words shall be known by the company they keep'". In: P. Strevens (Hrsg.), In Honour of A.S. Hornby. Oxford. 149 – 165.

Maier, W. (1991), Fremdsprachen in der Grundschule. Eine Einführung in ihre Didaktik und Methodik. Berlin/München.

Marton, W. (1977), "Foreign vocabulary as problem No. 1 of language teaching at the advanced level". Interlanguage Studies Bulletin 2, 33 – 57.

McCarthy, M. (1990), Vocabulary. Oxford.

Meara, P. (1983), Vocabulary in a Second Language. Vol. 1. London.

Meara, P. (1987), Vocabulary in a Second Language. Vol. 2. London.

Miller, G.A. (1956), "The magical number seven, plus or minus two: Some limits on our capacity for processing information". Psychological Review 63, 81 – 97.

Mindt, D. (1995), Unterrichtsplanung Englisch für die Sekundarstufe I. Neubearbeitung. Stuttgart/Dresden.

Möhle, D. (1985), "Die Bedeutung von Gebrauchsnormen für die Förderung der fremdsprachlichen Ausdrucksfähigkeit fortgeschrittener Lerner des Französischen". Die Neueren Sprachen 84, 622 – 635.

Müller, G. (1965a), "Sprachstatistik und Feldstruktur". Die Neueren Sprachen 64, 211 – 225.

Müller, G. (1965b), "Grammatische Felder". Die Neueren Sprachen 64, 508 – 519.

Münch, R. (1953), Prinzipien und Praxis des englischen Unterrichts an deutschen Schulen. Berlin/Köln.

Nation, I.S.P. (1990), Teaching and Learning Vocabulary. Boston.

Nattinger, J. (1988), "Some current trends in vocabulary teaching". In: R. Carter/M. McCarthy, 62 – 80.

Nattinger, J.R./J.S. DeCarrico (1992), Lexical Phrases and Language Teaching. Oxford.

Neuner, G. (1994), "Aufgaben und Übungsgeschehen im Deutschunterricht". Fremdsprache Deutsch Heft 10, 6 – 13.

Neuner, G./M. Krüger/U. Grewer (1981), Übungstypologie zum kommunikativen Deutschunterricht. Berlin/München.

Neuner, G./H.–E. Piepho (1994), "'Aufgaben und Übungsgeschehen' – ein lohnendes Thema für *Fremdsprache Deutsch*". Fremdsprache Deutsch Heft 10, 4 – 5.

Nissen, R. (1974), Kritische Methodik des Englischunterrichts. Erster Teil: Grundlegung. Heidelberg.

Nodari, C. (1994), "Autonomiefördernde Aufgaben im Fremdsprachenunterricht. Versuch einer Typologisierung". Fremdsprache Deutsch Heft 10, 39 – 43.

Novikov, L. (1976), "Lexikalische Interferenz in Forschung und Unterricht. Eine Untersuchung am Beispiel der Einwirkung deutscher Sprachnormen auf den Gebrauch des Russischen". Praxis des neusprachlichen Unterrichts 23, 65 – 74.

Otto, E. (1921), Methodik und Didaktik des neusprachlichen Unterrichts. Bielefeld/Leipzig.

Pätzold, K.M. (1987), "Context is all: *The BBI Combinatory Dictionary of English* and the German learner". Fremdsprachen Lehren und Lernen 16, 151 – 182.

Palmer, F.R. (1976), Semantics. A New Outline. Cambridge.

Radden, G. (1994), "Konzeptuelle Metaphern in der kognitiven Semantik". In: W. Börner/K. Vogel (Hrsg.), 69 – 87.
Raith, J. (1967), Der Englischunterricht. Bd. 1. München.
Raupach, M. (1994), "Das mehrsprachige mentale Lexikon". In: W. Börner/K. Vogel (Hrsg.), 19 – 37.
Richards, J.C. (1976), "The role of vocabulary teaching". TESOL Quarterly 10, 77 – 89.
Richards, J.C./T.S. Rogers (1986), Approaches and Methods in Language Teaching. A Description and Analysis. Cambridge.
Roos, E. (1976), "Contrastive collocational analysis". Papers and Studies in Contrastive Linguistics 5, 65 – 75.
Rüschoff, B. (^{2}1988), Fremdsprachenunterricht mit computergestützten Materialien: Didaktische Überlegungen und Beispiele. Ismaning.
Sauer, H. (Hrsg.) (1975), Englisch auf der Primarstufe. Paderborn.
Sautermeister, Ch. (1987), "Pour une meilleure compétence lexicale". ZFI Arbeitsberichte 6, 4 – 28.
Scheler, M. (1977), Der englische Wortschatz. Berlin.
Scherfer, P. (1989), "Wortschatzübungen". In: K.-R. Bausch/H. Christ/W. Hüllen/H.-J. Krumm (Hrsg.), 193 – 195.
Scherfer, P. (1994), "Überlegungen zu einer Theorie des Vokabellernens und -lehrens". In: W. Börner/K. Vogel (Hrsg.), 185 – 215.
Schlepper, W. (1979), "Zur Wortschatzarbeit auf der Sekundarstufe II". Neusprachliche Mitteilungen 32, 177 – 183.
Schmidt, P. (1954), Sprachen lernen, warum und wie? Bonn.
Schoon, W. (1987), "Wortschatzarbeit im Englischunterricht am Beispiel zweier *Stories of Initiation* in einem Grundkurs der Jahrgangsstufe 12". anglistik & englischunterricht Bd. 32, 131 – 166.
Schreuder, R./B. Weltens (Hrsg.) (1993), The Bilingual Lexicon. Amsterdam/Philadelphia.
Schröder, K. (1984), "Die Vermittlung von englischem Wortschatz in Lehrwerken des 17. und 18. Jahrhunderts". In: D. Götz/Th. Herbst (Hrsg.), Theoretische und praktische Probleme der Lexikographie. München. 300 – 333.
Schröder, K./Th. Finkenstaedt (Hrsg.) (1977), Reallexikon der englischen Fachdidaktik. Darmstadt.
Schubel, F. (^{5}1971), Methodik des Englischunterrichts an weiterführenden Schulen. Frankfurt/M.
Schwarze, Ch. (1979), "Réparer – reparieren. A contrastive study". In: E. Bäuerle/U. Egli/A. v. Stechow (Hrsg.), Semantics from Different Points of View. Berlin/Heidelberg/New York. 304 – 323.
Schwarze, Ch./D. Wunderlich (Hrsg.) (1985), Handbuch der Lexikologie. Königstein, Ts.
Schwedtke, K./R. Salewsky (1930), Arbeit und Forschung der Jugend. Wege und Ziele des neusprachlichen Unterrichts nach praktischen Erfahrungen auf Grund der Preußischen Richtlinien. Kiel/Leipzig.
Schwerdtfeger, I.Ch. (1989), "Arbeits- und Übungsformen: Überblick". In: K.-R. Bausch/H. Christ/W. Hüllen/H.-J. Krumm (Hrsg.), 187 – 190.
Segermann, K. (1992), Typologie des fremdsprachlichen Übens. Bochum.
Spörl, F. (1990), "Wörterlernen, aber wie? Zur Umsetzung von Helga Estors 'Spracherwerb statt Wörterkenntnis' in der Sekundarstufe". Praxis des neusprachlichen Unterrichts 37, 259 – 263.

Stevick, E.W. (1980), Teaching Languages: A Way and Ways. Rowley, Mass.
Stiefenhöfer, H. (1989), "Übungen zum Leseverstehen". In: K.-R. Bausch/H. Christ/W. Hüllen/H.-J. Krumm (Hrsg.), 204 – 206.
Strohmeyer, H. (1928), Methodik des Neusprachlichen Unterrichts. Braunschweig.
Swinney, D.A./A. Cutler (1979), "The access and processing of idiomatic expressions". Journal of Verbal Learning and Verbal Behavior 18, 523 – 534.
Taylor, L. (1990), Teaching and Learning Vocabulary. New York.
Thürmann, E./E. Otten (1992), "Überlegungen zur Entwicklung von Lehr- und Lernmaterialien für den bilingualen Fachunterricht". Zeitschrift für Fremdsprachenforschung 3, 39 – 55.
Thun, H. (1979), "Der Nutzen einer Klassifikation der fixierten Wortgefüge für den Französischunterricht". Die Neueren Sprachen 78, 498 – 512.
Töpfer, A. (1967), "Assoziative Festigung des Wortschatzes". Der fremdsprachliche Unterricht 1, Heft 2, 35 – 46.
Ueda, Y. (1991), "Schwierigkeiten beim Verstehen der deutschen idiomatischen Wendungen". Informationen Deutsch als Fremdsprache 18, 3 – 14.
Ur, P. (1984), Teaching Listening Comprehension. Cambridge.
Vermeer, A. (1992), "Exploring the second language learner lexicon". In: L. Verhoeven/ J.H.A.L. de Jong (Hrsg.), The Construct of Language Proficiency. Amsterdam/Philadelphia. 147 – 162.
Vollmer, H.J. (1992), "Immersion und alternative Ansätze des Fremdsprachenerwerbs in Nordamerika: Probleme des Transfers in die Bundesrepublik Deutschland". Zeitschrift für Fremdsprachenforschung 3, 5 – 38.
Wallace, M. (1982), Teaching Vocabulary. London.
Walter, G. (1977), "Wortschatzarbeit". In: K. Schröder/Th. Finkenstaedt (Hrsg.), 295 – 298.
Weinreich, U. (1953), Languages in Contact. Den Haag.
Weller, F.-R. (1979), "'Idiomatizität' als didaktisches Problem des Fremdsprachenunterrichts – erläutert am Beispiel des Französischen". Die Neueren Sprachen 78, 530 – 554.
Weller, F.-R. (1988), "Fremdsprachlicher Fachsprachenunterricht – Fachsprachlicher Fremdsprachenunterricht". Die Neueren Sprachen 87, 3 – 19.
Werlich, E. (1969), "Die Technik systematischer Wortschatzarbeit im Fremdsprachenunterricht". Praxis des neusprachlichen Unterrichts 16, Teil I: 23 – 38, Teil II: 158 – 174.
Werlich, E. (1970), The Learner's Vocabulary for Text Analysis. Dortmund.
Werlich, E. (^{9}1980), Field System Dictionary for Text Analysis. Dortmund.
Werlich, E. (1986), Praktische Methodik des Fremdsprachenunterrichts mit authentischen Texten. Berlin.
Wilkins, D.A. (1972), Linguistics in Language Teaching. London.
Willis, D. (1990), The Lexical Syllabus. London.
Wode, H. (1987), "Einige Grundzüge des natürlichen L2-Erwerbs des Wortschatzes". In: H. Melenk/J. Firges/G. Nold/R. Strauch/D. Zeh (Hrsg.), 11. Fremdsprachendidaktiker-Kongreß. Tübingen. 483 – 495.
Wode, H. (1995), Lernen in der Fremdsprache. Grundzüge von Immersion und bilingualem Unterricht. Ismaning.
Wode, H./A. Rohde/F. Gassen/B. Weiss/M. Jekat/P. Jung (1992), "L1, L2, L3: Continuity vs. discontinuity in lexical acquisition". In: P.J.L. Arnaud/H. Béjoint (Hrsg.), 52 – 61.
Zimmermann, M. (1981), "Zum Begriff der Kollokation in der Sprachwissenschaft und der Glottodidaktik". Glottodidactica 14, 61 – 68.

Zöfgen, E. (1985), "Lernerwörterbücher auf dem Prüfstand oder: Was ist ein Lernwörterbuch?" Bielefelder Beiträge zur Sprachlehrforschung 14, 10 – 89.
Zöfgen, E. (1989), "Wortschatzlernen – ein Buch mit acht Siegeln". Fremdsprachen Lehren und Lernen 18, 177 – 202.
Zöfgen, E. (1994), Lernerwörterbücher in Theorie und Praxis. Tübingen.

B. Wörterbücher, Übungsmaterialien etc.

Allsop, J./L. Woods (1990), Making Sense of Idioms. London.
The BBI Combinatory Dictionary of English. A Guide to Word Combinations. Hrsg. M. Benson/E. Benson/R. Ilson. Amsterdam/Philadelphia 1986.
Benson, M./E. Benson/R. Ilson/R. Young (1991), Using the BBI. Amsterdam/Philadelphia.
Berold, K. (1987), Words You Can Use. Berlin.
Brough, S. (1994), Teste deinen Englisch-Wortschatz. München.
Cambridge International Dictionary of English. Hrsg. P. Procter. Cambridge 1995.
Collins COBUILD English Dictionary. Hrsg. J. Sinclair et al. London 1995.
Dictionary of English Grammar in Context. Hrsg. W. Friederich unter Mitwirkung von A. Rich. Dortmund 1982.
A Dictionary of English Style. Hrsg. A. Reum. Leipzig 1931.
Dictionary of English Words in Context. Hrsg. W. Friederich unter Mitwirkung von J. Canavan. Dortmund 1979.
Dixon, C. (1958, ^{6}1972), The Learner's Dictionary of Style. Praktische Übungen. Dortmund.
Duden-Oxford Großwörterbuch Englisch. Hrsg. Duden-Redaktion und Oxford UP. Mannheim/Oxford 1991.
Duden-Oxford Kompaktwörterbuch Englisch. Hrsg. Duden-Redaktion und Oxford UP. Mannheim/Oxford 1992.
Duden-Oxford Standardwörterbuch Englisch. Hrsg. Duden-Redaktion und Oxford UP. Mannheim/Oxford 1990.
English Adverbial Collocations. Hrsg. C.D. Kozłowska. Warschau 1991.
English G. Neue Ausgabe. Band B5 für das 9. Schuljahr. Berlin 1989.
English H4. Workbook. Berlin 1973.
Estor, H. (1993), Vocab Sheets zu English G, Neue Ausgabe, B1-6, OS 1-2. Berlin.
Flower, J./M. Berman (1989), Build Your Vocabulary. Bd. 1-3. Hove.
Haase, A. (^{7}1979), Englisches Arbeitswörterbuch. Frankfurt/M.
Häublein, G./R. Jenkins (1987), Thematischer Grund- und Aufbauwortschatz Englisch. Stuttgart/Dresden.
Häublein, G./M. Müller/P. Rusch/Th. Scherling/L. Wertenschlag (1995), MEMO. Wortschatz- und Fertigkeitstraining zum Zertifikat Deutsch als Fremdsprache. Berlin/München.
Heaton, J.B. (1987), Exercises in Using Idioms. Hemel Hempstead.
Heuber, H.-G. (1982), Talk One's Head Off. Reinbek.
Hieke, A.E./E. Lattey (1983), Using Idioms: Situationsbezogene Redensarten. Tübingen.
Howard, J. (1987), Idioms in American Life. Englewood Cliffs.
Kjellmer, G. (1994), A Dictionary of English Collocations Based on the Brown Corpus. 3 Bände. Oxford.

Langenscheidt-Longman Elementary Dictionary of English. Das neue einsprachige Grundwörterbuch für Schule und Erwachsenenbildung. Völlige Neubearbeitung. Hrsg. Sheila Dignen. München 1993.
Langenscheidts Großwörterbuch Deutsch als Fremdsprache. Hrsg. D. Götz/G. Haensch/H. Wellmann. Berlin/München 1993.
Langenscheidts Grundwortschatz Englisch. Ein nach Sachgebieten geordnetes Lernwörterbuch mit Satzbeispielen. Erarbeitet von der Langenscheidt-Redaktion. Berlin/München 1984.
Langenscheidts Kontextwörterbuch Französisch-Deutsch. Hrsg. P. Ilgenfritz/N. Stephan-Gabinel/G. Schneider. Berlin/München 1989.
Langenscheidts Schulwörterbuch Englisch. Englisch-Deutsch. Deutsch-Englisch. Völlige Neubearbeitung von H. Freese/B. Wolters. Berlin/München 1986.
Lattey, E./A.E. Hieke (1990), Using Idioms in Situational Contexts. A Workbook. Tübingen.
The Learner's Dictionary of English Grammar. Hrsg. A. Leonhardi. Dortmund 1958.
A Learner's Dictionary of English Idioms. Hrsg. I. McCaig/M.H. Manser. Oxford 1986.
The Learner's Dictionary of Style. Hrsg. A. Leonhardi. Dortmund 1955.
Learning English. Red Line. Band 2. Stuttgart 1985.
Longman Active Study Dictionary of English. Hrsg. S. Maingay. Harlow 1991.
Longman Dictionary of Contemporary English. Hrsg. D. Summers. Harlow 1995.
Longman Dictionary of Phrasal Verbs. Hrsg. R. Courtney. London 1983.
Oxford Advanced Learner's Dictionary of Current English. Hrsg. A.S. Hornby/J. Crowther. Oxford 1995.
Oxford Dictionary of Current Idiomatic English. Vol. 1: Verbs with Prepositions & Particles. Hrsg. A.P. Cowie/R. Mackin. London 1975. Vol. 2: Phrase, Clause & Sentence Idioms. Hrsg. A.P. Cowie/R. Mackin/I. McCaig. London 1983.
Oxford Elementary Learner's Dictionary. Hrsg. S. Crawley. Oxford 1995.
The Oxford English Dictionary. Hrsg. J.A. Simpson/E.S.C. Weiner. 2. Auflage in 20 Bänden. Oxford 1989.
Das Oxford Grundwörterbuch. English-German. Deutsch-Englisch. Oxford 1990.
Oxford Student's Dictionary of Current English. Hrsg. C. Ruse. Oxford ^{2}1988.
Oxford WORDPOWER Dictionary. Hrsg. S. Wehmeyer. Oxford 1993.
Pasakarnis, E. (1988), Master Your Idioms. Der Schlüssel zu den englischen Redewendungen. Reinbek.
Pollmann-Laverentz, C./F. Pollmann (1982), How to Use Your Words. Lernwörterbuch in Sachgruppen. Dortmund.
Redman, S./R. Ellis (1989), A Way with Words. Book 1. Cambridge.
Redman, S./R. Ellis (1990), A Way with Words. Book 2. Cambridge.
Redman, S./R. Ellis (1991), A Way with Words. Book 3. Cambridge.
Rudzka, B./J. Channell/Y. Putseys/P. Ostyn (1981a), The Words You Need. Student's Book. London.
Rudzka, B./J. Channell/Y. Putseys/P. Ostyn (1981b), The Words You Need. Teacher's Book. London.
Rudzka, B./J. Channell/Y. Putseys/P. Ostyn (1985), More Words You Need. Student's Book. London.
Schülerlexikon Englisch. Erarbeitet von L. Klaproth. Bochum 1988.
Seidl, J. (^{2}1989), Exercises on Idioms. Oxford.
Selected English Collocations. Hrsg. C.D. Kozłowska/H. Dzierżanowska. Warschau 1988.

Stahl, W. (1993), Begleitheft zu 'Learning English – Red Line 2. Vokabellernen mit Musik'. Stuttgart.
Student's Dictionary of Collocations. Hrsg. M. Benson/E. Benson/R. Ilson. Berlin 1989. (In Deutschland vertriebene Ausgabe des BBI Combinatory Dictionary of English).
Thomas, B.J. (1987), Elementary Vocabulary. London.
Thomas, B.J. (1988), Intermediate Vocabulary. London.
Thomas, B.J. (1989), Advanced Vocabulary and Idiom. London.
Vettel, F. (1988), English G, Neue Ausgabe, Wordmaster B 1/2. Berlin.
Vettel, F. (1990), English G, Neue Ausgabe, Wordmaster B 3. Berlin.
Vettel, F. (1992), English G, Neue Ausgabe, Wordmaster B 4. Berlin.
Vettel, F. (1993a), English G, Neue Ausgabe, Wordmaster B 5. Berlin.
Vettel, F. (1993b), English G, Neue Ausgabe, Wordmaster A 5. Berlin.
Vettel, F. (1994), English G, Neue Ausgabe, Wordmaster B 6. Berlin.
Watcyn-Jones, P. (1990), Test Your English Idioms. London.
Wörter und Wendungen. Wörterbuch zum deutschen Sprachgebrauch. Hrsg. E. Agricola. Leipzig [14]1990.